RACHAEL SCDORIS
RICK STEBER

Mein Ziel vor Augen

Buch

Seit über zehn Jahren fährt die zwanzigjährige Rachael Scdoris Hundeschlittenrennen durch schneebedeckte Gebirge, über gefrorene Flüsse und durch die lebensfeindliche Tundra Nordamerikas – und das, obwohl sie blind ist! Geboren mit einer seltenen Erbkrankheit, kann sie keine Farben sehen und Umrisse nur verschwommen wahrnehmen, das heißt, sie ist faktisch blind. Doch Rachael lässt sich davon nicht beeinträchtigen, kämpft schon als Kind um ihre Unabhängigkeit und behauptet sich gegen den Spott ihrer Mitschüler. Ein Traum ist geboren, als sie das erste Mal mit einem Hundeschlitten fährt: Eines Tages will sie am Iditarod-Hundeschlittenrennen in Alaska teilnehmen. Und 2005 ist es endlich so weit. Nach zweijährigem, zähem Ringen mit dem Wettkampfkomitee darf sie beim härtesten Rennen der Welt antreten. Doch mitten auf der Strecke muss sie abbrechen – ihre Hunde sind während der mehrtägigen Tour an einem Virus erkrankt. Aber auch dieser Zwischenfall kann Rachael nicht von ihrem Ziel abbringen. 2006 versucht sie es erneut, und diesmal schafft sie es! Und wird die erste blinde Teilnehmerin, die ein so langes Rennen zu Ende gebracht hat …

Autoren

Rachael Scdoris wurde 1985 mit einem seltenen genetischen Defekt geboren: kongenitale Achromatopsie, d. h., sie ist faktisch blind. Doch davon hat sie sich nie abhalten lassen, das zu tun, was sie wollte. Seit ihrer Kindheit fährt sie Hundeschlitten. Mit der Teilnahme am Iditarod-Rennen erfüllte sie sich den größten Traum ihres Lebens. Rachael Scdoris lebt in Bend, Oregon.

Weitere Informationen unter: www.rachaelmushing.com und www.gorachaelgo.com

Rick Steber ist ein langjähriger Freund der Familie Scdoris. Der ebenfalls leidenschaftliche Hundeschlittenfahrer hat bereits zahlreiche Sachbücher verfasst und diverse Preise für seine Arbeit erhalten. Rick Steber lebt bei Prineville, Oregon.

Rachael Scdoris
Rick Steber

Mein Ziel vor Augen

Als blinde Frau beim härtesten Hundeschlittenrennen der Welt

Aus dem Amerikanischen
von Franka Reinhart

blanvalet

Die amerikanische Originalausgabe erschien 2005 unter
dem Titel »No End in Sight« bei Two Star, a division
of Bonanza Publishing, Prineville, Oregon, USA.

FSC
Mix
Produktgruppe aus vorbildlich
bewirtschafteten Wäldern und
anderen kontrollierten Herkünften

Zert.-Nr. SGS-COC-1940
www.fsc.org
© 1996 Forest Stewardship Council

Das für dieses Buch verwendete FSC-zertifizierte Papier
Holmen Book Cream liefert Holmen Paper, Hallstavic, Schweden.

1. Auflage
Deutsche Erstveröffentlichung Oktober 2007 bei
Blanvalet, einem Unternehmen der Verlagsgruppe Random
House GmbH, München.

Umschlaggestaltung: HildenDesign, München
Umschlagmotiv: The Standard Insurance
Redaktion: Christine Oschmann
ES · Herstellung: Heidrun Nawrot
Satz: deutsch-türkischer fotosatz, Berlin
Druck und Einband: GGP Media GmbH, Pößneck
Printed in Germany
ISBN: 978-3-442-36708-5

www.blanvalet.de

Inhalt

Einleitung

Ich bin Schlittenhundesportlerin. Der Zufall will es, dass ich zugleich offiziell als blind eingestuft bin. Obwohl meine Blindheit lediglich ein Teil von mir ist und keineswegs meine Persönlichkeit ausmacht, weckt gerade das Blindsein das Interesse der Öffentlichkeit.

Immer wieder kommen Fremde auf mich zu und sagen mir, dass ich für sie ein Vorbild sei. Kinder wollen mich berühren, weil sie mich für außergewöhnlich halten. Ich hatte Fernsehauftritte in Shows bei CBS und NBC, wurde zu einer der hundert herausragendsten Sportlerinnen der USA gewählt und mit einer Vielzahl von Auszeichnungen geehrt. Mein Konterfei wurde vielfach abgedruckt – auf Titelbildern von Zeitschriften, Werbetafeln und sogar auf Hundefutterpackungen. Es gab sogar Pläne, meine Lebensgeschichte in Hollywood zu verfilmen. Das alles ist zwar ausgesprochen schmeichelhaft, allerdings lenkt es von meinem wichtigsten Ziel ab – eines Tages zu den besten Schlittenhundesportlern der Welt zu gehören.

Angesichts des enormen öffentlichen Interesses war es nur noch eine Frage der Zeit, bis jemand ein Buch über mein Leben verfassen würde. Ich zog es jedoch vor, die Sache selbst in die Hand zu nehmen und meine eigene Geschichte zu erzählen, ehe etwas verfälscht wiedergegeben wird. Es gelang mir, den erfolgreichen Autor und Freund unserer Familie Rick Steber für dieses Projekt zu gewinnen. Also habe ich Rick meine Lebensgeschichte erzählt, angefangen bei den leidvollen Erfahrungen in meiner Kindheit über Erfolge und Niederlagen bis hin zu den peinlichsten Missgeschicken. Er hat daraus mein Buch geschrieben.

Inspiriert meine Geschichte andere und regt Menschen mit Behinderungen zu mehr Eigeninitiative an oder beeinflusst junge Leute positiv, dann hat sich unsere Arbeit gelohnt. Ich bin davon überzeugt, dass es durch Hoffnung, Mut und Entschlossenheit gelingt, jedes Hindernis im Leben zu überwinden. Viel Freude beim Lesen.

Rachael Scdoris

Mein Ziel vor Augen

1

Vollkommenheit

Das ist wahre Vollkommenheit für mich: Es herrscht tiefster Winter, die Hunde traben mit voller Kraft, die Luft ist stechend kalt. Die Piste ist mir so vertraut, dass ich sie in- und auswendig kenne. Eine Spitzkehre zweigt nach rechts ab, kurz darauf geht es steil bergab, anschließend folgen mehrere enge S-Kurven. Jede von ihnen kann ein Gespann aus der Bahn werfen.

Ich spüre den Rausch der Geschwindigkeit. Dichte Schneewolken dämpfen das grelle Sonnenlicht. Blinzelnd erkenne ich die verschwommenen Gestalten der vor mir laufenden Hunde – unscharf und eindimensional. Ich kann einen Teil des Hundegeschirrs ausmachen, den nickenden Kopf eines Leithundes, galoppierende Füße, hän-

gende Zungen, Schwanzwedeln, den Rumpf eines Wheel dog direkt vor mir. Aus Erfahrung weiß ich, dass die immer wieder zu meiner Rechten aufblitzenden dunklen Flecken Kiefern sind. Zu meiner Linken sehe ich gar nichts, denn es geht mehr als 100 Meter senkrecht nach unten.

Meinen Hunden vertraue ich ohne Vorbehalt. Sie atmen schnell und schwer. Wenn es bergab geht, sind sie nicht zu überhören. Volle Kraft voraus. Ich denke mir: »Jetzt wird's ernst!« Ich beuge beide Knie, verlagere meinen Körperschwerpunkt so tief wie möglich auf den Kufen. Die Hunde wirbeln Schneekristalle auf, die auf meinen Wangen stechen wie Glassplitter. Der eisige Wind schmerzt an meinen Ohren. »Nicht bremsen! So wild die Fahrt auch sein mag, nur nicht bremsen!«

Als wir in die Spitzkehre hineinpreschen, stehe ich mit beiden Füßen auf der rechten Kufe und strecke mein rechtes Bein ganz instinktiv nach außen. Mit meinem Körpergewicht stemme ich mich gegen die Fliehkraft, die uns aus der Kurve zu tragen droht. Die scharfen Kanten der Kufen fressen sich in den Schnee, während wir um die Kurve jagen. Der Schlitten schlingert kaum.

Nachdem wir die Kurve passiert haben, heizen wir in wilder Fahrt bergab. Meine innere Stimme ruft: Bremsen! Das Tempo ist rasant. Doch schließlich fahren wir ein Rennen. Vorsicht ist fehl am Platze. Gleich wird es brenzlig, Mädchen!

Jetzt die erste S-Kurve. Blitzschnell hinein und wieder heraus. Die Knie bleiben gebeugt. Ich verlagere mein Gewicht von einer Kufe auf die andere und bewege mich dabei wie eine Tänzerin im Ballsaal. Vor uns die zweite S-Kurve; wir nehmen sie wieder mit viel Schwung und *sausen die lange Gerade hinunter. Geschafft! Ich lache befreit auf, recke die Faust in die Luft, werfe meinen Kopf nach hinten und schreie: »Jippie!«*

Natürlich bin ich jung. Natürlich bin ich ein Mädchen. Sehgeschädigt noch dazu. Aber nichts von alledem hat nur ansatzweise etwas damit zu tun, dass ich Schlittenhundesportlerin bin. Mein Ziel ist, die Weltspitze zu erreichen und mich eines Tages mit den Allerbesten beim Iditarod, dem härtesten Hundeschlittenrennen der Welt, in Alaska zu messen. Alles andere ist für mich unwichtig. Doch offensichtlich interessieren sich alle Leute nur für das eine: Was ich sehe – oder vielmehr, was ich nicht sehe.

Ja, ich bin offiziell als blind eingestuft. Doch mein Blindsein ist kein Hindernis für mich. Ich lasse mich davon nicht bremsen. In den USA gilt man rein rechtlich als blind, wenn man ein nicht korrigierbares Sehvermögen von 20/200 nach Snellen beziehungsweise metrisch 6/60 besitzt (das heißt, erkennt ein Patient ein Zeichen aus der Entfernung von sechs Metern, für das die Normentfernung 60 Meter beträgt, so liegt seine Sehschärfe bei 6/60).

In Deutschland gilt als blind, wer eine Sehfähigkeit von zwei Prozent oder weniger hat, die auch mit Brille nicht mehr zu verbessern ist. Zwei Prozent bedeutet, dass man höchstens noch zwischen hell und dunkel unterscheiden kann. Zudem ist häufig auch das Gesichtsfeld massiv eingeschränkt. Man sieht nur das, was direkt vor einem ist, als stecke man in einer Röhre. In den USA gilt man als »legally blind«, wenn man erst in sechs Meter Entfernung sehen kann, was tadel-

los sehende Menschen schon aus 60 Metern erkennen. Das entspricht auf der Sehtesttafel der obersten Buchstabenreihe.

Quelle: http://www.heise.de

Unter Klinikbedingungen mit kontrollierter Beleuchtung liegt meine Sehkraft bei ungefähr 20/200. Doch bei veränderten Lichtverhältnissen verschlechtert sich mein Sehsinn ganz rapide. Die Ärzte stufen mein Sehvermögen im Alltag zwischen 20/300 und 20/600 ein.

Ich leide an einer angeborenen totalen Farbenblindheit, einer sogenannten kongenitalen Achromatopsie. Dabei handelt es sich um eine seltene Erbkrankheit, die durch ein bei beiden Eltern rezessives Gen verursacht wird. Bei dieser Erkrankung sind die Zapfen und Stäbchen der Netzhaut verkürzt. Die Netzhautstäbchen und -zapfen sind verantwortlich für die Licht-, Farb- und Tiefenwahrnehmung.

Was genau also sehe ich? Diese Frage wurde mir unendlich oft gestellt. Darauf kann ich jedoch nur antworten: Ich sehe das, was ich sehe. Es sieht vermutlich anders aus als bei Menschen ohne Sehstörung, deswegen ist der Eindruck für mich nicht weniger wertvoll oder schön als bei normal sehenden Menschen. Es ist einfach anders, das ist alles.

Die Frage nach meinem Sehvermögen würde vermutlich eine weitaus geringere Rolle spielen, wenn ich mein Blindenschicksal einfach hingenommen hätte. Doch nichts liegt mir ferner als das! Schließlich gibt es viele Sportarten, die mir eine Menge Spaß bereiten: Klettern, Reiten, Schwimmen, Laufen oder Tandemfahren. Doch meine ganze Leidenschaft gehört dem Hundeschlittensport. Zucht und Training von Schlittenhunden sind mein Leben. Jene Momente, in denen sich alles zu einem vollkommenen Ganzen fügt, sind unbeschreiblich. Dabei spielt meine Sehkraft überhaupt keine Rolle mehr.

2

Mit der Blindheit leben

Viele fragen sich, wie sich eine blinde Athletin in einer Disziplin wie dem Hundeschlittensport behaupten kann, wo das Sehvermögen eine enorme Rolle spielt. Diese Frage ist nicht verwunderlich, vor allem, wenn ich wieder einmal über eine Wurzel gestolpert bin oder mit der Nase an den Seiten eines Buches klebe. Stellt jemand meine sportlichen Fähigkeiten in Frage, empfehle ich ihm schlicht und ergreifend: »Beobachten Sie mich doch.« Ich liebe meine Hunde und bin in allen Bereichen meines Sportes kompetent. Nur hin und wieder brauche ich ein wenig Hilfe, um die Details einer Strecke zu erkennen.

Ich verfüge über ein uneingeschränktes Gesichtsfeld. Woran es mir mangelt, sind das Erkennen von Einzelheiten und die Fähigkeit, Entfernungen abzuschätzen. Farben kann ich eingeschränkt wahrnehmen, sie jedoch nicht immer benennen – insbesondere Blau und Grün. Diese beiden Farben sind für mich absolut identisch. Schwarz und Weiß erkenne ich gut. Das ist kein Problem. Manchmal gelingt es mir, Rot, Gelb und Orange zu unterscheiden.

Es fällt mir nicht ganz leicht, mein Sehvermögen zu beschreiben, da ich nicht weiß, was ein Mensch mit normalen Augen sieht. Er ist vermutlich in der Lage, das Foto eines lieben Menschen klar zu erkennen. Ich hingegen sehe ein schematisches Bild, das ich als Person identifizieren kann. Ein normal sehender Mensch erkennt Gesichtszüge, Augen- und Haarfarbe. Ich sehe lediglich die unscharfen Umrisse eines Gesichtes, dunkle Höhlen an Stelle der Augen und eine verschwommene Andeutung von Haaren. Die Person auf dem Foto nehme ich nur ganz unscharf wahr. Das Bild, das ich sehe, ist nicht direkt verschwommen oder verzerrt, sondern eher wie durch einen Schleier betrachtet.

Der Blick durch die Gläser einer Brille, die dick mit Vaseline bestrichen sind, vermittelt wahrscheinlich den treffendsten Eindruck von meinem Sehvermögen. Die Schicht muss so dick sein, dass man ein Buch nur lesen kann, wenn man es knapp zehn Zentimeter dicht vor das Gesicht hält. Auf einer Sehtest-Tafel beim Optiker sollte man lediglich den obersten Buchstaben erkennen, ein großes E. Ungefähr so viel sehe ich an einem sonnigen Tag. Nachts dagegen kann ich etwas besser sehen; Probleme bereiten mir allerdings grelle Autoscheinwerfer. Die Lichter selbst sind für mich zwei leuchtende Kreise, doch die Lichtquellen sind von einem intensiven Strahlenkranz umgeben. Scheinwerferlicht reizt meine Augen so sehr, dass sie nach einer halben Stunde zu brennen beginnen. Wenn ich meine Augen schließe, lässt dieser Schmerz gewöhnlich nach.

Die meisten Menschen bezeichnen meine Blindheit als Behinderung. Für mich klingt das Wort »behindert« allerdings immer nach »verhindert«. Aber genau das bin ich ganz und gar nicht. Im Internet finden sich auf diversen Seiten allerhand geistlose Kommentare zu meiner Blindheit. Einige der Schreiber behaupten, dass ich aufgrund meiner Sehstörung gewiss nicht in der Lage sei, der Kälte zu trotzen, einen Schlitten zu lenken oder auch nur meine Hunde zu versorgen. Dabei stellen sie statt meiner Fähigkeiten meine – wie sie es nennen – Behinderung in den Vordergrund.

Ich bin fest davon überzeugt, dass zum Sehen weitaus mehr gehört als bloße optische Wahrnehmung. Mein Körper ist durchaus in der Lage, meine Blindheit mittels Hör-, Tast-, Geschmacks- und Geruchssinn zu kompensieren. Oftmals handele ich ganz intuitiv. Ein Hund beispielsweise, der eine Strecke schon einmal gelaufen ist, erinnert sich an sämtliche Biegungen und Kurven und erkennt sie beim nächsten Mal haargenau. Bei einer Änderung der Streckenführung wollen meine Leithunde partout den Weg vom letzten Mal einschlagen. Mir geht es ebenso. Ich nehme sämtliche Feinheiten wahr. Ich spüre, wie sich der Schlitten unter meinen Füßen bewegt, bewältige den langen Anstieg, bei dem ich abspringen und rennen muss, um den Hunden die Zuglast zu erleichtern. Anschließend geht es bergab, und am Schluss folgt eine

Spitzkehre. Diese Einzelheiten speichere ich genau wie die Hunde in meinem Gedächtnis ab. Außerdem registriere ich die Landschaft um mich herum, indem ich auf den Widerhall von Tönen lausche und die unterschiedlichen Gerüche von Kiefern-, Fichten- und Zedernwäldern aufnehme. Ich höre die feinen Unterschiede der Geräusche, die von den Kufen auf dem Untergrund stammen, ob sie auf schattigen Eisflächen kratzen oder an sonnigen Stellen leise dahingleiten.

Es gibt eine Vielzahl von Varianten des Sehens. Ich habe diese Fähigkeiten im Laufe der Zeit perfektioniert und bin dadurch immer aufgeschlossen für Neues. Wir wollen klettern gehen? *Ich bin bestimmt als Erste oben.* Wie wär's mit Schwimmen? *Bin schon im Wasser!* Reiten? *Wo sind die Pferde?* Wir könnten Tandem fahren. *Unbedingt, solange ich nicht vorn sitzen soll.* Joggen? *Je länger desto besser, am besten durch hügeliges Gelände. Sprint muss nicht unbedingt sein, aber ich habe reichlich Ausdauer und nehme es locker mit jedem Sehenden auf – egal, ob fünf Kilometer oder Marathon. Ich bin wie der Duracell-Hase. Ich laufe und laufe und laufe. Das macht mir einfach Spaß.*

Was ich sehe, ist in meinen Augen vollkommen normal. Ich weiß ja nicht, was ich sehen müsste, da mein Sehvermögen noch nie anders war. Ich weiß nicht, was mir entgeht. Bei Leichtathletikwettkämpfen an der Highschool erkannte ich manchmal gar nichts, aber Freunde beschrieben mir, wie ein Wettkampf verlief und wie die Läufer gerade in die gegenüberliegende Kurve gingen. Damals dachte ich immer: »*Wow, ihr könnt sehen, was dort auf der anderen Seite los ist. Das ist echt beneidenswert.*«

Beim 400-Meter-Lauf erkenne ich die weißen Bahnmarkierungen und die Körperumrisse der Kontrahentinnen in unmittelbarer Nähe. Manchmal erkenne ich auch die Farben ihrer Sportkleidung. Ich weiß, wann ich mich einer Kurve nähere und dass die Ziellinie immer am Ende der Geraden ist. Ich glaube nicht, dass sich mein mangelndes Sehvermögen nachteilig auf meine Leistungen im Laufsport auswirkt, wenn die Bahn klar markiert ist. Markierte Laufbahnen sind ähnlich wie Klinikbedingungen: Alle Bahnen sind identisch, die Oberfläche glatt und eben, und während des Laufes gibt die Geschwindigkeit einen bestimmten Rhythmus vor, wodurch das Sehen von untergeordneter Bedeutung ist. Ich laufe nur um des Laufens willen, nicht wegen etwaiger Medaillen oder Preise. Trotzdem bin ich ehrgeizig und freue mich über einen Sieg.

Auf der Tartanbahn bin ich gänzlich frei von Hindernissen, unerwarteten Ereignissen und den manchmal verwirrenden Umständen des täglichen Lebens. Kurioserweise könnte mein mangelndes Sehvermögen hier ein Vorteil sein, ermöglicht es mir doch die uneingeschränkte Konzentration auf den Lauf.

Beim Geländelauf sieht die Sache schon anders aus. Zu Schulzeiten ist es mir manchmal passiert, dass ich eine schlecht markierte Abbiegung verpasste und irgendwo im Gestrüpp landete. Bei besonders ungünstigen Lichtverhältnissen hatte ich immer wieder das Bedürfnis, mein Lauftempo zu verringern, um nicht auf herumliegendes Geröll zu treten und umzuknicken, gegen einen Baum zu laufen, zu stolpern und zu stürzen. Von all diesen Missgeschicken kann ich ein Lied singen, und meine Knie und Ellbogen sahen dementsprechend aus. Meine Kratzer und Blessuren trug ich jedoch mit solchem Stolz, als wären sie Ehrenabzeichen. Gelegentlich habe ich mich allerdings vor Kontrahenten und Zuschauern ziemlich blamiert. Natürlich war das für eine Jugendliche, die nach Anerkennung strebt, ausgesprochen demütigend.

Müsste ich zwischen Gelände und Tartanbahn wählen, würde ich mich höchstwahrscheinlich für Letztere entscheiden. Das Umfeld ist zwar eher eintönig, birgt aber deutlich geringere Verletzungsgefahren. Außerdem ist es eher unwahrscheinlich, dass ich mich verlaufe – schließlich gibt es nur eine Richtung: entgegen dem Uhrzeigersinn.

Einige Sportarten werden mir freilich immer versagt bleiben. So werde ich niemals auf dem Centrecourt von Wimbledon Tennis spielen. Nie im Tor der US-Fußballerinnen stehen. Niemals in der Profiliga Basketball spielen. Sobald ein Ball ins Spiel kommt, habe ich keine Chance. Wenn mir jemand einen Ball zuwirft, sehe ich gewöhnlich, wie er losfliegt, anschließend verschwindet er wie bei einem Zaubertrick, um erst kurz vor meinem Gesicht wiederaufzutauchen. Daher ducke ich mich lieber, wenn ein Ball auf mich zukommt. Als ich klein war, haben manche Jungen mich gern mit Bällen beworfen, um sich über meine Reaktion zu amüsieren. Meist landete der Ball mitten in meinem Gesicht. Meine unbeholfenen Abwehrversuche fanden sie umwerfend komisch. Kinder können unsagbar bösartig und gemein sein.

Hindernisse am Wegesrand wie etwa Parkuhren oder Bäume springen mich geradezu an. Nach Aussagen meiner Ärzte ist mein Peripheriesehen besser ausgebildet als mein Geradeaussehen. Bei einem Hundeschlittenrennen erkenne ich eine Streckenmarkierung erst, wenn sie unmittelbar neben meinem Schlitten auftaucht. Außerdem gibt es allerlei Kabel, Seile und Abspannleinen, über die ich permanent stolpere und dabei höchst unelegant auf der Nase lande. Am schlimmsten sind die Abspannleinen; die erwischen mich garantiert jedes Mal.

Manchmal gelingt es, mich nicht vor aller Augen lächerlich zu machen. Die Außenstehenden bemerken gar nichts von meiner Sehstörung. In solchen Momenten fühle ich mich, als hätte ich etwas ganz Bedeutsames erreicht. Wird meine Blindheit doch erkannt, lese ich meist Erstaunen und Erschütterung in den Gesichtern – vorausgesetzt, ich stehe nahe genug vor ihnen. Andernfalls ist mit Äußerungen zu rechnen wie: »Wirklich?« oder: »Tatsächlich?« oder: »Ist das wahr?« oder: »Sie sind blind? Das hätte ich aber nicht gedacht.«

Ein weiterer Punkt ist das Durcheinander um mich herum. Könnte ich sehen, wäre meine Umgebung bestimmt viel besser aufgeräumt. Chaos ist keineswegs eine Vorliebe von mir. Menschen mit Sehstörungen neigen im Allgemeinen dazu, unordentlicher zu sein als andere. Wer sehen kann, weiß instinktiv oder sieht auf den ersten Blick, wo er etwas hingelegt hat. Sehgeschädigte dagegen legen etwas ab und packen etwas anderes obenauf. Das zuunterst liegende bleibt so lange verschwunden, bis es nach aufwändiger Suche im allgemeinen Chaos wieder zutage gefördert wird. Ich habe mich inzwischen damit abgefunden, dass mir einfach die nötigen Anlagen fehlen, um ein ordentlicher Mensch zu werden. Trotzdem frustriert es mich immer wieder, wenn ich mich in meinem Zimmer umsehe, meinen Schulspind oder meine Hefter betrachte. Ich frage mich stets, wie es nur so weit kommen konnte, und gelobe Besserung. Ich befürchte allerdings, dass ich dem Chaos nicht entrinnen werde.

An der Highschool hatte ich den Ruf, eher reserviert oder gar hochnäsig zu sein. Das lag vornehmlich daran, dass ich andere nicht mit Namen begrüßte, wenn wir uns auf den Fluren begegneten. Vermutlich gingen sie davon aus, dass jemand, der ein Hundeschlittenrennen über 500 Meilen bestreitet, wohl in der Lage sein müsste, sein anderthalb Meter vor ihm stehendes Gegenüber zu erkennen. Aber Tatsache ist, dass andere mich natürlich weitaus besser sehen können als umgekehrt. Ich wollte mir schon ein T-Shirt mit dem Spruch bedrucken lassen: »Ich bin nicht arrogant, sondern blind«, habe es aber doch gelassen.

Freunde erkenne ich oftmals an ihrer Körperhaltung, ihrem Gang oder ihrer Frisur. Auch eine auffällige Jacke, ein bestimmter Rucksack oder ein prägnanter Duft helfen mir, jemanden zu identifizieren, selbst wenn ich ihn nicht wirklich sehe. Am einfachsten ist natürlich immer der Klang einer Stimme. Stimmen sind ähnlich eindeutig wie Fingerabdrücke. Das gilt ebenso für das Lachen.

Beim Kontakt zu Gleichaltrigen spielen Kleidung und Aussehen überhaupt keine Rolle, da ich anderen viel zu nahe kommen müsste, um Derartiges zu erkennen. Daher ist es mir gar nicht möglich, jemanden oberflächlich nach Äußerlichkeiten zu beurteilen. Stattdessen sind andere Werte von Bedeutung: Persönlichkeit, Charakterstärke, die Fähigkeit, zuzuhören und Meinungen zu vertreten, Sinn für Humor, Selbstvertrauen und Spiritualität. Aus diesem Grund habe ich einen Freundeskreis, wie er bunter und vielfältiger nicht sein könnte: Punkerin, Schönheitskönigin, Sportskanonen und einer, der noch nie eine Freundin hatte. Aber um nichts in der Welt würde ich diesen Freundeskreis eintauschen wollen.

Ich möchte lieber nicht wissen, wie oft ich schräg gekleidet aus dem Haus ging. Da ich mich ja nicht ansehen musste, spielte Kleidung für mich nie eine Rolle. Doch die Mädchen in der Schule begannen, sich über mich lustig zu machen. Es dauerte zwar ein Weilchen, aber irgendwann fand ich heraus, dass man mit einem schwarzen oder weißen Oberteil und Jeans nicht viel falsch machen kann.

Meiner Ansicht nach wird das Schminken viel zu wichtig genommen. Ich hatte dafür noch nie viel übrig. Nur wenn ich gelegentlich mit einer Freundin ausgehe und sie ihr Schminkzeug dabeihat, benutze ich vielleicht ein wenig Wimperntusche. Wenn ich an einer wichtigen Veranstaltung teilnehme, hilft mir meine Mom beim Outfit. Make-up brauche ich in meinem Alter wirklich noch nicht. Später, wenn meine Lippen blass geworden sind und an meinen Augen die ersten Falten auftauchen, werde ich vielleicht anders denken. Doch bis dahin zeige ich mich der Welt hauptsächlich ungeschminkt.

Ich halte mich nicht für weniger normal als andere Leute. Nur an besonders sonnigen Tagen inmitten einer Menschenmenge fühle ich mich wirklich blind. Bei gesellschaftlichen Anlässen bleibe ich daher meist an der Seite der Person, mit der ich gekommen bin. Es gibt nichts Schlimmeres, als einsam in einer Menge zu stehen, wo alle Gesichter gleich aussehen und ich Leute nur aus allernächster Nähe erkenne. Falls ich doch einem Fremden so nahe rücke, ist das ziemlich peinlich. In Menschenmassen bin ich heillos verloren, aber draußen im Wald finde ich mich bestens zurecht. Dort setze ich meine anderen Sinne ein und finde natürliche Orientierungspunkte: Bäume, Felsvorsprünge, Bergspitzen, den Horizont, die Landschaft im Allgemeinen. Fernab der Zivilisation fühle ich mich sicherer und wohler.

Im Großen und Ganzen genügt mir mein Sehvermögen. Mir wurde einmal die hypothetische Frage gestellt: »Wenn es eine Operation gäbe, bei der die Chancen auf Heilung bzw. völlige Blindheit bei jeweils 50 Prozent lägen, würden Sie das Risiko eingehen?« Meine Antwort darauf war ein klares Nein. Ich bin zufrieden mit dem, was ich habe. Ich würde auch keinen meiner anderen Sinne für eine vollständige Sehkraft hergeben, wenn es denn möglich wäre. Schmecken: Auf den kalten, cremigsüßen Genuss einer Kugel Eis an einem heißen Sommertag möchte ich nicht verzichten. Hören: Ohne Musik und das Gewinsel der Welpen zur Fütterungszeit könnte ich nicht leben. Riechen: Ich möchte den Duft einer Blumenwiese im Frühjahr und den Geruch von Tannen nicht missen. Fühlen: Es ist herrlich, einen Hund zu streicheln und seinen warmen Körper und die freudig zuckenden Muskeln unter meiner Hand zu spüren. Ich bin zufrieden mit meinem Sehvermögen.

Eines würde ich allerdings liebend gern ändern – die weit verbreitete Annahme, dass Menschen, die in den USA rein rechtlich als blind eingestuft sind, nicht das Geringste sehen können. Es gibt unzählige Abstufungen des Sehvermögens und eine Vielzahl von Bezeichnungen dafür: »reduziertes Sehvermögen«, »Restsehvermögen« oder »Sehstörung«. Politisch korrekt ausgedrückt, gelte ich als sehgeschädigt. Meiner Ansicht nach wird eine solche politische Korrektheit jedoch vielfach überbewertet. Nennen Sie mich, wie sie wollen, solange sie mich nicht als behindert oder versehrt bezeichnen.

Mir ist durchaus bewusst, dass mir das Interesse der Öffentlichkeit deshalb gilt, weil ich als blind eingestuftes Mädchen einem ungewöhnlichen Hobby nachgehe. Das wäre alles gut und schön, wenn sich die Medien auf meine herrlichen Hunde und meine Qualitäten als Hundeschlittensportlerin konzentrieren würden. Das ist nie Thema der Veröffentlichungen. Stets steht meine Blindheit im Vordergrund. Damit verkaufen sich Zeitungen und Bücher und die Produkte, für die ich Werbung mache, gut. Ich werde immer Rachael Scdoris, die blinde Hundeschlittensportlerin, bleiben.

Es gibt auch Leute, die mir Steine in den Weg legen und mich in die Blindenschublade stecken. Da sind beispielsweise die notorischen Neinsager, die meinen, ich hätte nichts zu suchen auf der Rennstrecke, bei den Hunden oder bei meinen sonstigen Aktivitäten. Ein typisches Beispiel dafür erlebte ich in meinem ersten Jahr auf der Highschool. Ich nahm an einem Geländelauf teil und blieb an einer Abspannleine hängen. Von einem Moment auf den anderen lag ich rücklings auf der Erde. Als ich mich von meinem Schrecken erholt hatte, rappelte ich mich wieder auf und lief weiter. Eine Frau, die neben Dad stand, wetterte auf ihn ein: »Ihre Tochter ist blind. Wie können Sie zulassen, dass sie etwas so Gefährliches tut?«

Dad konterte schlagfertig: »Was hätten Sie denn lieber? Dass sie mit einem weißen Stock in der Hand auf dem Sofa sitzt und sich mit Blindsein beschäftigt?«

Ich denke gar nicht daran, mich zurückzulehnen und das Leben an mir vorbeiziehen zu lassen. Ich will mitten im Leben stehen und alles Mögliche ausprobieren. Natürlich weiß ich, dass draußen Gefahren lauern – ich kalkuliere sie ein. Nein, ich suche sie geradezu. Gefahren lösen Angst aus. Die Angst treibt mich an, und ich möchte mich den Gefahren stellen und meine Angst aushalten. Sonst würde ich mir vieles vorenthalten.

Menschen, die zufrieden damit sind, auf dem Sofa zu sitzen und zu sagen: »Ich bin blind« oder: »Ich bin taub« oder: »Ich bin krank«, verpassen etwas ganz Entscheidendes – ihr eigenes Leben.

Meine Blindheit sorgt für einen scharfen Gegensatz zwischen leicht und schwierig. Sie zwingt mich, die Beschränkungen zu überwinden, die andere mir auferlegen. Ich muss meine Fähigkeiten immer wieder von Neuem unter Beweis stellen und daher wesentlich mehr kämpfen als alle anderen, die ich kenne.

Ich hoffe, dass dieses Buch das Verständnis dafür fördern kann, dass Menschen aufgrund eines körperlichen Gebrechens oder bestimmter Einschränkungen nicht zwangsläufig hilflos sind. Betroffene dürfen die Hoffnung niemals aufgeben. Die Hoffnung, dass wir die Herausforderungen von heute überwinden können, dass wir die Kraft für den nächsten Kampf finden, dass unser Lebensweg sich zum Guten wendet, ist lebenswichtig.

Kinder und Jugendliche haben mir immer wieder gesagt, dass ich ein Vorbild für sie sei. Das habe ich nie angestrebt, daran habe ich nie einen Gedanken verschwendet. Doch wenn es so ist, geht das in Ordnung. Damit ist auch ein gewisser Druck verbunden, schließlich muss ich seither auf mein Verhalten und Auftreten besonderen Wert legen. Ich muss sehr achtsam mit meinen Worten und Taten umgehen. Aber vor dieser Aufgabe stehen wir ja alle. Wir alle sollten für die Jüngeren Vorbild sein.

Ich habe vor, mein Leben intensiv zu leben, mich bei jeder Gelegenheit neuen Herausforderungen zu stellen, niemals nachzulassen, niemals aufzugeben und stets für Recht und Gerechtigkeit zu kämpfen. Wenn ich das beherzige, werde ich erfolgreich sein. So sehe ich das.

3

Ein entzückendes Baby

Ich wurde am 1. Februar 1985 geboren, im selben Monat des Jahres, in dem Libby Riddles als erste Frau das Iditarod gewann. Meine Eltern meinen, ich sei ein besonders hübsches Baby gewesen, was sicher alle Eltern von ihrem Kind behaupten. Ich kam fast einen Monat zu spät auf die Welt und musste per Kaiserschnitt geholt werden. Ich wog fast 4.760 Gramm, war 61 Zentimeter groß und damit das größte Mädchen, das bis dahin im St. Charles Hospital von Bend im Bundesstaat Oregon geboren wurde. Bei meiner Geburt hatte ich einen üppigen Blondschopf.

Da ich mich an diese Zeit meines Lebens selbstverständlich nicht erinnern kann, muss ich mich hier auf die Erzählungen meines Vaters Jerry und meiner Mutter Lisa verlassen. Dad berichtet, dass er bereits wenige Tage nach meiner Ankunft zu Hause den Eindruck hatte, mit meinen Augen sei etwas nicht in Ordnung. Wenn er mich auf den Arm nahm und mit mir scherzte, war ich nicht in der Lage, meinen Blick direkt auf sein Gesicht zu richten. Es kam ihm vor, als sei ich auf der Suche nach der Lautquelle, könne sie jedoch nicht lokalisieren.

Daraufhin fuhr Dad zurück ins Krankenhaus und berichtete einer der Kinderkrankenschwestern von seinen Beobachtungen. Sie beschwichtigte ihn jedoch, dass so etwas keineswegs ungewöhnlich sei. »Manche Babys brauchen ein paar Wochen bis zu einem Monat, bis sie etwas fixieren können. Machen Sie sich keine Sorgen.« Daraufhin zeigte sie ihm andere Neugeborene, von denen einige ihn ebenfalls nicht direkt ansahen, als er sie ansprach. Das beruhigte ihn. Zumindest vorerst.

Meinen Eltern zufolge war ich ein ausgesprochen pflegeleichtes Baby. Ich schlief normal und schrie nur selten. Aber Dad ließ das Problem mit meinen Augen keine Ruhe. Am selben Tag, als ich einen Monat alt wurde, rief er den Arzt an und sagte: »Mit dem Augenlicht meiner Tochter ist definitiv etwas nicht in Ordnung.«

»Jedes Baby hat sein eigenes Entwicklungstempo. Es gibt keinen Grund zur Beunruhigung«, versicherte ihm der Arzt.

»Nein, Sie verstehen mich nicht ganz. Ihr Sehvermögen ist nicht normal«, beharrte Dad.

»Mr. Scdoris, Ihr Baby muss sich erst entwickeln. Das braucht eben seine Zeit. Gedulden Sie sich nur noch ein paar Monate«, entgegnete der Arzt.

Doch an meinen Zustand änderte sich nichts. Während Dad fest davon überzeugt war, dass mit mir etwas nicht in Ordnung sei, zeigte sich Mom wesentlich geduldiger und zurückhaltender. Sie hielt mich für ein in jeder Hinsicht makelloses Baby.

»Komm doch bitte einmal her«, forderte Dad eines Abends Mom auf. Er hielt mich auf dem Arm. »Sprich Rachael an und beobachte dabei ihre Augen.«

Mom plapperte drauflos: »Hallo, kleine Maus. Was macht denn mein süßes Baby?« Ich drehte suchend meinen Kopf und lächelte sie sogar an, aber meine Augen fanden sie nicht.

»Siehst du? Sie kann ausgezeichnet hören, aber ihre Augen können dich nicht fixieren«, sagte Dad.

Da sie sich diese Mutmaßungen nun schon seit vier Monaten anhören musste, riss ihr der Geduldsfaden. »Also gut, morgen vereinbare ich einen Termin bei Dr. Berube. Wir werden der Sache auf den Grund gehen. Er soll ihre Augen testen. Aber versprich mir eines: Wenn er zu dem Schluss kommt, dass mit Rachael alles in Ordnung ist, möchte ich nie wieder etwas davon hören. Einverstanden?«

»Akzeptiert«, erwiderte Dad.

Dieser Termin sollte der erste in einer schier endlosen Reihe von Arztbesuchen sein. Wir kamen ins Sprechzimmer von Kinderarzt Dr. Stacy Berube in der Praxis Central Oregon Pediatric Associates, und Dad stellte gleich zu Beginn klar: »Bitte versuchen Sie gar nicht erst, mich zu beschwichtigen und mir zu erklären, dass sich ihr Sehvermögen eben etwas langsamer entwickelt. Irgendetwas stimmt definitiv nicht.«

»Beschreiben Sie doch bitte einmal die Symptome«, sagte Dr. Berube.

»Ich kann es Ihnen zeigen«, antwortete Dad. Er führte seine, wie er es später nannte, Zirkusnummer auf. Er sprach mit mir, und ich sah ihn nicht direkt an. Mom bat er, das Gleiche zu tun.

Der Arzt benutzte ein bleistiftähnliches, an einem Ende beleuchtetes Instrument und schaute damit ausgiebig in meine Augen. Anschließend verließ er kommentarlos den Raum und kam mit einem Kollegen zurück. Dieser Arzt führte die gleiche Untersuchung durch. Danach gingen beide vor die Tür und unterhielten sich in gedämpftem Tonfall. Als Dr. Berube wieder hereinkam, sagte er: »Ich kann Ihnen hier und jetzt sagen, damit Sie sich keine unnötigen Sorgen mehr machen …«

Dad berichtete, wie ihn eine Woge der Erleichterung überkam, da er einen Augenblick lang dachte, mit mir sei alles in Ordnung. Lag er also doch die ganze Zeit falsch, und alle anderen hatten Recht: Mein Sehvermögen war in Ordnung, nur etwas verzögert in der Entwicklung. Schließlich ließ Dr. Berube die Katze aus dem Sack.

»… dass ich sie nicht für vollkommen blind halte. Möglicherweise besitzt sie ein gewisses Restsehvermögen.«

Nach dieser Aussage sollte in der Familie Scdoris nichts mehr so sein wie zuvor. Dad war so geschockt, dass er zornig ausrief: »Was reden Sie denn da? Mein Baby ist doch nicht blind!«

Dad erzählte mir, dass er sich damals fühlte wie in einem Footballspiel auf seiner früheren Highschool, als er von einem 120-Kilo-Mann überrannt wurde. Er bekam kaum noch Luft und brachte kein Wort mehr heraus.

»Was bedeutet denn das?«, fragte Mom.

»Da bin ich mir im Moment noch nicht ganz sicher«, antwortete Dr. Berube. »Ich würde Rachael gern Dr. East vorstellen, einem Facharzt für Augenheilkunde. Seine Praxis ist gleich hier gegenüber. Wenn Sie einverstanden sind, rufe ich ihn sofort an und frage, ob wir zu ihm kommen können.«

»Ich glaube nicht, dass solche Eile geboten ist. Jetzt haben wir schon vier Monate gewartet. Vielleicht können wir ja nächste Woche kommen. Ich möchte jetzt nichts überstürzen.« Dad wollte es nicht wahrhaben. Er konnte die Vorstellung nicht ertragen, dass ihm ein Augenarzt bestätigte, eine fast blinde Tochter zu haben.

Dr. Berube zeigte sich zwar verständnisvoll, blieb jedoch hart. »Diese Untersuchung muss so schnell wie möglich erfolgen. Ich möchte, dass ein Augenarzt meine Diagnose untermauert. Vielleicht gibt es ja eine Therapie für Ihre Tochter.«

Unverzüglich telefonierte er mit dem Spezialisten, legte den Hörer auf, nahm mich auf den Arm und eilte mit mir über die Straße zur Praxis von Dr. East. Meine noch ganz benommenen Eltern trotteten hinterdrein.

Dr. Sam East bat Dad, sich auf einen Stuhl zu setzen und mich auf den Schoß zu nehmen. Er unterzog meine Augen einer gründlichen Untersuchung. Als er fertig war, wandte er sich wieder meinen Eltern zu und konstatierte: »Ihr Baby hat ein eingeschränktes Sehvermögen, und ich schätze es auf allerhöchstens 20/200.«

»Was bedeutet das?«, wollte Dad wissen.

»Sie wird höchstwahrscheinlich offiziell als blind eingestuft werden.«

»Nun mal langsam. Als blind eingestuft? Wovon reden Sie eigentlich?«, schrie Dad ihn an.

Dr. East stieß unüberhörbar einen Seufzer aus. »Wenn sie älter ist, wird sie möglicherweise ein ganz normales Leben führen, trotzdem wird sie stets auf besondere Hilfsmittel angewiesen sein.«

Dad zufolge schossen ihm in diesem Augenblick Tausende von Gedanken durch den Kopf. Er wollte wissen, was der Arzt mit dem Ausdruck »besondere Hilfsmittel« meinte. Er hielt es kaum noch im Behandlungszimmer aus. Am liebsten hätte er die Zeit zurückgedreht bis dahin, als er lediglich vermutete, etwas könnte nicht ganz in Ordnung sein, ohne dass es medizinische Gewissheit gab. Er wünschte sich nichts sehnlicher, als dass sein Kind gesund wäre, einfach ein normales, vollkommenes Baby. Er murmelte: »Ich will nichts davon wissen.«

»Das wundert mich nicht. Keiner will das«, erwiderte Dr. East.

»Lässt sich das nicht mit einer Brille korrigieren?«, wollte Mom wissen.

»Das ist derzeit noch nicht absehbar. Dazu sind weitere Untersuchungen nötig.«

»Aber der Zustand wird sich doch nicht weiter verschlechtern?«, erkundigte sich Mom besorgt.

»Das kann man nicht vorhersagen«, antwortete der Arzt und fügte mildernd hinzu: »Wir hoffen nicht.«

Meine Eltern waren nach der Erkenntnis, dass ihr Baby blind war, völlig am Boden zerstört. Ich habe schon immer vermutet, dass durch diese Hiobsbotschaft ein zunächst unmerklicher Riss zwischen ihnen entstand. Später trennten sie sich. Ich weiß nicht genau, ob das der

Grund war, aber ganz sicher hatte die Diagnose keine förderliche Wirkung auf ihre Ehe. Sie lebten sich allmählich auseinander und ließen sich schließlich scheiden, als ich drei Jahre alt war.

Ich blieb bei Dad. Wir bewohnten ein kleines Häuschen im Wald, 15 Kilometer von der Stadt Sisters und acht Kilometer von der nächsten befestigten Straße entfernt. Ich erinnere mich noch gut an das Haus, das auf einem Hügel gelegen und nach Westen ausgerichtet war. Von dort aus hatte man einen herrlichen Blick auf die Cascade-Berge. Selbst ich konnte die Berge sehen. Die spitzen, schneebedeckten Gipfel der *Three Sisters* lagen scheinbar in greifbarer Nähe.

Dads großes Hobby war der Hundeschlittensport. Als Kind war er ein großer Fan der Fernsehserie *Sergeant Preston of the Yukon*. Er spielte damals immer Sergeant Preston und rief wie sein Filmheld: »Los, King, los, Huskys! Lauft!«

Doch Schlittenhunde waren für ihn zunächst ein unerfüllbarer Traum. Während des Vietnamkrieges kam Dad zur Army. Zu seiner Einheit gehörten auch einige Indianer aus Alaska, mit denen er sich ausgiebig über Schlittenhunde austauschte. Schneemobile waren noch nicht verbreitet, und im Norden fuhren sie allerorts mit Hundegespannen herum. Das gehörte ganz selbstverständlich zum Alltag.

Dad verließ 1970 die Army, und es war sein großer Traum, sich in Alaska niederzulassen, ein Gehöft zu übernehmen und ein Hundegespann zusammenzustellen. Stattdessen schrieb er sich jedoch am College ein und studierte auf Lehramt. Seine erste Lehrerstelle trat er in Gold Beach an der Küste Oregons an. Dort lernte er jemanden aus North Bend kennen, der am Strand Schlittenhunde trainierte und sie vor einen Wagen spannte. Kurz nach dieser Begegnung schaffte sich Dad seinen ersten Schlittenhund namens Jenny an. Nach wenigen Jahren besaß er bereits sieben Hunde.

1978 nahm Dad am Sisters Sled Dog Race teil. Von diesem Rennen erzählt er noch heute oft und gern. Es war eine jener herrlichen Nächte – zwölf Grad unter null, Mondschein und Schneefall. Alles war so vollkommen, dass er dort die Entscheidung traf, wie er fortan sein Leben verbringen wollte. Nach seiner Rückkehr nach Gold Beach reichte er die Kündigung ein. Er beendete das Schuljahr und ging nach Zentral-Oregon, um sich voll und ganz der Ausbildung und Aufzucht von Schlittenhunden zu widmen.

Zu meinen frühesten Erinnerungen gehört der Anblick unseres Häuschens auf dem Hügel, umgeben von 32 Hunden, die an Pflöcken angekettet waren. Jeder Hund hatte seine eigene Hundehütte. Ich spielte mit den Welpen und half Dad bei der Versorgung der Hunde und übernahm Reinigungsarbeiten.

Im Jahr meiner Geburt gewann Dad einen neuen Sponsor: den Futtermittelhersteller Elliott Dog Food. Das Unternehmen war gerade dabei, gänzlich neue Futterrezepturen für Arbeitshunde zu entwickeln, und testete diese an unseren Tieren. Dad trainierte die Hunde, nahm an Rennen im gesamten Nordwesten teil und warb in der Öffentlichkeit für Elliott Dog Food. Ich war überall mit dabei. Bei Trainingsläufen befestigte Dad meinen Autositz auf dem Schlitten und zog mir Hundefüßlinge als Handschuhe an. Ich war glücklich und zufrieden. An die Schlittenfahrten selbst habe ich allerdings keinerlei Erinnerungen mehr, da ich stets gleich nach dem Start einschlummerte. Vielleicht machte mich die Bewegung des Schlittens oder die Geschwindigkeit müde, oder ich fühlte mich einfach sicher und geborgen.

Gelegentlich verbrachte ich ein Wochenende bei Mom, aber meist wohnte ich bei Dad in unserem Häuschen. Außerdem fuhren wir häufig nach Portland, wo wir Arzttermine an der Oregon Health & Science University und an der Augenklinik Devers Memorial Eye Clinic wahrnahmen. Dr. Richard Weleber, Professor für Augenheilkunde und medizinische Genetik am OHSU Casey Eye Institute, nahm sich meiner besonders an. Er ist einer der weltweit führenden Netzhaut-Experten und spezialisiert auf angeborene und erbliche Krankheiten. Er führte eine Vielzahl von Untersuchungen an mir durch.

Eine Zeitlang wurden wir von zwei Post-Doktoranden betreut, die an einem Genforschungsprojekt arbeiteten. Sie wollten herausfinden, ob in unserer Familie Blindheit oder Sehstörungen bereits früher vorgekommen seien. Dad und Mom betrieben daraufhin Ahnenforschung, doch sämtliche unserer Vorfahren waren Bauern oder einfache Arbeiter, bei denen nirgends vermerkt worden war, ob sie Augenprobleme hatten oder nicht.

Dad fand sich allmählich mit meiner Diagnose ab. Trotzdem versuchte er immer wieder, von Dr. Weleber in Erfahrung zu bringen, was er nun unternehmen sollte. Wie konnte er mir helfen? Würde ich später Probleme haben im Umgang und Kontakt mit anderen Kindern?

Würde ich jemals ohne Hilfe zurechtkommen, einen Beruf ausüben und ein normales Leben führen? Wie konnte er mich auf das Erwachsensein vorbereiten? Wie hätte er mein Leben erleichtern und bereichern können?

Dr. Weleber zuckte die Schultern. »Ich weiß es nicht.«

Dad versuchte, so viel wie möglich aus ihm herauszubekommen. »Wird sie in der Lage sein zu lernen? Muss sie Blindenschrift lernen? Werden ihre Mitschüler sie akzeptieren?«

»Ich bin Arzt und Wissenschaftler. Ich beschäftige mich mit dem Inneren des Auges. Was darüber hinausgeht, ist nicht mein Fachgebiet.«

Jeder Spezialist, der meine Augen untersuchte, verschrieb mir neue Brillengläser. Meine erste Brille bekam ich im zarten Alter von neun Monaten. Es gibt Babyfotos von mir mit Brillengläsern, so dick wie der Boden einer Colaflasche.

Die erste Brille – ich weiß es noch genau – war rosa. Das war damals meine Lieblingsfarbe, und am Gestell war links und rechts ein Bild von Minnie Mouse. Ich habe das Ungetüm allerdings permanent abgesetzt und irgendwo liegen lassen. Abgesehen davon war sie ohnehin nicht sonderlich wirkungsvoll, weshalb ich beizeiten auf das Tragen einer Brille verzichtete, zumal mich meine Altersgenossen deswegen zu hänseln begannen.

Obwohl wir weiterhin regelmäßig nach Portland fuhren, waren die Ärzte nicht in der Lage, eine exakte Diagnose zu stellen. Irgendwann stellten sie uns eine vage Antwort in Aussicht. Dr. Weleber erläuterte, dass ich im Alter von sechs Jahren in der Lage sein würde, die erforderlichen kognitiven Fragen zu beantworten. Er sicherte zu, dass er zu diesem Zeitpunkt eine endgültige Diagnose stellen könne. Also fuhren wir nach Hause und warteten.

Unterdessen sah sich Dad zu einer der schwierigsten und schmerzlichsten Entscheidungen seines Lebens gezwungen. Er fasste den Entschluss, dass unser rustikales Landleben nicht optimal für mich war und ich ein bürgerlicheres Zuhause mit Gleichaltrigen in der Nähe brauchte. Außerdem war es günstiger, in Stadtnähe zu wohnen, damit wir die verschiedenen staatlichen Programme für blinde Kinder nutzen konnten.

Dad führte daraufhin zwei Telefonate. Das eine mit Jeffery Mann in Alaska und das andere mit John Patten in Minnesota. Beide waren gute Freunde und ebenfalls aktive Schlittenhundesportler. Dad redete nicht lange um den heißen Brei herum: »Ihr müsst mir einen Gefallen tun. Ich möchte, dass ihr herkommt und meine Hunde abholt.«

Sie ließen alles stehen und liegen und kamen, so schnell sie konnten. Keiner von beiden hielt sich lange bei uns auf. Sie luden lediglich die Hunde auf und fuhren wieder ab.

Vor kurzem habe ich Dad noch einmal auf diesen Tag angesprochen, da ich mich überhaupt nicht daran erinnern konnte. Ich kam nach Hause und musste feststellen, dass die Hunde fort waren. Dad gab zu, dass er mich damals zu Freunden gebracht hatte, um mich zu schützen.

Kaum vorstellbar, wie Dad Abschied von seinen geliebten Hunden – Lester, Jagger, Nellie, Mickey und all den anderen – nahm, allein zurückblieb und zusehen musste, wie mit den Tieren sein gesamter Lebensinhalt davonfuhr. Nachdem die Lastwagen mit seinen Hunden vom Hof gerollt waren, stand er noch lange draußen und verfolgte anhand der Staubwolke, wie sich der Tross in Richtung Highway bewegte. Da konnte er die Tränen nicht mehr zurückhalten.

Er gab alles für mich auf. Dafür bewundere ich Dad. Ich habe tiefen Respekt vor ihm und seiner Bereitschaft, meinetwegen dieses Opfer zu bringen. Seine Hunde waren für ihn beinahe wie Kinder. Sie gehörten zu den besten Schlittenhunden der Welt. John Patten bestritt 1988 mit einem Gespann, zu dem auch viele von Dads Hunden gehörten, das Iditarod in Alaska und belegte Platz 18. Das war damals das zweitbeste Ergebnis eines nicht aus Alaska stammenden US-Hundegespanns.

Indem Dad seine Hunde weggab, stellte er mein Wohlergehen über den von ihm ganz bewusst gewählten Lebensstil, der ihm so viel bedeutete. Für mich gab er seine Träume, seine Wünsche und seine Bedürfnisse auf. Das ist in meinen Augen ein eindrucksvoller Beweis seiner Liebe – echt und aufrichtig.

Wir zogen in die aufstrebende Stadt Bend, wo Dad den erstbesten Job annahm, der ihm angeboten wurde – als Möbelverkäufer. Er hatte zuvor in der Army gedient und als Lehrer gearbeitet. Vom Verkaufen hatte er bis dahin keine Ahnung, geschweige denn von Möbeln. Sein Wissen über Mobiliar beschränkte sich darauf, dass ein Stuhl bequem sein musste; unser Sofa hatte er für zehn Dollar bei einer Haushaltsauflösung erstanden. Doch Dad besaß ein unerschütterliches Vertrauen, dass er alles schaffte, was er sich vornahm. Von nun an arbeitete er zu regelmäßigen Zeiten, hatte ein ansehnliches Einkommen und kümmerte sich in ausreichendem Maße um mich und meine besonderen Bedürfnisse.

Die erste einschneidende Veränderung nach unserem Umzug in die Stadt trat ein mit der Anmeldung beim Central Oregon Regional Program for the Blind, dem örtlichen Blindenprogramm. Die Verantwortlichen, Dusty und Jeanine Johnson, kamen zu uns nach Hause und erläuterten die Angebote für Sehgeschädigte. Jeanine sprach über die Schule und die Bedeutung der Blindenschrift und wies darauf hin, dass ich so bald wie möglich mit dem Erlernen beginnen sollte. Das an sich hätte Dad schon schockiert, aber dann gab sie ihm den Rest.

»Die Mobilität ist der wichtigste Faktor, damit ein blindes Kind sein Leben erfolgreich meistern kann. Rachael muss lernen, sich allein fortzubewegen. Wie lösen Sie denn dieses Problem derzeit, wenn Sie weggehen?«, fragte Dusty.

»Entweder trage ich sie, oder sie geht an meiner Hand. Wenn ich nicht da bin, ist sie bei ihrer Mutter oder im Kindergarten, wo es einen eingezäunten Hof gibt und nichts passieren kann.«

»Das ist sicher eine gute Lösung. Es ist wunderbar, dass Sie beide eine solch enge Bindung haben. Und es ist äußerst lobenswert, dass Sie Ihre Arbeitszeiten so einrichten, um so viel Zeit wie möglich mit Ihrer Tochter zu verbringen«, lobte ihn Dusty. »Das ist ausgezeichnet. Dennoch muss ich Ihnen eine Frage stellen, Mr. Scdoris: Wann werden Sie die Hand Ihrer Tochter loslassen?«

Dad spürte den kritischen Unterton. »Tja, sie spielt mit

ihren Freunden, ist aktiv und unternimmt auch Sachen ohne mich.«

»Wie lange genau haben Sie vor, sie an die Hand zu nehmen?« Dusty ließ nicht locker.

»Was meinen Sie damit? Worauf wollen Sie eigentlich hinaus?«

Dusty zuckte die Schultern. »Nichts weiter. Eine der größten Herausforderungen, die alle Eltern bewältigen müssen, ist das Loslassen ihres Kindes. Das ist besonders schwer bei Kindern mit körperlichen Beeinträchtigungen. Ob Sie es nun wahrhaben wollen oder nicht, es ist absolut unabdingbar, dass Rachael lernt, sich allein fortzubewegen. Ich denke, wir sollten ihr den Umgang mit dem Blindenstock nahebringen. Sie sollte sich so bald wie möglich damit vertraut machen.«

»Wie bitte? Mit dem Blindenstock?«, fragte Dad entsetzt.

»Ja. Mit dem Blindenstock ist sie mobil und unabhängig.«

»Rachael wird bestimmt nicht mit einem weißen Stock herumlaufen. Sie sind wohl verrückt geworden?« Dusty schaute Dad unverwandt an und wartete, bis er genug Dampf abgelassen hatte und bereit war, sich auf ihre Ansichten einzulassen.

Dusty stellte die entscheidende Frage. »Haben Sie vor, ihre Hand noch an der Highschool zu halten? Werden Sie Rachael auf die Bühne führen, wenn Sie in der Feierstunde ihr Abschlusszeugnis überreicht bekommt?« »Natürlich nicht.« Dad erkannte, dass Dusty ihn in die Enge getrieben hatte, und war frustriert. »Lassen wir den Blindenstock doch einfach weg und hängen ihr ein Schild um den Hals: ›Entschuldigung, ich bin blind‹! Nein! Meine Tochter wird auf gar keinen Fall mit einem weißen Stock herumlaufen.«

»Ihre Reaktion ist überhaupt nicht ungewöhnlich, Mr. Scdoris. Es ist sehr schwer, sich einzugestehen, dass ein geliebter Mensch bestimmten Einschränkungen unterworfen ist. Doch nur Sie haben die Chance, Rachael die wertvollsten Geschenke zu machen, die es für sie gibt: Mobilität und Unabhängigkeit. Mit Hilfe des Blindenstocks kann Sie sicheren Fußes die Straße entlanggehen und sie überqueren, da man durch den weißen Stock Rücksicht auf sie nehmen wird.«

Einige Wochen lang wehrte sich Dad gegen den Blindenstock. Aber Dusty und Jeanine waren derart engagiert bei der Sache, dass es ihnen letzten Endes doch gelang, Dad vom Nutzen des Blindenstocks zu überzeugen. Hier muss ich mich wohl korrigieren. Eigentlich überzeugten sie ihn nicht wirklich. Sie waren einfach so hartnäckig, dass er schließlich klein beigab.

4

Die »Muhkuh«

Amy McCormack kam zu uns nach Hause. Sie brachte einen unscheinbaren kleinen weißen Stab mit, der sich jedoch durch ein kurzes Schütteln des Handgelenks blitzschnell zu einem Blindenstock ausklappen ließ. Mir kam er wie ein Zauberstab vor und gefiel mir recht gut.

Mrs. McCormack brachte mir bei, wie man ihn benutzt, schließlich war er kein Spielzeug. In ausgeklappter Form hielt man das obere Ende ungefähr in Brusthöhe vor den Körper. Ich musste den dünnen Schaft umfassen, den Zeigefinger nach unten halten und den Daumen über die anderen drei geschlossenen Finger legen. Beim Laufen sollte ich die Spitze des Stockes von einer Seite zur anderen bewegen und dabei so oft wie möglich den

Boden berühren. Sie erläuterte, ich könne mit Hilfe dieser Technik »den Boden fühlen« und somit auch alle Unebenheiten ertasten, über die ich andernfalls womöglich stolpern würde.

Wir übten auch das Treppensteigen. Beim Hinaufgehen musste ich den Stock eng an den Körper halten, aufrechter als sonst, und sobald ich die Stufe erkundet hatte und wusste, wie hoch sie war, stieg ich einfach hinauf und wiederholte diese Übung so lange, bis ich den Treppenabsatz erreicht hatte. Beim Hinuntersteigen musste ich mich abwärts vorantasten. Für mich war das Laufen mit dem Blindenstock überhaupt nicht entwürdigend; im Gegenteil – es machte sogar Spaß.

Nachdem ich die Anwendung des Blindenstocks zu Hause und in der unmittelbaren Umgebung ausgiebig geübt hatte, meinte Mrs. McCormack, dass es nun an der Zeit sei, das Überqueren von Straßen und die Fortbewegung in unbekanntem Terrain auszuprobieren. Dad hörte das und ließ sich nicht davon abbringen, uns zu begleiten. Allerdings hatte er strikte Anweisung, unter keinen Umständen einzugreifen. Er musste sich sogar damit abfinden, einige Schritte hinter uns zu laufen.

Mrs. McCormack war eine äußerst geduldige und gewissenhafte Lehrerin. An einer vielbefahrenen Straße im Stadtzentrum forderte sie mich auf, mich auf dem Fußweg mit dem Stock bis zur nächsten Straßenecke zu begeben, dort die Bordsteinkante zu ertasten, die Straße jedoch noch nicht zu betreten. Ich sollte mit ausgestrecktem Stock auf dem Bürgersteig stehen bleiben und auf den Verkehr hören. Sobald die Autos anhielten, sollte ich ganz langsam über die eine Fahrbahn gehen und in der Mitte wieder anhalten, um auf den Verkehr aus der anderen Richtung zu lauschen. Erst wenn ich mir sicher war, dass die Straße frei sei, dürfte ich weitergehen.

Bei meinem ersten Versuch begleitete mich Mrs. McCormack. Doch schon beim zweiten Mal probierte ich es allein. Ich konnte Mrs. McCormack zwar ein paar Schritte hinter mir gehen hören und dahinter Dad, aber ich fühlte mich, als wäre ich endlich einmal allein unterwegs. *Klack, klack, klack.* Ich lief die Wall Street entlang bis zur nächsten Ecke. Dort ertastete ich die Bordsteinkante und blieb, wie ich gelernt hatte, stehen. Dabei streckte ich meinen weißen Stock aus, damit alle Verkehrsteilnehmer erkannten, dass ein vierjähriges blindes Mädchen beabsichtigte, die Straße zu überqueren.

Doch der Verkehr floss ungehindert weiter, niemand schenkte mir Beachtung. Ich wartete, doch nichts geschah. Schließlich bog ein Auto rechts ab und kam mir so nahe, dass es beinahe über meinen Stock fuhr. Das war zu viel für Dad. Er verlor die Beherrschung, sprang herzu und schrie voller Wut: »Du elender Blödmann! Mach doch die Augen auf! Hast du das kleine Mädchen mit dem weißen Stock nicht gesehen?« Er raste auf das Auto zu und drosch mit der Faust darauf ein. Der Fahrer jedoch ignorierte ihn und gab Vollgas, um diesem aufgebrachten Irren zu entkommen.

Ein Polizeibeamter hatte den Vorfall beobachtet, kam herüber und versuchte, Dad zur Vernunft zu bringen. Aber Dad war vollkommen außer sich. »Nehmen Sie ihn fest«, platzte es aus ihm heraus. »Verhaften Sie alle! Die müssen anhalten. Das ist Vorschrift. Wieso funktioniert das nicht? Sind alle blind?«

»Beruhigen Sie sich erst einmal. Sie haben einfach überreagiert.«

»Nein, das habe ich nicht, und ich werde mich auch nicht beruhigen. Den nächsten ignoranten Schnösel, der sich weigert anzuhalten, werde ich aus seiner Rostlaube zerren und totschlagen – und zwar mit diesem weißen Stock da.«

An diesem Tag war die Übungsstunde vorzeitig zu Ende, und wie durch ein Wunder wurde Dad nicht in Handschellen abgeführt und ins Gefängnis gesteckt. Die Kunde von unserer Eskapade erreichte auch die Johnsons. Dusty führte ein ernstes Gespräch mit Dad und schlug vor, dass er nicht mehr an den Übungsstunden mit Mrs. McCormack teilnahm, wenn ihn rücksichtslose Autofahrer derart zur Weißglut brachten.

»Als ich dort stand und die Autos vorbeirauschen sah, hatte ich das Gefühl, dass ihr niemand zur Seite steht, wenn ich es nicht tue«, lamentierte Dad.

»Ihr ganzes Leben lang wird Rachael mit der Ignoranz anderer konfrontiert werden. Sie muss lernen, damit zurechtzukommen«, entgegnete Dusty.

»Sie ist noch so jung, so verletzlich; fast noch ein Kleinkind«, warf Dad ein.

»Ich weiß, aber das wird sie nicht für immer bleiben.«

Ich dachte mir einen Namen für meinen Blindenstock aus. Er sah in meinen Augen aus wie eine klapperdürre schwarz-weiße Milchkuh. (Die rote Farbe interpretierte ich irrtümlich als Schwarz.) Deshalb nannte ich meinen Stock von da ab Muhkuh. Immer, wenn wir aus dem Haus gingen, fragte Dad: »Wo ist die Muhkuh?«

Manchmal spielten auch andere Kinder mit der Muhkuh. Sie liefen mit geschlossenen Augen herum, klopften mit dem Stock auf die Erde und spielten Blindsein.

Im Laufe der Zeit lernte ich meinen Blindenstock durchaus zu schätzen. Er verschaffte mir ein gewisses Maß an Respekt, und gleichzeitig konnte man damit jemandem ordentlich eins auswischen. Diese beiden Aspekte wurden mir eindrücklich bewusst, als Dad mich eines Morgens zur Schulbushaltestelle brachte. Ich ging an seiner Hand und hielt in der anderen die Muhkuh. An einem Fußgängerüberweg blieben wir stehen. Hinter uns kamen noch etliche andere Kinder. Ich konnte hören, wie ein Auto schnell angefahren kam und der Fahrer keinerlei Anstalten machte, anzuhalten oder seine Geschwindigkeit nur ansatzweise zu verringern. Ich hob die Muhkuh und schlug damit kräftig und fordernd auf den Boden. Da erst bemerkte mich der Fahrer und machte eine Vollbremsung. Die Reifen quietschten. Erst auf dem Zebrastreifen kam er schlitternd zum Stehen. Es roch nach verbranntem Gummi.

Triumphierend ging ich voran, die anderen Kinder folgten mir brav wie eine Herde Lämmchen. Der Fahrer kurbelte das Fenster herunter und rief entschuldigend: »Sorry, ich habe dich erst im letzten Moment gesehen. Tut mir wirklich leid.«

Auf der anderen Straßenseite angekommen, brachen die Kinder in Jubel aus und klopften mir anerkennend auf die Schulter. Ich fühlte mich, als wäre ich ein Stück gewachsen und hätte etwas ganz Bedeutendes erreicht. Ich war stark. Ich hatte die rücksichtslosen Autofahrer und ihre Blechmonster besiegt. Ich war eine Heldin.

Von diesem Tag an machte ich mich an jedem Fußgängerüberweg lautstark mit meinem Blindenstock bemerkbar und zwang die Autofahrer damit, vorschriftsmäßig anzuhalten. Das klappte hervorragend. Dad fand dieses Verhalten eine Zeitlang ganz niedlich, erklärte mir jedoch bald, dass der Blindenstock nicht dazu gedacht war, damit wild auf dem Boden herumzudreschen. Seitdem machte mir das Überqueren von Straßen nur noch halb so viel Spaß.

Doch ich entdeckte einen weiteren Verwendungszweck des Blindenstocks. Ich ging mit Dad durch ein Wohngebiet von Bend. Eine Frau war gerade dabei, rückwärts aus ihrer Einfahrt zu stoßen. Sie hätte uns um Haaresbreite erwischt. Instinktiv schlug ich mit der Muhkuh gegen ihren Kotflügel – nicht nur einmal, sondern gleich dreimal hintereinander. Aufgebracht stürzte die Dame auf uns zu. Sie erblickte meinen weißen Stock und entschuldigte sich so wortreich, dass es schon fast peinlich war.

Angesichts dieses Vorfalls schwante Dad, dass ich mit meinem Blindenstock anderen regelrecht gefährlich werden könnte. Deshalb stellte er mich zur Rede: »Ich möchte, dass du deinen Stock nie wieder zum Schlagen benutzt. Du schlägst damit weder auf den Boden noch gegen Autos und ganz gewiss keine Menschen.« Nach seiner Strafpredigt war klar, dass die Macht meiner Muhkuh jetzt stark geschrumpft war. Sie durfte nur noch zur Unterstützung meines Augenlichtes zum Einsatz kommen. Insgeheim glaube ich allerdings, dass sich Dad ein Stück weit über meine Selbstbehauptung freute. Aber das hätte er um nichts in der Welt zugegeben.

Nun, da meine Muhkuh ihre Zauberkraft verloren hatte, schwand allmählich das Interesse. Ich hatte keine Lust mehr, sie immer mit mir herumzuschleppen und permanent zu überlegen, wo sie war. Wenn ich sie mal wieder nur widerwillig benutzte oder nirgends fand, nannte ich sie dumme Muhkuh. Einmal versuchte ich sogar, das verfluchte Ding zu zerbrechen. Mit meinen Freunden trat ich dagegen, warf es auf die Erde oder sprang darauf herum. Doch der Blindenstock war stabil und hielt unseren Attacken stand.

Dad und ich hatten immer wieder Auseinandersetzungen wegen des Stockes. Dad verlangte, dass ich ihn stets mitnahm. Ich hingegen wollte ihn am liebsten wegwerfen, ihn ein für alle Mal loswerden, vor allem, wenn meine Mitschüler mich ausfragten: »Was machst du denn mit diesem Ding?« oder: »Ist das ein Krückstock?« oder: »Wozu brauchst du das? Kannst du gar nichts sehen?« Es war schon schlimm genug, dass ich diese grässliche Brille tragen musste, aber durch den Blindenstock fiel ich noch viel mehr auf. Mein Leben wurde fast unerträglich. Ich fühlte mich so hässlich.

Zum wahrscheinlich letzten Mal benutzte ich meinen Stock auf einem Kurztrip nach Los Angeles. Dad und ich flogen mit dem Flugzeug, und als wir – ich mit der Muhkuh in der Hand – die Ankunftshalle durchquerten, konnte ich die Kommentare der Passanten hören: »Oh sieh doch mal, ein blindes Mädchen« und: »Ist das nicht traurig, sie kann gar nichts sehen« und: »Ach, ist sie nicht niedlich mit ihrem winzigen weißen Stock«. Auch Dad entging das Gerede der Leute natürlich nicht. Mitleid ist etwas, das wir beide partout nicht ertragen können.

Nachdem wir wieder zu Hause waren, hatten wir nie wieder Streit wegen des Blindenstocks. Ich werde wohl nie herausfinden, ob Dad schlichtweg keine Lust mehr hatte, tagein, tagaus mit mir über einen Glasfiberstab zu streiten, oder ob ihm plötzlich bewusst wurde, wie es mir im Alltag damit erging. Jedenfalls habe ich seither nie wieder einen Blindenstock verwendet, und Dad hat nie nachgefragt, was damit passiert ist.

5

Die Diagnose

Kurz nach meinem sechsten Geburtstag hatten wir einen Termin bei Dr. Weleber in Portland. Ich wurde in ein Behandlungszimmer geführt und auf einen riesigen Stuhl gesetzt. Die Armlehnen waren so hoch, dass meine Schultern die Ohren berührten, wenn ich meine Ellbogen darauf ablegte. Es war so finster, dass nicht einmal ein hauchdünner Lichtstrahl hereinfiel. Ich hatte Platzangst, und mich überkam die irrationale Furcht, dass durch zu tiefes Einatmen die Finsternis in meine Lungen strömen und mich ersticken könnte.

Zum Glück war Dad bei mir. Seine Anwesenheit beruhigte mich ein wenig, dennoch fühlte ich mich einsam und verletzlich. Ich hatte Angst, dass etwas Schlimmes geschehen und Dad mich in der Dunkelheit nicht finden würde. Ein schreckliches Monster konnte in irgendeiner Ecke lauern. Verängstigt hockte ich in diesem riesigen Ledersessel und spürte die Unterkante der Kopfstütze an meiner Schädeldecke. Mich überkam der scheußliche Verdacht, dass der Stuhl mich verschlingen könnte.

»Daddy?«, piepste ich im Dunkeln.

»Ich bin bei dir, mein Schatz«, erwiderte er. Seine Stimme klang stark und beruhigend.

»Daddy, wollen wir zusammen singen?«

»Na klar, welches Lied denn?«

Damals liebte ich gerade *The Sound of Music* über alles. Die Filmmusik konnte ich mir immer wieder anhören. So sangen wir »Do-Re-Mi« und »My Favorite Things« und »Climb Every Mountain«. Durch den Klang unserer Stimmen wirkte die Dunkelheit nicht mehr ganz so bedrohlich.

Ich weiß nicht, wie er sich in der Finsternis zurechtfand, aber plötzlich stand Dr. Weleber neben mir.

»Wie geht es uns heute, junge Dame?«

»Gut«, piepste ich.

Im Raum befand sich noch eine zweite Person. Nach ihren leisen Schritten zu urteilen, musste es sich um eine Frau handeln. Dr. Weleber kündigte an, dass man nun eine Reihe von Tests durchführen werde. »Sei ganz entspannt«, sagte Dr. Weleber. »Es dauert nur ein paar Minuten.« Ich spürte Hände an meinem Kopf. Sie trugen irgendeine glitschige Masse auf und befestigten kleine Saugnäpfe auf meiner Kopfhaut, an denen Drähte hingen. Das fand ich heraus, indem ich an meinen Kopf fasste und einen von den Saugnäpfen befühlte. Mir wurde ein Apparat über den Kopf gestülpt. Dr. Weleber bezeichnete ihn als Raumfahrerhelm. Das klang lustig, und ich sah mich als Astronautin durch die schwarzen Weiten des Universums fliegen.

Nachdem mir der Arzt ein kleines Kästchen in die Hand gedrückt hatte, in dessen Mitte sich ein Knopf befand, verließ er mit seiner Assistentin den Raum. Ich blieb mit Dad allein zurück und hörte nichts weiter als meinen eigenen keuchenden Atem.

Ich hatte das Bedürfnis, mich am Kopf zu kratzen, und fragte mich gerade, wie ich das anstellen sollte, da explodierte vor meinen Augen ein kleines Licht. Es sah aus wie die Explosion eines winzigen Sterns. Darauf folgten noch weitere, ähnliche Lichterscheinungen.

»Sobald du die Farbe Rot erkennst, drück bitte auf den Knopf«, vernahm ich Dr. Welebers Stimme.

Ein rotes Licht tauchte auf, und ich drückte auf den Knopf, woraufhin Dr. Weleber nachfragte, wo genau in meinem Gesichtsfeld ich die Farbe wahrgenommen hatte. Anschließend sollte ich noch andere Farben identifizieren. Dieses Lichterspiel war einfach unerhört, fantastisch, schwindelerregend – pulsierende, funkelnde Lichter, die strahlend hell aufleuchteten und wieder verloschen. Zum ersten Mal in meinem Leben sah ich das gesamte Farbspektrum, so als wäre es ein funkelnder Regenbogen, der eine Milchstraße aus Sternschnuppen überspannt. Die intensiven Lichtreflexe und Farben brannten sich in meine Netzhaut und mein Gedächtnis ein.

Viel zu schnell ging der Test zu Ende, und die Leuchtstoffröhren an der Decke wurden eingeschaltet. Das Licht war so grell, dass ich auf der Stelle derart starke Kopfschmerzen bekam und mir ganz übel wurde. Sie nahmen mir den Raumfahrerhelm mit den Elektroden ab und versuchten, die klebrige Masse zu entfernen, mit denen sie auf meiner Kopfhaut befestigt waren.

Als Dad und ich an jenem Tag die Praxis verließen, hatten wir noch immer keine Diagnose meiner Sehstörung. Dr. Weleber schickte uns heim und fragte: »Können Sie nächste Woche wiederkommen? Bis dahin liegen uns die Testergebnisse vor.«

Nach jahrelangem Warten hatte Dr. Weleber nun endlich eine eindeutige Diagnose parat. In der darauffolgenden Woche waren wir in seinem Büro verabredet, wo er ohne Umschweife zur Sache kam. Sobald er den Raum betrat, begann er mit seinen Erklärungen.

»Rachael leidet ganz ohne Zweifel an einer äußerst seltenen Krankheit, die wir kongenitale Achromatopsie nennen. Das ist eine angeborene totale Farbenblindheit, die zudem mit Kurzsichtigkeit und Weitsichtigkeit verbunden ist.«

»Können wir etwas dagegen tun? Gibt es eine Therapie?«, wollte Dad wissen.

»Wie ich schon sagte, ist dieses Leiden ausgesprochen selten«, erläuterte Dr. Weleber. »Es wurde erst vor wenigen Jahrzehnten entdeckt. Es gibt weniger als hundert Menschen, bei denen es diagnostiziert wurde. Schätzungsweise leidet von hundertachtzigtausend Menschen nur ein einziger an dieser Krankheit.«

Mom hatte uns an jenem Tag begleitet. Sie fragte nach: »Wie kommt es zu dieser Erkrankung?«

Dr. Weleber war ganz direkt. »Kongenitale Achromatopsie ist eine Erbkrankheit. Beide Elternteile verfügen über ein rezessives Gen, das sie an ihre Nachkommen weitergeben.«

»Gibt es Aussicht auf Besserung?«, fragte Dad.

»Ehrlich gesagt, wissen wir nur sehr wenig über die Krankheit. Wir gehen jedoch davon aus, dass das momentane Sehvermögen Ihrer Tochter höchstwahrscheinlich erhalten bleibt. Die Patienten reagieren allerdings sehr empfindlich auf jegliche Veränderung der Lichtverhältnisse. Fast alle Betroffenen berichten, dass ihnen immer wieder von Lehrern, Arbeitgebern und sogar Ehepartnern vorgeworfen wurde, sie würden ihre Sehstörung lediglich vortäuschen. Die meisten Patienten geben an, sozial, finanziell und im Hinblick auf Bildung benachteiligt zu sein. Doch wir stehen hier mit unseren Forschungen noch ganz am Anfang.«

»Was können wir nun tun?«, fragte Mom.

Dr. Weleber zuckte die Achseln. »Eine Sonnenbrille könnte hilfreich sein, allerdings nur bedingt.«

Dad schnellte auf seinem Stuhl nach vorn. »Eine Sonnenbrille? Ist das alles, was Sie anzubieten haben? Eine Sonnenbrille?«

»Ich fürchte ja«, räumte der Arzt ein.

Seit sechs Jahren hatten wir auf eine Diagnose gewartet, und nun wollte Dad von Dr. Weleber wissen: »Können Sie uns sagen, welche Auswirkungen das auf Rachael haben wird?«

»Nein. Dazu kann ich Ihnen nichts sagen. Ich beschäftige mich mit Erkrankungen der Netzhaut. Die sozialen Folgen sind nicht mein Fachgebiet. Aber es gibt andere Leute, die Ihre Fragen beantworten können.«

Dad versuchte, in Gedanken das Gesagte noch einmal durchzugehen und sich vorzustellen, was das für die Zukunft bedeuten könnte. »Im Wesentlichen wollen Sie also sagen, dass Rachael sich mit ihrer Blindheit wird abfinden müssen?«

»Korrekt. Und da die Diagnose hiermit feststeht, können wir hier am OHSU nichts weiter für Sie tun. Sie können sich jedoch darauf verlassen, dass wir Sie benachrichtigen werden, falls neue wissenschaftliche Erkenntnisse vorliegen. Sollte sich das Sehvermögen Ihrer Tochter – was wir nicht erwarten – entscheidend verschlechtern, müssten Sie uns selbstverständlich umgehend davon in Kenntnis setzen.«

Nach diesen Worten stand Dr. Weleber auf, schüttelte Dad und Mom die Hand, tätschelte mir den Kopf und sagte im Hinausgehen: »Na, alles Gute und auf Wiedersehen.«

Damit war er verschwunden. Meine Eltern rührten sich nicht von der Stelle, ihre Gesichter sahen müde und blass aus. Dad erhob sich als Erster. An jenem Tag nahmen mich meine Eltern beide an die Hand.

6

Schikanen

An meinem ersten Schultag waren wir eine halbe Stunde zu früh in der Grundschule, der Bear Creek Elementary. Wir gingen auf den Spielplatz, und Dad schubste mich auf der Schaukel an. Wir fuhren Karussell, turnten auf dem Klettergerüst, spielten und lachten ganz unbeschwert, bis die Klingel ertönte.

Eltern und Kinder versammelten sich im Klassenzimmer von Maria Madden. Ms. Madden forderte die Schüler auf, ihren Namen zu nennen und die Erwachsenen an ihrer Seite vorzustellen. Da ich nicht erkennen konnte, wann ich an der Reihe war, legte Dad irgendwann sanft seine Hand auf meine Schulter und flüsterte: »Jetzt bist du dran.« Brav sagte ich meinen Namen und stellte meinen Vater vor. Anschließend wurden die Eltern gebeten, sich zu verabschieden und die Schule zu verlassen.

Ich bin mir sicher, dass Dad sich fest vorgenommen hatte, die Anweisung zu befolgen. Später fand ich jedoch heraus, dass er zwar zum Wagen ging, doch statt loszufahren, blieb er darin sitzen und sorgte sich um mich. Würde ich den Erklärungen der Lehrerin folgen können? Konnte ich die gestellten Aufgaben bewältigen und mich zurechtfinden? Wie würde ich die Pausen überstehen? Gelang es mir, mich in die Gruppe einzufügen? Dad kam nicht zur Ruhe. Er ging zur Schule zurück und spähte durch ein Fenster. Da saß ich im Schneidersitz auf dem Fußboden und spielte wie alle anderen Kinder.

Später erzählte Dad mir von jenem ersten Schultag und meinte, das Komischste daran sei gewesen, dass er sich kein bisschen von den gluckenhaften Müttern unterschied, die im Flur herumsaßen und ihre Söhne und Töchter nicht loslassen konnten. Es bildete sich aus ihnen eine lose Gruppe, die sich ehrenamtlich für die Schule engagierte.

Dad richtete seine Arbeitszeiten so ein, dass er mich jeden Morgen in die Schule brachte und nachmittags wieder abholte. Das hielt er über meine gesamte Grundschulzeit durch, und ich genoss es. Egal, wie ein Schultag gelaufen war, ich konnte mich darauf verlassen, dass er da war. Das rechnete ich ihm hoch an. Die Wochenenden verbrachte ich bei Mom.

In der Schule begriff ich zum ersten Mal, dass es Unterschiede gab zwischen mir und den anderen Kindern. Wenn uns Ms. Madden Geschichten vorlas, konnte ich nie die Bilder erkennen, wenn sie das Buch hochhielt, obwohl ich ganz vorn saß. Aber sie half mir, wo sie nur konnte. Beim Erlernen des Alphabets vergrößerte sie die Arbeitsblätter für mich. Das Gleiche tat sie mit den Ausmalbildern. Und wenn ich gelegentlich gegen einen Tisch stieß oder über einen auf dem Fußboden liegenden Ranzen stolperte, wandte sich Ms. Madden an die Klasse und fragte mit lauter Stimme: »Rachael kann vielleicht nicht so gut sehen, aber was kann sie dafür besonders gut, Kinder?« Woraufhin die Schüler wie aus einem Munde antworteten: »Hören.«

Bis zur zweiten Klasse war die Grundschule eine herrliche Zeit, obwohl es auch ein paar unerfreuliche Begebenheiten gab. Damals verliebte sich Dad und heiratete. Doch die Ehe hielt nicht lange. Nach der Scheidung waren Dad und ich wieder allein.

Die aus meiner Sicht einschneidendste Veränderung war der Umstand, dass Dad sich wieder dem Hundeschlittensport zuwandte. Er kaufte 20 Hunde und bekam 20 weitere geschenkt. Er gründete eine Firma namens *Oregon Trail of Dreams* und bot geführte Hundeschlittentouren rund um den Mount Bachelor an. Ich verbrachte so viel Zeit wie möglich mit ihm. Am glücklichsten war ich, wenn ich auf dem Schlitten mitfahren oder mit den Hunden spielen durfte. Ich liebte die Berge und den Schnee, aber am meisten liebte ich die Hunde.

Ich half Dad bei der Versorgung: Ich holte mit einem kleinen Eimer Wasser und füllte die Trinknäpfe der Hunde auf, löste ihn beim Rühren des Hundefutters ab und räumte mit meiner kleinen Buddelschaufel sogar den Hundedreck weg. Wenn wir Welpen hatten, war es meine Aufgabe, mich um sie zu kümmern. Ich war ihre erste Bezugsperson. Kaum hatte ich ihre Box betreten, sprang eine Schar aufgeregt winselnder kleiner Hunde an mir hoch. Sie kratzten mich, zerrten an meinen Hosenbeinen und gaben nicht eher Ruhe, als bis sie mich umgeworfen hatten. Lag ich am Boden, waren sie wie ein Rudel verspielter Wölfe. Sie schleckten mich ab, zwickten mich und stupsten mich mit ihrer Schnauze.

Dad brachte mir den Umgang mit den Welpen bei. Beim Betreten der Welpenbox hatte ich eine kleine Gerte dabei. Wenn ein Welpe an mir hochsprang, gab ich ihm damit einen Klaps auf den Kopf. Dad sagte immer, wenn man einen Hund auf den Hintern schlägt, dreht er sich nach hinten um. Schlägt man ihn jedoch auf den Kopf, schaut er einem ins Gesicht. Ich habe nie einen Welpen geschlagen, um ihm wehzutun. So etwas würde und könnte ich niemals tun. Ich gab ihnen lediglich einen Klaps, wenn sie ungezogen waren.

Wir brachten die Hunde auf der Farm eines Freundes unter, bis Dad ein abgelegenes Anwesen erwarb – 16 Hektar inmitten der Badlands, ein Naturschutzgebiet in Zentral-Oregon. Von dort aus waren es 37 Kilometer bis nach Bend, 45 Kilometer bis nach Prineville und 40 Kilometer bis nach Redmond. Wir lebten in einem Wohnwagen ohne Strom und fließend Wasser. Das Wasser wurde mit dem LKW angeliefert und in eine Zisterne gepumpt. Für die Stromerzeugung nutzten wir einen Generator. Die größte Umstellung für mich war jedoch der mit dem Umzug verbundene Schulwechsel.

In meiner bisherigen Schule hatte ich mich sehr wohl gefühlt. Nun sollte ich die Buckingham Elementary

School am Stadtrand von Bend besuchen. Dort stand mir die härteste Zeit meines Lebens bevor. Viele Schüler dieser Schule stammten aus wohlhabenden Familien, und ab der dritten Klasse herrschte eine ausgeprägte Cliquenwirtschaft. Ich passte jedoch in keine dieser exklusiven Cliquen.

Die Schüler, die das Sagen hatten, trugen stets schicke Markenkleidung. Ich hingegen streifte mir morgens etwas Sauberes über und dachte nie darüber nach, ob es zusammenpasste: Grün und Lila, Blau und Rot, Rosa und Grün. Zudem trug ich eine riesige Brille mit unglaublich dicken Gläsern. Um jemanden oder etwas zu erkennen, musste ich immer blinzeln, ansonsten war alles unscharf. Deshalb wurde ich verspottet und ausgestoßen. Manchmal gingen diese Schikanen weit über das Maß kindlicher Hänseleien hinaus, und ich wurde zum Mittelpunkt gemeiner und abartiger Belustigungen. In den Pausen auf dem Flur kamen Jungen von hinten angerannt, packten mich an den Armen und drehten mich im Kreis. Um nicht zu stürzen, taumelte ich hin und her und sah wahrscheinlich aus wie ein staksiger Elch auf einem zugefrorenen Teich. Sie riefen mir Widerwärtigkeiten zu und lachten böse. »Was ist denn los, blöde Blindschleiche, siehst du denn nichts?« oder: »He, Brillenschlange, pass auf, wo du hinläufst!«

Nach einem solchen Überfall stolperte ich hilflos umher, versuchte, mich zu orientieren und herauszufinden, wo ich war und in welche Richtung ich musste. Wenn ich fälschlicherweise dorthin zurücklief, woher ich gekommen war, oder – Gott bewahre – gegen etwas stieß, brach ein derartiges Geschrei und Gejohle los, als wäre mein Anblick das Ulkigste, was sie je gesehen hatten. In solchen Momenten wollte ich mich am liebsten in einem Mauseloch verkriechen und sterben.

An dieser Schule gab es noch ein anderes sehgeschädigtes Mädchen. Stacy war zudem ein Albino und dadurch gleich zweifach stigmatisiert. Ihr wurde die gleiche Behandlung zuteil, nur wehrte sie sich mit Händen und Füßen dagegen, wenn die Jungs sie drehten. Sie kreischte, schrie und fluchte so lange, bis ein Lehrer angelaufen kam, um nachzusehen, was vor sich ging. Ich hingegen war ängstlich und passiv. Ich litt still vor mich hin und ließ zu, dass diese Rowdys, die meine Schwäche auf solch perverse Art und Weise ausnutzten, Macht über mich bekamen.

Dad erfuhr lange Zeit nichts von alledem, da ich keine Petze sein wollte. Eines Tages sah Dad zufällig einen Nachbarsjungen an der Straße. Dad hielt an. »He, Jimmy, willst du mitfahren?« – »Ja, gern.« Jimmy stieg in den Pick-up, und Dad fragte im Plauderton: »Na, wie läuft's denn so in der Schule?«

»Ganz gut.« – »Hast du auch keinen Unsinn angestellt? – »Ich habe gar nichts gemacht.« Jimmys Antwort kam so schnell und hastig, dass Dad sofort sein schlechtes Gewissen heraushörte. Dad wandte den Kopf zur Seite und sah, wie Jimmy mit sich rang. »Das war doch nur ein Witz. Was ist denn los?«

Da brach es aus Jimmy heraus: »Es ist so schrecklich, was sie in der Schule mit Rachael machen.«

Nach außen hin blieb Dad ganz ruhig, aber in seinem Inneren brodelte es. »Was passiert denn mit Rachael?«

Jimmy brach in Tränen aus, und all die Hässlichkeiten, die an der Schule vor sich gingen, kamen ans Licht. »Es gibt da eine Truppe von Jungen aus der Fünften. Jedes Mal, wenn sie Rachael allein auf dem Flur erwischen, wird sie von ihnen geärgert.«

Dad fuhr auf den Seitenstreifen und hielt an. »Was tun sie denn? Wie wird sie geärgert?«

Tränen liefen über Jimmys Wangen. »Sie kommen von hinten angerannt, packen sie an den Armen und drehen sie im Kreis. Wenn sie hinfällt oder sich irgendwo stößt, ist das für sie ein Riesenspaß. Sie beschimpfen sie auch. Sie wird immerzu schikaniert.« Jimmy wischte sich die Tränen ab. »Mr. Scdoris, ich gehöre nicht zu denen. Das schwöre ich. Rachael tut mir nur so leid, das ist alles.«

»Das glaube ich dir, Jimmy.« Jimmy schluchzte: »Ich wollte das schon lange jemandem sagen. Es tut mir wirklich leid, Mr. Scdoris.«

Ich hatte nicht die leiseste Ahnung, dass Dad etwas von meinen Schwierigkeiten wusste, bis er mich darauf ansprach: »Was ist denn los in der Schule?« – »Nichts. Alles bestens.« – »Was passiert auf dem Flur? Was machen die Jungs aus der Fünften?«

Da war mir klar, dass er Bescheid wusste. Dennoch versuchte ich, die Sache herunterzuspielen. »Die machen sich doch nur einen Spaß. Leider auf meine Kosten.«

»Ich werde dich morgen in die Schule bringen, und wir werden mit dem Direktor reden. Ich will der Sache auf den Grund gehen und schwöre dir, dass so etwas nie wieder passieren wird. Dir nicht und auch keinem anderen.«

»Nein, Dad. Bitte sag nichts. Du machst es damit nur

noch schlimmer«, versuchte ich, ihn davon abzubringen. Aber insgeheim war ich doch erleichtert, dass das abartige Verhalten der Jungen endlich aufgedeckt wurde. Darauf hatte ich immer insgeheim gehofft und dafür gebetet. Doch gleichzeitig hatte ich Angst davor, dass sie es mir heimzahlen würden. Ich konnte nicht schlafen in jener Nacht vor lauter Furcht.

Am nächsten Morgen zeigte sich Dad entschlossen. Wir gingen gemeinsam ins Büro des Direktors. Dad informierte ihn, was an der Schule vor sich ging, und legte ihm eindringlich nahe: »Entweder sorgen Sie dafür, dass die Flure überwacht werden, oder ich verspreche Ihnen, dass ich mich selbst darum kümmern werde, dass meine Tochter hier in Sicherheit ist. Die Entscheidung liegt bei Ihnen.«

»Ich hatte keine Ahnung, dass hier so etwas stattfindet. Ich versichere Ihnen, dass wir uns der Situation unverzüglich annehmen werden«, erwiderte der Direktor.

Meine erste Stunde begann, doch mitten im Unterricht wurde ich plötzlich ins Büro des Direktors gerufen. Dort befanden sich auch Stacy und der Vertrauenslehrer. Stacy hatte bereits von den Schikanen berichtet, denen sie ausgesetzt war, und ich bestätigte ihre Schilderungen. Außerdem fügte ich hinzu, dass der Terror nicht nur in den Fluren stattfand. »Einige Jungs ärgern mich auch in der Pause. Sie rennen um mich herum, schreien mich an und zerren an meinen Haaren. Es sind so blöde Jungs.«

Der Vertrauenslehrer hakte nach: »Könnt ihr mir sagen, um wen es sich handelt? Kennt ihr die Namen?«

Aber Stacy und ich konnten keine Gesichter erkennen. Möglicherweise hätten wir unsere Peiniger identifizieren können, aber selbst dann wäre unsere Angst vermutlich viel zu groß gewesen, um Namen zu nennen. Der Direktor versprach hoch und heilig, die Lehrerschaft zu verpflichten, die Situation zu überwachen. Doch soweit ich es beurteilen konnte, änderte sich in Wirklichkeit überhaupt nichts. Abends erkundigte sich Dad, ob es irgendwelche Probleme gab. Immer wieder log ich ihn an, alles sei in bester Ordnung.

Während die Jungen sich wie sadistische Barbaren aufführten, verhielten sich die Mädchen noch viel gemeiner und verletzender. Sie führten förmlich Krieg gegen jeden, der nicht zu ihrer Clique gehörte. Ihre Waffen hießen Einschüchterung und Manipulation. Ihre meist knappen, spitzen Bemerkungen waren oftmals widerlicher und beleidigender als die derben Schikanen der Jungen. »Rachael, warum passen eigentlich deine Sachen nie zusammen?« oder: »Rachael, warum ziehst du dich nie hübsch an?« oder: »Rachael, warum riechst du immer nach Hundekacke?«

Mein Haar trug ich meist zu einem Pferdeschwanz gebunden. So gefiel es Dad am besten. Jeden Morgen bürstete er mir die Haare und band mir den Zopf. Die Mädchen in der Schule fragten mich: »Rachael, warum trägst du immer einen Pferdeschwanz?« oder: »Weißt du, was unter einem Pferdeschwanz ist? Ein Pferdearsch.« oder: »Warum machst du nicht mal ein bisschen zurecht?«

Wieder erfuhr niemand von den Erwachsenen von all diesem Spott und Hohn. Ich fühlte mich den Beleidigungen hilflos ausliefert, hielt meinen Mund und ertrug die Situation, so gut es ging. Außerdem versuchte ich, mich so unterwürfig und unauffällig wie möglich zu verhalten.

Wirklich wohl fühlte ich mich nur beim Singen. Ich hatte eine ganz gute Stimme und war mit Freude bei der Sache. Für das Programm der Schulweihnachtsfeier wurde ich zusammen mit vier weiteren Mädchen ausgewählt, den musikalischen Teil zu gestalten. Ich war unglaublich stolz, vor Publikum Weihnachtslieder singen zu dürfen.

Dad nahm an der Feier teil und sah mit eigenen Augen, was sich dort abspielte. Wir betraten die Bühne; ich stand in der Mitte, links und rechts von mir jeweils zwei der anderen Mädchen. Die Musik begann. Ich sang laut, voller Inbrunst und traf auch durchaus die richtigen Töne. Mitten in »Joy to the World« begannen die anderen Mädchen, mich plötzlich nachzumachen. Sie hoben ihre Arme, neigten ihren Kopf, rollten mit den Augen, wie ich es manchmal tue, und äfften mein Blinzeln nach.

Als das letzte Lied zu Ende war, spendete das Publikum höflich Beifall. Dad stand neben einer der Lehrerinnen, beugte sich zu ihr herüber und flüsterte: »Ich kann nicht glauben, was ich da eben gesehen habe.« – »Wundervoll, nicht wahr?«, erwiderte die Lehrerin.

Dad entgegnete: »Entweder Sie sind blind, oder ich fantasiere.«

»Was meinen Sie denn, Mr. Scdoris?« – »Haben Sie nicht gesehen, wie die Mädchen Rachael nachgeäfft haben? Jetzt sagen Sie bloß nicht, dass Sie davon nichts bemerkt haben.«

»Sie sind viel zu empfindlich«, antwortete die Lehrerin. »Sie interpretieren in alles viel zu viel hinein. Kinder sind so, da kann man nichts machen.« Dad entgegnete: »Was die Kinder getan haben, ist widerwärtig, aber was mich am meisten beunruhigt, ist Ihre Nachsicht in diesem Zusammenhang. Damit dulden Sie Diskriminierung und fördern sie geradezu. Diese Mädchen haben sich über Rachaels Blindheit lustig gemacht, und Sie behaupten allen Ernstes, dass Kinder eben so sind?«

Dad ließ sie stehen. Kurz darauf kam die Mutter einer Schülerin aus meiner Klasse auf ihn zu und zeigte sich schockiert über das, was sich da eben auf der Bühne abgespielt hatte. Sie meinte: »Wenn das meine Kinder wären, würde ich ihnen derart den Hintern versohlen, dass sie einen Monat lang nicht sitzen könnten.« Dad umarmte sie.

Eines Tages kam aus heiterem Himmel eines der beliebtesten Mädchen der Schule (ich will sie hier Sally nennen) im Flur auf mich zu und verwickelte mich in ein Gespräch. Ich war völlig überrumpelt. Um ganz ehrlich zu sein, fühlte ich mich durch ihre Aufmerksamkeit auch geschmeichelt. Naiv und hoffnungsvoll, wie ich war, nahm ich tatsächlich an, sie würde mich im Speisesaal an ihren Tisch zu den anderen Schulschönsten bitten.

Es war eine unerwartete Freude, dass Sally mit mir redete, aber gleichzeitig vollkommen ungewöhnlich, dass sie ihre Zeit mit mir verschwendete. In mir regte sich ein leiser Verdacht, dass sie vielleicht etwas im Schilde führte, ich konnte mir jedoch nicht vorstellen, was. Also schob ich meinen Argwohn beiseite und vermutete, Sally sei zur Vernunft gekommen. Vielleicht sah sie endlich ein, dass ich ebenfalls über die mustergültigen Eigenschaften verfügte, die Voraussetzung für die Aufnahme in ihren elitären Freundeskreis waren. Doch ich erkannte schnell, wie falsch ich in meiner verzweifelten Hoffnung gelegen hatte.

»Rachael, warum unterhältst du dich nie mit Henry?«

Ihre Frage war eine einzige Provokation. Henry (in Wirklichkeit hieß er anders) war zwar ein netter Bursche, aber ein wenig langsam. Er galt als »zurückgeblieben« und wurde daher genauso gemieden wie ich. »Warum willst du denn, dass ich mit Henry rede?«

»Er sucht eine Freundin.«

»Warum freundest du dich nicht mit ihm an, Sally?«

»Er mag dich. Er will dich zur Freundin.«

Ich hörte mich sagen: »Tja, wer könnte keine Freunde brauchen? Wir alle haben Freunde nötig.« Ich merkte, wie sie mit mir spielte. Sally versuchte, das blinde Mädchen mit dem zurückgebliebenen Jungen zu verkuppeln. Was für eine erbärmliche Vorstellung! »Dort drüben steht er. Geh einfach hin und sprich ihn an.« Sally ließ nicht locker.

»Ich kann das nicht.« »Na klar kannst du das.« Sally legte ihren Arm um mich und zog mich durch den Flur zu Henry hin, der vor seinem Spind stand. Sie flüsterte mir zu: »Begrüß ihn.« Mit ihrer Hand in meinem Rücken schob sie mich noch dichter an Henry heran.

»Hallo, Henry«, sagte ich. Henry rührte sich nicht von der Stelle. Unsicher hielt er den Kopf gesenkt und starrte auf seine Schuhspitzen. Seine Spindtür stand offen. Drinnen herrschte absolutes Chaos.

»Jetzt kannst du ihn umarmen«, flüsterte Sally und konnte ein Kichern nicht unterdrücken. »Nein, das will ich nicht.«

Aber Sally ließ nicht locker. »Er will doch dein Freund sein. Komm schon, Rachael. Stell dich nicht so an.« Sie nahm meine Hand und bewegte sie auf Henry zu. Als meine Fingerspitzen seine Haut berührten, zuckte er zusammen wie von der Tarantel gestochen und flitzte von dannen. Schnell verlor ich ihn aus den Augen. Unterdessen war auch Sally verschwunden. Ich zögerte und wusste nicht, ob und in welche Richtung ich gehen sollte.

Ehe ich mich rühren konnte, tauchte Sally wieder vor mir auf. Sie hatte Henry am Arm gepackt und zerrte ihn hinter sich her. Dann stieß sie ihn in meine Richtung. Er versuchte, sich loszureißen, aber sie hielt ihn fest. Triumphierend rief sie: »Hier ist er!«

»Bitte, Sally, lass ihn los. Er hat solche Angst.«

Ich spürte, wie sich andere um uns scharten, wie Hände nach mir griffen und mich schubsten. Ich hörte das Scharren von Füßen, dümmliches Gelächter und Gekicher. Ich verlor das Gleichgewicht. Zu allem Überfluss prallte ich auch noch gegen Henry. Er brach in Tränen aus, riss sich von Sally los und ergriff erneut die Flucht.

Theatralisch streckte Sally die Hände aus und rief zynisch aus: »Einen Moment lang dachte ich, dass ihr beide wirklich ein hübsches Paar abgebt. Wie zwei richtige Turteltäubchen.«

Die Wortführerinnen rempelten mich an und lachten mich aus, ganz offen und unverhohlen. Tränen schossen mir in die Augen, die ich jedoch zurückzuhalten versuchte. Ich schämte mich unendlich und war gleichzeitig enorm wütend. Die Genugtuung, mich weinen zu sehen, wollte ich ihnen nicht gönnen.

»Du bist wirklich widerlich«, fuhr ich Sally an. »Richtig bösartig und dumm.« Ich machte kehrt und drängelte mich durch die Reihen von Gafferinnen.

Diese traurige Episode war an dieser Stelle jedoch keineswegs zu Ende. Sie setzte sich noch die ganze Woche fort. Sally und ihre durchgedrehten Freundinnen nutzten jede Gelegenheit, dieses Trauerspiel mit diebischer Freude fortzusetzen. Jedes Mal, wenn das Grüppchen mich sah, kamen sie auf mich zu und plapperten los: »Bist du gar nicht mehr mit Henry zusammen?« oder: »Ist Henry noch dein Freund?« oder: »Ihr beide passt so gut zusammen. Ihr solltet euch wieder versöhnen«.

Ich versuchte, die Mädchen zu ignorieren. Doch diese Begegnungen trugen dazu bei, mein ohnehin geringes Selbstwertgefühl noch weiter zu schmälern. Weshalb wollte ich Sally unbedingt zur Freundin haben? Was hatte ich mir dabei gedacht? Was mich am wütendsten machte, war die Tatsache, dass Henry vollkommen unschuldig mit hineingezogen wurde. Er war ein schüchterner, sensibler Bursche, den der Spott, der sich meinetwegen über ihn ergoss, sicher tief verletzte. Es tat mir aufrichtig leid, dass er unter meiner Verblendung, zu den Wortführerinnen gehören zu wollen, derart zu leiden hatte.

7

Ein neuer Anfang

Während der Sommerferien kamen Dad und Mom zu dem Entschluss, dass aufgrund meiner Probleme auf der Buckingham Elementary School ein Schulwechsel für mich wohl das Beste sei. Ab dem Herbst verbrachte ich also die Wochenenden und Schulferien bei Dad, und die Woche über wohnte ich bei Mom. Die fünfte Klasse begann ich auf der Lynch Elementary School in Redmond. Am ersten Schultag stand im Sportunterricht Staffellauf auf dem Programm. Zwischen den Läufen setzte ich mich in den Schatten, um mich ein wenig auszuruhen. Aus der grellen Sonne in den Schatten zu kommen ist für mich problematisch, da ich so gut wie nichts mehr sehen kann. Als ich mich hinsetzen wollte, merkte ich zu spät, dass dort schon jemand saß. Es war Lauren Sprenger, der ich buchstäblich in die Arme fiel. Wir mussten beide lachen. Im Laufe der Zeit entwickelte sich eine enge Freundschaft daraus, und wir waren fest davon überzeugt, dass dieser Zwischenfall wohl göttliche Vorsehung gewesen sein musste. Lauren half mir im Unterricht, las mir vor, sorgte dafür, dass ich meine Hefter in Ordnung hielt und meine Hausaufgaben rechtzeitig abgab. Sie wurde meine Verbündete und beste Freundin.

Unser Klassenlehrer hieß Don Duncan. Nach 20 Jahren Arbeit als Zimmermann hatte er seine Berufung zum Lehrer verspürt. Er schrieb sich am College ein, absolvierte ein Lehrerstudium und kam an die Schule. Er trug entscheidend dazu bei, dass die fünfte Klasse zu einem Wendepunkt in meinem Leben wurde und ich die Freude am Lernen wiederentdeckte.

Im Winter verbrachte ich die Wochenenden ausnahmslos bei Dad und den Schlittenhunden. Wenn er die Hunde trainierte, durfte ich oft im Tandemschlitten mitfahren. Mit meinem Schlitten im Schlepptau lenkte er die Hunde.

Dad ersetzte mein Augenlicht, indem er mich vor Gefahren warnte. Er rief: »Vorsicht, tief hängender Ast!« Und ich duckte mich. »Scharfe Linkskurve voraus.« Ich ging in die Hocke und verlagerte mein Gewicht, um der Fliehkraft entgegenzuwirken.

Diese Trainingsläufe erwiesen sich als ausgezeichnetes Übungsfeld. Ich stand mit beiden Füßen auf den Kufen und lernte, die Balance zu halten, Kurven zu nehmen, ohne umzukippen, bergauf zu schieben und die Bremse zu betätigen. Ich beobachtete Dad und tat es ihm nach. Am schönsten war die Vorstellung, allein mit den Hunden zu sein. In diesen Momenten war Dad nicht mehr vorhanden, und es gab nur noch den Schlitten, die Hunde, die vor uns liegende Piste und mich.

John Patten, Dads früherer Rennpartner, kam aus Minnesota zu Besuch. John beeindruckte mich sehr. Wir saßen bis spät in die Nacht beisammen, und ich lauschte fasziniert seinen Geschichten, vor allem denen vom Iditarod-Rennen in Alaska. Er erzählte, wie er seine Hunde bei Temperaturen von minus 45 bis minus 50 Grad Celsius durch heulende Schneestürme lenkte, auf Elche traf und einen völlig erschöpften Hund bis zum nächsten Checkpoint auf seinem Schlitten transportierte. John berichtete von der Kameradschaft, die zwischen den Teilnehmern des Rennens herrschte, während sie sich durch die Wildnis Alaskas kämpften. Außerdem beschrieb er ausführlich die Strecke mit ihren Besonderheiten und Schwierigkeiten: das allgemeine Chaos beim Start im Stadtzentrum von Anchorage, den Schneemangel am sogenannten Burn, die Überquerung der Alaska Range am Rainy Pass, den Aufbruch aus McGrath und den Vorstoß ins Binnenland, die Feierlichkeiten in Unalakleet, die Überwindung der riskanten Klippen am Norton Sound und schließlich die letzten 150 zermürbenden Meilen von Koyuk nach Nome. Tagelang musste John ohne Schlaf auskommen. Er kämpfte bis zur absoluten Erschöpfung, litt unter Halluzinationen und verlangte sich mehr ab, als er sich je hatte vorstellen können. Doch am meisten erzählte John von seinen Hunden und wie viel sie ihm bedeuteten. Immer, wenn er über seine Hunde sprach, konnte ich mir vorstellen, wie seine Augen besonders leuchteten, klang seine Stimme ambitionierter, wirkten seine Gesten lebhafter. Manchmal, wenn ihn die Erinnerung an ganz besondere Hunde überkam, die bereits gestorben waren, klang seine Stimme belegt.

Durch Johns leidenschaftliche Erzählweise und die Intensität seiner Geschichten begann ich nachts davon zu träumen. Diese Träume waren außerordentlich dynamisch und lebendig. Ich spielte darin eine heldenhafte Rolle. Wenn etwa mein Hundegespann von einem wild gewordenen Elch angegriffen wurde, warf ich mich ihm mit bloßen Händen entgegen. Wenn ich in einem Schneesturm die Orientierung verlor, erreichte ich mit vereisten Haaren und Augenbrauen schließlich doch noch den Checkpoint. Wir stürzten in ein offenes Gewässer, doch ich kletterte heraus auf die Eisfläche und rettete meine Hunde. Aber am liebsten träumte ich, dass wir am letzten Checkpoint des Rennens, in Safety, ankamen. Andere Teilnehmer waren schon da und hockten um den Holzofen herum, während draußen der Wind heulte. Niemand wollte Safety verlassen und sich dem peitschenden Sturm und der beißenden Kälte aussetzen. Genau wie Libby Riddles – sie war in einen Sturm aufgebrochen, als kein anderer es wagte – stand ich auf und verkündete: »Ich mache mich auf den Weg.« Die anderen redeten auf mich ein, dass ich warten solle, bis der Sturm sich gelegt hatte, aber wie Libby Riddles fuhr ich trotzdem los. Nach ein paar Meilen ließ der Wind auf wundersame Weise nach, die Sonne kam hervor, und das Ende des Rennens rückte in greifbare Nähe. Kurz vor Erreichen der Ziellinie erwachte ich zwar, wusste jedoch genau, dass ich das Iditarod gewonnen hatte.

Die Vorstellung, irgendwann selbst einen Schlitten und ein Hundegespann zu lenken, wurde allmählich zu einer fixen Idee von mir. Ich kam zu der Überzeugung, dass Gott mich dazu bestimmt und mich mit den Voraussetzungen dafür ausgestattet hatte. Nun war es jedoch an mir, dieses Ziel tatsächlich zu erreichen. Ich schwor mir, dass ich eines Tages am Iditarod-Rennen teilnehmen würde – jedoch nicht nur, um dabei zu sein, sondern mit echten Ambitionen auf einen Sieg. Gelang mir dieses aussichtslose Unterfangen, hatte ich meinen Traum wahrgemacht.

Die Woche über ging ich ohne große Begeisterung zur Schule und erledigte meine Aufgaben. Eigentlich lebte ich nur auf die Wochenenden zu, an denen ich bei meinen Hunden sein konnte, die in meinem Leben die größte Rolle spielten. Auch sie waren immer ganz aus dem Häuschen, wenn ich kam. Sie waren fast wie Kinder für mich. Sie liebten mich genauso, wie ich sie liebte.

Doch meine Aussichten, eines Tages tatsächlich am Iditarod teilzunehmen, waren denkbar gering. Dad dachte gar nicht daran, mir ein Gespann anzuvertrauen. Ich bat ihn immer wieder, mich endlich einmal allein fahren zu lassen.

»Dad, findest du nicht, dass ich ziemlich viel hier arbeite?«

»Ja sicher, und ich weiß das auch sehr zu schätzen«, pflegte er zu antworten.

»Wann darf ich einmal ein Gespann allein lenken?«

Ich versuchte es mit rationalen Argumenten: »Dad, man kann doch nicht früh genug beginnen, einen Schlitten zu steuern. Warum also nicht heute?«

»Irgendwann vielleicht.«

Schließlich bettelte ich ganz unverhohlen: »Dad, lass mich doch die Hunde lenken. Bitte, bitte. Ach, bitte.«

Manchmal versuchte ich es mit Schmeichelei: »Ich hab dich doch so lieb, Dad. Lässt du mich heute mit einem Gespann losfahren?«

»Nein!«

Trotzdem fühlte ich, dass die Entschlossenheit hinter seiner rauen Schale Stück für Stück bröckelte. Aus seinem strikten »Nein!« wurde ein Drei-Wort-Satz: »Ich sagte nein!« Daraus entwickelten sich vollständige, ausformulierte Antworten: »Ach Kind, hör doch endlich auf, mich andauernd danach zu fragen. Irgendwann darfst du die Hunde lenken, aber noch nicht gleich heute.«

Ich spürte, dass er schwach werden könnte, und setzte nach: »Morgen kann ich also fahren, oder?« Aber es hatte den Anschein, als ob dieses Morgen oder Irgendwann niemals kommen würde.

Dave Sims war ein Mitarbeiter und guter Freund von Dad. Ich war oft mit ihm unterwegs; entweder im Tandemschlitten oder als Mitfahrerin. Da ich bei Dad nichts erreichen konnte, konzentrierte ich mich auf Dave. Würde ich ihn von meiner Fähigkeit überzeugen, ein Gespann zu steuern, würde er vielleicht ein gutes Wort für mich einlegen.

Im Laufe der Zeit verlor ich allmählich die Hoffnung, jemals ganz für mich allein zu sein oder einmal selbstständig ein Hundegespann zu lenken, geschweige denn eines Tages am Iditarod teilzunehmen.

Mein ganzes bisheriges Leben lang war stets jemand in meiner Nähe gewesen. Entweder wurde ich von einem Erwachsenen begleitet, oder ich hatte in der Schule eine

Art Lernpaten an meiner Seite und war von anderen Kindern umgeben. Auf dem Spielplatz stand ich unter ständiger Aufsicht. Noch nie hatte ich allein einen Spaziergang gemacht oder war ohne Begleitung einen Waldweg entlanggejoggt. Nicht ein einziges Mal hatte ich die Freiheit genossen, allein zu sein, wirklich allein.

An einem Samstag im Dezember hatte es am Berg gut zehn Zentimeter Neuschnee gegeben. Die Pisten waren somit nicht zu rasant, und die Hunde hatten nach einem anstrengenden Tag ihre nervöse Anspannung abgelegt und waren ruhig und ausgeglichen. Ein Mitarbeiter des Skipistendienstes kam auf eine Stippvisite bei uns vorbei, und Dad bat ihn, den Kid's Trail, einen kleinen Rundweg von einer Meile durch den Wald, mit seinem Schneemobil zu räumen. Ich nahm an, dass Dad eventuell mit einer Familie rechnete, die sich vom Skilaufen ausruhen und vor der Abfahrt ins Tal eine kurze Schlittenpartie unternehmen wollte. Dad hatte inzwischen Dave leise zugeflüstert: »Das ist vielleicht eine gute Gelegenheit, Rachael eine Runde fahren zu lassen.«

»Keine schlechte Idee«, erwiderte Dave.

»Sie ist jetzt elf. Denkst du, sie ist so weit?«, fragte Dad.

»Klar, auf jeden Fall.«

Dad und Dave spannten Coyote und Shane, zwei unserer besten Hunde, vor einen Schlitten. Beide waren Leithunde und hatten bereits das Iditarod absolviert. Coyote war ein Alaska-Husky – stark, zuverlässig und ausgeglichen. Shane war Leithund in einem Gespann gewesen, das beim Yukon Quest den ersten Platz belegt hatte. Er war einer von Dads Lieblingshunden und der vielleicht beste Hund, den Dad je besessen hat.

»He, Rachael«, rief Dad mir zu. »Willst du eine Runde fahren?«

»Na klar«, antwortete ich; dazu war ich immer aufgelegt. Ich lief hinüber zu Dave, der das Gespann hielt, hockte mich hin, um Coyote und Shane zu streicheln, bevor ich zum Schlitten ging. Dort wartete Dad auf mich. »Wer fährt denn mit?«

»Nur du«, antwortete Dad.

Ich brauchte eine Weile, bis ich begriff. Zunächst meinte ich, mich verhört zu haben. Als ich nochmals nachfragte: »Nur ich?«, klang meine Stimme ängstlicher, als ich wollte.

»Nur du.«

Nun beeilte ich mich, damit Dad es sich nicht etwa plötzlich anders überlegte. Ich stieg auf die Kufen, meine Hände umfassten den Haltebügel. Dave trat zurück. Ich rief den Hunden zu: »Coyote, Shane, lauft!«

Von da an lief alles ganz instinktiv. Da ich schon so oft mit dem Tandemschlitten gefahren war, wusste ich genau, was zu tun war. Trotzdem war es eine gänzlich neue Erfahrung, dass nur die Hunde vor mir liefen. Es war ein herrliches Gefühl. Fantastisch. Berauschend. Auch tausend andere Adjektive würden doch nicht annähernd beschreiben, welch überschäumende Freude ich in diesem Augenblick empfand. Es war das beglückendste Gefühl meines Lebens.

Der Kid's Trail beginnt mit einem relativ starken Gefälle, das ich schon Hunderte Male passiert hatte, jedoch stets als Mitfahrerin oder im Tandemschlitten. Allein zu fahren war eine völlig neue Erfahrung. Das Gefühl in den Kufen unter meinen Füßen war anders als all die Male zuvor. Die Hunde liefen schneller. Wenn ich ehrlich bin, war es sogar ein wenig bedrohlich.

»Bremsen!«, wehte Dads Stimme aus der Ferne zu mir herüber. Natürlich wollte er, dass ich langsamer fuhr, während ich – ganz im Gegenteil – das Bedürfnis hatte zu beschleunigen. Ich wollte den Wind im Haar und die von den Hunden aufgewirbelten Eiskristalle im Gesicht spüren. Ich wollte mit diesen Hunden in die Wälder rasen und nie mehr zurückkommen. Ich war ganz berauscht von diesem ungewohnten Gefühl von Freiheit, Alleinsein und der puren Energie, die ich befehligte. Was spielte es da für eine Rolle, dass mein Gespann lediglich aus zwei alten Hunden bestand, wir den kinderleichten Kid's Trail befuhren und zehn Zentimeter Neuschnee den Schlitten bremsten? Wirklich wichtig war in diesem Moment nur, dass ich endlich den ersten Schritt getan hatte, um eines Tages meinen großen Traum von der Teilnahme am Iditarod zu verwirklichen. In mir regte sich eine Stimme, die zu einem überwältigenden Schrei anwuchs, so dass ich nicht anders konnte, als meinen Kopf zurückzuwerfen und ihn herauszulassen: »Jippie!« Dieser Schrei aus meinem tiefsten Inneren überkam mich so plötzlich, dass ich selbst überrascht war.

Der Weg führte weiter bergab, und anschließend jagten wir über eine freie Ebene. Ich stand auf dem Schlitten wie ein echter Musher, ein erfahrener Gespannführer. Wir bretterten in die erste Kurve, dahinter folgte der erste Anstieg. Sofort wechselte ich mit beiden Füßen auf eine Kufe und stieß mich mit einem Bein ab, um meine Hunde zu schonen und die Geschwindigkeit zu erhöhen.

Ehe ich mich's versah, war die Runde schon vorüber. Wir erreichten den Startpunkt, wo Dave sogleich nach Shanes Halsband griff. Kaum kamen wir zum Stehen, sprang ich auch schon von den Kufen und rannte zu meinen Hunden. Ich umarmte und küsste die beiden Burschen so heftig, dass ich sie dabei fast erdrückte. Noch nie war ich so glücklich gewesen. Ich überschüttete Shane und Coyote mit meiner Zuneigung, hatten sie mir doch die Freiheit beschert und mich sicher zurückgebracht. Eine einzige Meile. Diese eine Meile war jedoch von enormer Bedeutung für mich. Wer eine Meile fahren konnte, schaffte auch zwölfhundert Meilen. Das Iditarod war noch nie in so greifbare Nähe gerückt wie in jenem Augenblick.

Dad kam auf mich zugerannt. Er war völlig außer Atem, und Schweißperlen standen auf seiner Stirn. Doch in meiner Euphorie kam ich nicht auf die Idee, nach dem Grund zu fragen. Erst später erfuhr ich, dass er es schlichtweg mit der Angst zu tun bekam, als er mich so allein davonfahren sah. Er rief mir nach, ich solle bremsen, doch ich hatte anderes im Sinn. Mein wilder Schrei hatte ihm den Rest gegeben. Er schaute Dave an und sagte: »Was haben wir da nur angerichtet?« Er rannte zu Fuß los und versuchte, mich einzuholen. Während dieser Meile sah er mich nur ab und zu einen Augenblick lang. Trotz alledem bin ich froh, dass ich davon nie etwas erfuhr. Meine Erfahrung wäre eine andere gewesen, wenn ich gewusst hätte, dass er mir die ganze Zeit folgte.

»Ich will noch einmal fahren.«

»Aber nicht heute«, keuchte Dad. »Wir fahren heim.« Dad und Dave sagten mir, dass sie sehr stolz auf meine Leistung seien.

Viele Jahre später vertraute mir Dad an, dass er mit Dave noch leise ein paar Worte gewechselt hatte, nachdem ich schon in den Wagen gestiegen war. Dad sagte damals: »Jetzt wird sie immer wollen, dass wir ihr die Hunde anspannen, wenn wir herkommen. Ich fürchte, wir werden die Geister nicht mehr los, die wir riefen.«

»Weißt du, Jerry, als sie losfuhr, kam sie mir vor wie ein Vogel, der plötzlich seine Flügel entdeckt und das Fliegen gelernt hat. Ich denke, dass sie unterwegs auf den Geschmack der Freiheit gekommen ist. An deiner Stelle würde ich mir weitaus mehr Gedanken darum machen als um die Tatsache, ihr ab und an die Hunde anzuspannen.« Das war von Dave als Scherz gemeint, doch Dad konnte nicht darüber lachen.

Als ich das nächste Mal einen Schlitten steuern durfte, nahm Dave Dad anschließend beiseite und redete ihm ins Gewissen. Wieder einmal war Dad hinter mir hergerannt. Dave redete auf ihn ein: »Jerry, du wirst dich noch umbringen, wenn du versuchst, mit ihr Schritt zu halten. Lass sie einfach fahren. Sie ist ein Naturtalent. Sie macht ihre Sache gut.«

Von diesem Zeitpunkt an nahmen mich Dad und Dave jedes Mal vor den Fahrten ordentlich ins Gebet. Sie erklärten mir ausführlich, was alles schiefgehen könnte, und ließen mich aufsagen, wie ich mit eventuell auftretenden Schwierigkeiten umzugehen hatte: Wenn die Hunde sich verhedderten, würde ich mich auf die Bremse stellen und um Hilfe rufen. Wenn der Schlitten umkippte, würde ich mich daran festklammern und die Hunde anhalten lassen. Wenn mir der Schlitten abhandenkam, würde ich auf dem geräumten Weg bleiben. Wenn ich die

Orientierung verlor, würde ich mich nicht von der Stelle rühren, bis sie mich gefunden hatten. Wenn ich hörte, wie ein Schneemobil angerast kam, würde ich annehmen, der Fahrer sei verrückt geworden, unverzüglich abbremsen und rechts ranfahren.

Diese eine Meile bin ich wohl an die tausend Mal gefahren. Im Laufe der Zeit kannte ich den Weg in- und auswendig und langweilte mich schon fast dabei. Deshalb bat ich Dad, eine der längeren Strecken fahren zu dürfen – die Drei- oder Sieben-Meilen-Schleife. Je länger die Strecke, desto größer war meine Unabhängigkeit. Außerdem wünschte ich mir auch mehr Hunde im Gespann. Je mehr Hunde, desto schneller die Fahrt. Es war wie bei Jugendlichen, die eine alte Rostlaube fahren und davon träumen, hinter einem Ferrari-Lenkrad zu sitzen. Für mich kamen längere Strecken und mehr Hunde einem Ferrari gleich. Anfangs lehnte Dad alles andere als den Kid's Trail kategorisch ab, doch Stück für Stück gelang es mir, seine strikte Haltung aufzuweichen, so dass er mir zunächst drei und kurz darauf vier Hunde zugestand.

In jenem Jahr bekam ich von John Patten ein ganz besonderes Weihnachtsgeschenk: einen Iditarod-Schlitten. Das Gefährt mit dem Namen Hornet – Hornisse – wog lediglich neun Kilogramm und war superschnell. Einmal spannte ich vier Hunde vor die Hornisse und fuhr den gesamten Kid's Trail, ohne ein einziges Mal zu bremsen. Das zu schaffen kam für mich der Verleihung einer Tapferkeitsmedaille gleich. Wir brauchten für die eine Meile keine vier Minuten. Danach fühlte ich mich allem gewachsen, was mir abverlangt wurde. Doch bis mir Dad die Drei-Meilen-Runde zugestand, musste ich noch ein ganzes Jahr warten.

8

Erlebnisse einer blinden Läuferin

In der fünften Klasse machten wir eine Klassenfahrt nach Portland. Wir taten all das, was Landeier so tun, wenn sie in die große Stadt kommen: Besichtigung sämtlicher Springbrunnen, Parks, Rosengärten, Geschichts- und Kunstmuseen. Wir übernachteten sogar in einem Hotel mitten im Stadtzentrum.

Normalerweise war ich mit Lauren unterwegs, die mir das Augenlicht ersetzte und detailliert beschrieb, was sie sah. Am zweiten Tag jedoch wurden wir beide verschiedenen Gruppen zugeteilt. Unsere Gruppe schlenderte durch das Stadtzentrum, wobei ich an der Hand unseres Lehrers Mr. Duncan ging.

Wir unterhielten uns und lachten viel. Mr. Duncan vergaß dabei höchstwahrscheinlich, dass ich mich auf seine Augen verließ. Jedenfalls ließ er mich aus Versehen gegen eine Parkuhr laufen. Ich knallte frontal mit der Stirn dagegen. *Peng.* Es zog mir um ein Haar die Füße weg. Vor Schreck und Schmerzen schossen mir die Tränen in die Augen, und an meiner Stirn wuchs augenblicklich eine dicke Beule.

Mr. Duncan war die Sache äußerst peinlich. Er eilte in ein nahe gelegenes Restaurant und kam mit einem kleinen Eisbeutel zurück, mit dem ich meine Stirn kühlen sollte, damit die Schwellung zurückging. Nach seiner ungefähr hundertsten Entschuldigung sagte ich zu ihm: »Nicht so schlimm, Mr. Duncan. Solche Sachen passieren mir andauernd.« Und das war keineswegs gelogen. Ständig stieß ich mich irgendwo. Das lässt sich gar nicht vermeiden, wenn man sehgeschädigt ist.

Als die Schwellung nachgelassen hatte, wäre der Vorfall wahrscheinlich nichts weiter als eine lustige Begebenheit am Rande eines schönen Ausflugs geblieben. Doch zwei Jungen – ich will sie hier Timmy und Kevin nennen – hatten mein Missgeschick beobachtet und konnten sich darüber gar nicht wieder beruhigen. Immer wieder ritten sie darauf herum und riefen: »Rachael, Vorsicht vor der Parkuhr!« oder: »Rachael, da kommt ein Strommast auf dich zu!« oder: »Rachael, Achtung, der Vierziggeschosser da vorn kracht gleich auf dich runter!«

Wenn sie ihre Sprüche einmal losgelassen und anschließend ihren Mund gehalten hätten, wäre es ja nicht so schlimm gewesen. Aber sie wiederholten diesen Unsinn derart oft, dass es kaum auszuhalten war. Ich bat Mr.

Duncan, es ihnen zu untersagen, was sie zumindest für den Rest der Klassenfahrt auch befolgten.

Doch kaum waren wir wieder zurück in der Schule, machten mir diese beiden Schwachköpfe das Leben zur Hölle. Im Vergleich zu Timmy und Kevin waren die Kids an der Buckingham-Schule absolut harmlos gewesen, die reinsten Amateure.

Eines Tages lernten wir im Sportunterricht verschiedene Leichtathletik-Disziplinen kennen. Wir übten gerade Weitsprung. Als mein Name aufgerufen wurde, ging ich nach vorn und nahm Anlauf. Ich konzentrierte mich darauf, den Absprungbalken so früh wie möglich zu erkennen, damit ich meine Schritte entsprechend anpassen konnte.

»Vorsicht vor der Parkuhr!«, schrie mir Timmy aus unmittelbarer Nähe zu.

Ich reagierte natürlich wie jeder Sehgeschädigte, duckte mich und streckte schützend meine Hände nach vorn. Prompt stolperte ich und fiel der Länge nach hin. Alle lachten, einschließlich der Sportlehrerin, die von der Geschichte mit der Parkuhr in Portland gehört hatte. Als ich zu ihr ging und ihr mein Leid klagen wollte, empfing sie mich mit den Worten: »Na, was ist denn los, Mädchen mit den Zwinkeraugen?«

Im nächsten Jahr besuchte ich die sechste Klasse an der Obsidian Middle School in Redmond. Die Schule war in Ordnung, doch Timmy und Kevin ließen mich einfach nicht in Ruhe. Zu allem Überfluss fanden sie noch einen weiteren Mitstreiter für ihren Spott. Ich will ihn hier Bill nennen. Er war ein grobschlächtiger Typ und ein rechtes

Großmaul. Jedes Mal, wenn er im Flur an mir vorbeiging, bezeichnete er mich als blinde Schlampe und hatte noch eine ganze Palette weitaus ärgerer Schimpfwörter für mich parat. Wenn die drei zusammen auftraten, stachelten sie sich gegenseitig an, um sich einander zu beweisen, wer die größte Klappe hatte. Sie scherten sich nicht darum, ob andere Schüler oder gar Lehrer in der Nähe waren, da an dieser Schule generell wenig Disziplin herrschte und niemand zur Verantwortung gezogen wurde.

Bereits Anfang September begann ich um Schnee zu beten. Ich sehnte den Winteranfang herbei, um wieder jedes Wochenende am Berg verbringen und das tun zu können, was mir Spaß machte – weit weg von der Schule und meinen Peinigern. Ich hoffte, Dad würde mich dieses Jahr die Drei-Meilen- oder sogar die Sieben-Meilen-Runde fahren lassen. Doch Dad verlangte von mir, dass ich mich vorher in der Schule für das Geländelauf-Training anmeldete. Nur unter dieser Bedingung würde er etwas anderes als den Kid's Trail für mich in Erwägung ziehen.

In Sachen Hundeschlittensport hatte Dad eine unumstößliche Grundregel: Wer an einem Rennen über 50 Meilen teilnahm, musste in der Lage sein, selbst 25 Meilen zu joggen – für den Fall, dass ihm auf der Hälfte der Strecke sein Schlitten abhandenkam. Außerdem war Dad fest davon überzeugt, dass der am besten trainierte Gespannführer in jedem Rennen den größten Vorteil hat. Darüber ließ sich schlecht streiten, da er sich selbst gut in Form hielt und sich als herausragendster Musher im Nordwesten etabliert hatte.

Dad erzählte mir oft und gern, dass er sich in Rennen mit gleich starken Kontrahenten stets einen steilen Berg wünschte. Dad sprang vom Schlitten ab und rannte den Anstieg hinauf. Auf diese Weise hat er schon unzählige Rennen gewonnen. Dabei besaß er nicht einmal immer die besten Hunde, sondern legte schlichtweg die größte Ausdauer an den Tag.

Er ließ sich nicht davon abbringen: Wenn es mir ernst sei mit dem Hundesport, müsste ich körperlich fit sein. Dad zufolge erreichte man dieses Ziel am besten durch Laufen. Er stellte mir ein Ultimatum. Wenn ich mit dem Hundeschlitten die Drei-Meilen-Runde fahren wollte, musste ich in der Lage sein, anderthalb Meilen zu joggen.

Ich wusste, dass ich ein gewisses Talent zum Laufen hatte. Mein erster Wettkampf war der Little Foot Run im Drake Park von Bend. Damals war ich erst sechs Jahre alt. In der einen Hand hatte ich meinen Blindenstock und mit der anderen hielt ich Dads Hand. Die Laufstrecke war zwei Meilen lang, was für ein Kind enorm weit ist. Aber ich schaffte es und kam noch vor vielen normal sehenden Kindern ins Ziel.

Nach dem Lauf kam Bob Latham auf mich zu. Er trainierte die Läufer und Geländeläufer an der Highschool von Bend. Er kniete sich hin, damit er auf meiner Augenhöhe war, und sagte: »Du bist so ziemlich die erstaunlichste Läuferin, die ich in meinem ganzen Leben gesehen habe. Ich bin Lauftrainer an der Highschool von Bend, und es würde mich sehr freuen, wenn du bei uns mitmachen würdest.«

Als Mr. Latham das gesagt hatte, nahm Dad mich auf

den Arm. Es sah aus, als ob er Tränen in den Augen hätte. Als ich ihn fragte, weshalb er denn weine, murmelte er nur, dass ihm wohl etwas ins Auge gekommen sei.

Jetzt war ich schließlich schon in der sechsten Klasse und meiner Ansicht nach zu groß, um immer das zu tun, was man mir sagte. Ich hatte nicht die geringste Lust auf Geländelauf. Die Gründe dafür lagen auf der Hand: Ich befürchtete, irgendwo anzuecken und mich zu verletzen oder zu blamieren, war nicht gern außer Puste, hasste Muskelkater in den Beinen und verabscheute alle anderen Schmerzen und Anstrengungen, die mit einer so idiotischen Sportart wie dem Langstreckenlauf verbunden waren.

Eines Tages beklagte ich mich bei einigen Freundinnen, dass Dad versuchte, mich zum Geländelauf zu zwingen. Meine beste Freundin Lauren meinte: »He, Laufen macht mir auch Spaß. Wir können doch zusammen joggen gehen.« Eine andere Freundin namens Gretchen berichtete, dass sie eventuell auch in der Mannschaft mitmachen würde. Plötzlich schien das Laufen gar nicht mehr so übel.

Der Geländelauf war eine sehr positive Erfahrung für mich. Ich hatte tatsächlich Spaß am Training und am Zusammensein mit den anderen, während wir locker die Laufstrecken rings um Redmond entlangjoggten. Ich verzichtete auf eine Begleitläuferin, da ich von keiner meiner Mannschaftskameradinnen verlangen wollte, sich meinem Lauftempo anzugleichen. Die beste Lösung war meiner Ansicht nach ein Blindenhund. Dazu wählte ich Sitka aus. Sie war kein Schlittenhund, sondern mein Haustier – der erste Welpe, den ich je aufzog, und ein herrliches Tier. Doch schon bald musste ich feststellen, dass sie für Geländelauf-Wettkämpfe nicht sonderlich geeignet war.

Bei unserem ersten Wettkampf nahmen alle Teilnehmer am Start Aufstellung. Als schließlich der Startschuss fiel, war Sitka zu Tode erschrocken. Sie huschte zwischen meinen Beinen hindurch, so dass ich stolperte. Sitka hatte solche Angst, dass ich sie auf den Arm nehmen und ein gutes Stück tragen musste, bevor ich sie wieder absetzen konnte. Bis dahin war von den Läufern natürlich nur noch eine Staubwolke zu sehen.

Nach einer halben Meile hatte ich allerdings schon etliche der langsameren Starterinnen hinter mir gelassen. Das weckte meinen Ehrgeiz, wollte ich doch sehen, wie viele ich noch überholen konnte. Als wir uns der Ziellinie näherten, die in der Nähe des Starts lag, rannte ich, so schnell ich konnte. Doch Sitka erinnerte sich an den krachenden Schuss und scheute erneut. Um nicht über sie zu stolpern, nahm ich sie wieder auf den Arm und schleppte sie über die Ziellinie. Alles in allem hatte ich, wie ich fand, bei meinem ersten Geländelauf gar keine üble Vorstellung abgegeben. Der Clou war zudem, dass ich die gesamte Strecke gelaufen war und Dad somit bewiesen hatte, dass der Drei-Meilen-Runde nichts mehr im Weg stand.

In der darauffolgenden Woche trug ich Sitka gleich die ersten 40 Meter und setzte sie erst dann auf den Boden. Während des Laufes kam es ein paarmal vor, dass Sitka mich zog, doch meistens zeigte sie nicht das geringste Interesse, der festgelegten Laufstrecke zu folgen. Oder sie hatte keine Lust, so schnell zu laufen, wie ich wollte, so dass ich sie hinter mir herzerren musste. Als die Ziellinie in Sicht war, musste ich sie erneut tragen. Diesmal jubelte die Menge mir zu.

Der letzte Lauf, den ich mit Sitka bestritt, fand nach einem Gewitterguss statt. Überall an der Laufstrecke waren Pfützen, und wo es keinen Weg daran vorbei gab, waren die Läufer gezwungen, mitten hindurchzurennen. Als wir die erste Pfütze erreichten, blieb Sitka völlig unvermittelt stehen. Ich stolperte und fiel mit dem Gesicht zuerst in den Schlammpfuhl. Nass bis auf die Knochen rappelte ich mich auf und spuckte das faulig-braune Wasser aus. Nach dem Lauf erklärte ich Dad: »Das ist sinnlos. Ich werde nie wieder mit Sitka laufen.«

In jenem Winter fuhr ich die Drei-Meilen-Runde. Anfangs gestand Dad mir nur zwei Hunde zu, doch als ich sicherer wurde, bekam ich zunächst einen und schließlich zwei weitere Hunde. Analog zu meinen Fertigkeiten wuchs mein Selbstvertrauen, was auch nach außen spürbar war und mir dabei half, mit den Problemen in der Schule fertig zu werden.

Kevin war mit zunehmendem Alter vernünftiger geworden und hatte sein rüdes Benehmen abgelegt, Bill hingegen legte ein Verhalten an den Tag, das selbst für seine Verhältnisse unerreicht widerlich war. Er ging dazu über, sich im Flur von hinten an mich heranzuschleichen und mich an den unpassendsten Stellen zu begrapschen. Die ersten Male kam er mit seinen perversen Attacken davon. Letztendlich ersann ich einen Plan, wie ich mit ihm fertig werden konnte. Ich vertraute mich damit meiner Freundin Anna an und machte mir ihre Hilfe zunutze. Beim nächsten Mal flüsterte Anna mir zu: »Da kommt er.« Ich war gewappnet.

»Hässliche blinde Schlampe«, schrie er mir ins Gesicht und streckte seine Hände aus, um meinen erbärmlich flachen Busen zu begrapschen.

Ich war alt genug zu wissen, dass Jungen eine Stelle an ihrem Körper besitzen, wo sie besonders empfindlich sind. Ungeschützt war diese Zone geradezu prädestiniert für einen kleinen Vergeltungsschlag. Ich nahm meine Kräfte als Läuferin und Schlittenhundesportlerin zusammen, hob mein Knie und zielte damit direkt auf Bills Leistengegend. Bill ächzte und stöhnte und wand sich vor Schmerzen am Boden. Ich stieg einfach über ihn hinweg, als wäre er nichts weiter als ein störendes Hindernis, und ging meiner Wege.

Doch dieser Vorfall veranlasste ihn keineswegs dazu, sein rowdyhaftes Benehmen und seine abstoßenden Angriffe einzustellen. Timmy und noch ein paar andere Jungen schlossen sich ihm an. Ihr Hauptspaß bestand darin, mir ein paar Finger vor das Gesicht zu halten und zu fragen: »Wie viele Finger siehst du?« Meistens versuchte ich, ihre Bemerkungen einfach zu ignorieren. Doch eines Tages, als alles schiefging, kam wieder einer der Jungen und wedelte mit seiner Hand vor meinem Gesicht herum. »Wie viele Finger sind das?« Da fuhr ich ihn an: »Du bist doch nicht mein Augenarzt. Du brauchst keine Sehtests mit mir zu veranstalten. Ich weiß nicht, wie viele Finger du hochhältst, und es ist mir auch egal. Aber vielleicht kannst du mir eine Frage beantworten: Was schätzt du denn, wie viele Finger ich dir gleich zeigen werde?«

Mit diesen Worten hielt ich ihm meinen ausgestreckten

Mittelfinger direkt vor die Nase. Dabei empfand ich so viel Stolz wie ein Kriegsveteran, der am Jahrestag der Nationalflagge das Sternenbanner hisst. Mit dieser unmissverständlichen Geste setzte ich ein klares Zeichen, dass die Zeit des stillschweigenden Duldens von Spott und Hohn für mich nun beendet war. Innerhalb weniger Tage hatte ich Bill mein Knie in seiner Leiste spüren lassen und jemandem den Stinkefinger gezeigt. Ich fühlte mich befreit und ausgelassen.

Kurz nach diesem Vorfall erhielt Dad einen Anruf aus dem Büro des Schuldirektors. Die Direktorin schilderte kurz, was sich zugetragen hatte, und endete mit den Worten: »Ich kann mir vorstellen, dass Ihre Tochter zuvor vermutlich provoziert wurde, aber, Mr. Scdoris, trotzdem kann sie nicht mit schmutzigen Gesten hantieren, nur weil jemand sie gehänselt hat.«

Dad entgegnete: »Zu Ihrer Information: Sie wird schon seit Jahren von ihren Mitschülern massiv eingeschüchtert und unter Druck gesetzt. Ich sage Ihnen nur eines: Ich bin verdammt stolz darauf, dass sie sich endlich zur Wehr setzt. Wenn Sie meine Tochter dafür bestrafen wollen, nur zu. Aber dann bekommen Sie es mit mir zu tun!«

»Mr. Scdoris, ich beschuldige ja niemanden und will auch niemandem drohen.« Die Direktorin hörte sich plötzlich versöhnlich an. »Ich hatte nur gehofft, Sie könnten mit Ihrer Tochter reden und ihr klarmachen, dass es sich für eine junge Dame nicht gehört, anderen solche Gesten zu zeigen.«

9

Von Frog Lake nach Wyoming

Der Schneeanker ist eine Metallkralle, die sich in den Schnee rammen lässt und theoretisch ein Schlittenhundegespann halten kann. Das funktioniert ausgezeichnet, wenn der Schnee tief genug und nicht zu pulverig oder zu vereist ist. Die Benutzung des Schneeankers ist mitunter nicht ganz ungefährlich. Außerdem benötigt man ziemlich viel Kraft, um ihn wieder herauszuziehen.

Aus all diesen Gründen wollte mir Dad die Verwendung eines Schneeankers erst erlauben, wenn ich zwölf Jahre alt war. Wenn ich unterwegs war und die Hunde sich verhedderten oder Materialprobleme auftraten, konnte ich demzufolge nichts anderes tun, als mich auf die Bremse zu stellen und um Hilfe zu rufen.

Einen Monat vor meinem zwölften Geburtstag meldete ich mich für mein erstes Hundeschlittenrennen an. Es war der Anfängerwettbewerb in der Drei-Hunde-Gespannklasse beim Frog Lake Race. Dad machte keine Ausnahme, so dass ich wohl oder übel auf einen Schneeanker verzichten musste.

Vor dem Start gab es einiges, was mir Kopfzerbrechen bereitete. Der fehlende Schneeanker war dabei nur ein Aspekt. Hinzu kam, dass ich die Strecke, eine Vier-Meilen-Runde durch die Cascade Mountains nahe Mount Hood, noch nicht kannte.

Der Gedanke an mein Hundegespann aus King, Big Guy und Gus beruhigte mich wieder ein wenig. Sie waren zuverlässig und schnell. King und Big Guy waren erprobte, routinierte Schlittenhunde. Gus war zwar jung, besaß jedoch als Abkömmling von Shane ausgezeichnete Anlagen. Er gehörte zu dem Gespann, mit dem Dad in weniger als einem Monat in Wyoming an den Start gehen würde. Dad meinte, diese drei Hunde würden wie auf Knopfdruck funktionieren. Selbst ein Anfänger könnte problemlos mit ihnen zurechtkommen, auch ohne Schneeanker.

Die meisten Teilnehmer und Zuschauer fanden es niedlich, dass ein blindes Mädchen in der Anfängerklasse startete. Trotzdem fragte jemand nach, ob das Risiko nicht zu groß sei. Dad erklärte: »Rachael hat schon eine Menge Erfahrung. Sie erledigt alles, was zu tun ist. Sie kann laufen, hat viel Kraft und ist ehrgeizig. Ich wüsste nicht, warum ich sie zurückhalten sollte, nur weil sie zufällig offiziell als blind eingestuft ist.«

Frog Lake war ein über zwei Tage ausgetragenes Rennen. Meine Hunde starteten wie ein Rennwagen mit quietschenden Reifen. Ich hielt mich fest, und wir rasten eine lange Abfahrt hinab und in eine Kurve hinein. Gleich in der ersten Kurve kippte der Schlitten, was jedoch kein Problem war. Ich hielt die Griffe fest umklammert, stemmte meine Ellbogen und Knie in den Schnee und rief dem Leithund das Stoppkommando zu: »Big Guy, whoa, whoa!« Er hielt zwar nicht an, verringerte sein Tempo jedoch zum Glück so weit, dass ich mich hinknien und den Schlitten wieder aufrichten konnte. Insgesamt verlor ich dabei nur ein Minimum an Zeit.

Nach zwei Meilen gab es einen Wendepunkt, den wir ein wenig ungeschickt nahmen. Doch Big Guy bemerkte es und brachte uns wieder in die Spur. Von zwölf Gespannen kamen wir als Dritte über die Ziellinie. Am nächsten Tag, so schwor ich mir, würde ich die Bremse meiden und den Schlitten aufrecht halten. Ich brannte auf den Sieg.

Doch am zweiten Tag ließ mich mein »Knopfdruck«-Gespann im Stich. Wir schafften die Abfahrt zwar, ohne umzukippen, doch als wir an die Wendestelle kamen, wurde es haarig. Normalerweise prägt sich ein Hund eine Strecke genau ein, wenn er sie schon einmal gelaufen ist. Aber Big Guy hatte alles vergessen und wollte unbedingt geradeaus weiter. Ich stieg mit ganzer Kraft auf die Bremse und brachte das Gespann zum Stehen, bevor wir zu weit vom Weg abkamen. Ich rief einen Streckenwart herbei und bat ihn, sich auf die Bremse zu stellen, damit ich das Gespann herumdrehen konnte. Ich ging davon aus, dass der Mann wusste, dass er auf der Bremse stehen bleiben musste, bis ich wieder am Schlitten war. Ich ging nach vorn, wendete die Hunde und lief wieder in

Richtung Schlitten, woraufhin der Mann die Bremse losließ. Sofort schossen die Hunde los, und der Schlitten flog an mir vorbei, noch ehe ich zupacken konnte. Ich schrie den Hunden nach und rannte ihnen hinterher, so schnell ich konnte. Mit etwas Hilfe eines anderen Teilnehmers gelang es mir, wieder auf meinen Schlitten zu springen und das Ziel zu erreichen. Diese Verzögerung kostete mich wertvolle Zeit. Statt um den Sieg zu kämpfen, verpasste ich das Siegertreppchen und wurde als Vierte ausgezeichnet. Dennoch war ich vollauf begeistert. Ich hatte mein erstes Rennen gemeistert und wurde offensichtlich von fast allen anderen Teilnehmern akzeptiert. Solange ich das blinde kleine Mädchen war und in der Anfängerklasse mit drei Hunden startete, sollte es auch keinerlei Schwierigkeiten geben.

Damit ich in Dads Mitarbeiterstab für das Wyoming International Stage Stop Sled Dog Race helfen konnte, wurde ich vom Unterricht freigestellt. Die Hunde waren gut trainiert, und Dad strebte einen Sieg an. In den letzten 15 Jahren hatte er im gesamten Nordwesten kein einziges Rennen verloren und hatte somit gute Chancen, Champion zu werden.

Der Rennleiter Frank Teasley schloss mich sofort in sein Herz. Nachdem der Startschuss gefallen war, brachte Dad endlose Stunden auf der Piste zu, während ich die Zeit mit Frank vertrödelte und umherschwirrte wie ein Partygirl. Erst nach der Ankunft von Dad half ich mit, sein Gespann zu betreuen und fit zu machen für den nächsten Tag. Danach flitzte ich wieder davon und suchte Zerstreuung beim Rahmenprogramm oder saß am Lagerfeuer und plauderte mit Verantwortlichen, Teilnehmern und Besuchern.

Dad ging das Rennen strategisch an und blieb zunächst im Mittelfeld. Ich nahm an, dass er sich in Stellung brachte und seine Hunde für einen Angriff auf den letzten Streckenabschnitten schonte. Ich war der Ansicht, alles sei in bester Ordnung. Mir fehlte jedoch das Gespür für die Hunde, und ich bemerkte nicht, dass für einige von ihnen das Rennen zur Tortur wurde. Ich sah ihren Augen nicht an, dass sie am Ende waren.

Auf der Etappe von Pinedale nach Lander über 70 Meilen durch die Berge kapitulierten Dads Leithunde. Sie gaben auf und weigerten sich weiterzulaufen. Dad spannte sich daraufhin selbst vor sein Gespann. 30 kräftezehrende Meilen zog er Schlitten und Gespann in Richtung Ziellinie. Zwei Meilen vor Lander war er jedoch so ausgelaugt, dass er im Schnee zusammenbrach. Er konnte keinen einzigen Schritt mehr laufen, geschweige denn zwei Meilen. Als ein Verantwortlicher auf dem Schneemobil angefahren kam, um nach ihm zu sehen, sagte Dad: »Es ist vorbei. Ich gebe auf.« An jenem Nachmittag, an dem sich Dad über die Rocky Mountains kämpfte, hatte ich keinerlei Sinn für die Probleme, die er möglicherweise unterwegs haben könnte. Ich flatterte überall herum und amüsierte mich prächtig. Während ich auf Dads Eintreffen wartete, war ich nicht im Geringsten besorgt oder beunruhigt. Andere Gespanne kamen an, und ich rechnete damit, dass auch Dad jeden Moment auftauchen würde. Doch allmählich wurde es Abend, und von Dad war noch immer nichts zu sehen.

Draußen hatte Dad inzwischen sein Gespann getränkt

und gefüttert und den Hunden eine Ruhepause gegönnt. Nach ein paar Stunden nahm er an, dass sie genügend Kräfte gesammelt hatten, um das Ziel zu erreichen. Zwei Schneemobile eskortierten ihn, und die Fahrer halfen ihm, wenn es nötig war.

Schließlich hörte ich kurz vor Einbruch der Dunkelheit das Heulen zweier Schneemobile. Wenige Minuten später erspähte ich Dads Gespann. Sie kamen bedrückend langsam den Hang hinab. Dasher, einer unserer Leithunde, saß im Schlitten. Mir war klar, dass etwas passiert sein musste. Doch in meiner grenzenlosen Naivität war ich nicht in der Lage, mir anhand der unübersehbaren Anzeichen zusammenzureimen, welche Dramen sich an jenem Tag abgespielt hatten.

Ich trug Dasher zu unserem Truck, fütterte und tränkte sie und bedachte sie mit reichlich Zuwendung. Unsere Hundeführerin fuhr mich an: »Lass sie in Ruhe. Mach nicht so einen Wirbel um sie.«

Ich fasste Jessicas Bemerkungen als Beleidigung auf. Dasher war einer unserer Leithunde. Ich konnte sie streicheln und liebkosen, wann immer ich wollte. Ich schwor mir, mit Dad über Jessicas Verhalten zu sprechen, sobald ich ihn allein abpasste. Doch er war von unzähligen Leuten umringt. Teilnehmer schüttelten ihm die Hand, äußerten ihr Mitgefühl und gaben ihm gute Wünsche mit auf den Weg. Diese Szene erschien mir völlig übertrieben und unangebracht. Dad war mit einem Hund im Schlitten angekommen. Na und? Das Rennen war doch noch lange nicht zu Ende!

Als sich das ganze Getöse ein wenig gelegt hatte, nahm mich Dad beiseite und erklärte: »Es ist vorbei.«

»Wie meinst du das, es ist vorbei? Das kann doch nicht sein!«

»Ich habe aufgegeben«, antwortete er.

»Dad, du kannst doch nicht einfach aussteigen. Du musst weitermachen. Vielleicht lief es heute nicht besonders gut, aber das wird morgen schon wieder ganz anders aussehen. Du kannst dieses Rennen gewinnen. Dad, du hast doch in deinem ganzen Leben noch nie irgendwo aufgegeben!«

»Heute habe ich es getan. Es ging nicht anders. Ich habe Hilfe von außen angenommen, und wenn ich nicht aufgebe, werde ich disqualifiziert. Es ist vorbei.«

Endlich dämmerte es mir. Hier ging es nicht um mich oder mein Amüsement. Hier ging es um die Hunde, um Dad und um die Bitterkeit seiner Niederlage. Die Hunde hatten kapituliert. Aufgegeben. Ich spürte Dads Enttäuschung, seinen Ärger und seine völlige Erschöpfung.

Später erfuhr ich, dass er sich vor den Schlitten gespannt, ihn 30 Meilen weit gezogen und alles in seinen Kräften Stehende getan hatte, um die Schwäche der Tiere zu kompensieren. Ich war so stolz auf ihn, dass mir die Tränen kamen. Damals gelobte ich, dass ich eines Tages zurückkommen und das Rennen vollenden würde. Und wenn ich einstmals die Ziellinie überquerte, würde ich all die Meilen, all den Schmerz und all die Glücksgefühle meinem Dad widmen.

In der Schule hatte sich nichts geändert. Die Jungs setzten mir weiterhin zu. Sie warfen mir so ziemlich jedes bekannte Schimpfwort an den Kopf und dachten sich fast täglich neue aus. Sie nutzten jede sich ihnen bietende

Gelegenheit aus, mich zu demütigen. Irgendwann hatte ich endgültig genug von ihrer absonderlichen Form der Zerstreuung. Ich ging zur Direktorin und erzählte ihr, was los war.

Die Direktorin bestellte Timmys Mutter in die Schule. Sie hörte sich die Anschuldigungen aufmerksam an und fragte ihren Sohn schließlich: »Ist das wahr?«

»Das meiste schon«, gab er zu.

Seine Mutter entschuldigte sich in aller Form und versicherte, dass Timmy zusätzlich zur Bestrafung in der Schule auch zu Hause Konsequenzen zu erwarten hatte. Er musste mir einen Brief schreiben, in dem er um Entschuldigung bat, seine Dummheit und Unreife eingestand und versprach, dass so etwas nie wieder geschehen würde. Ich zerknüllte den Brief und warf ihn in den Müll.

Bills Vater hingegen, der ebenfalls benachrichtigt wurde, reagierte vollkommen anders. Er bekam einen Tobsuchtsanfall und beschimpfte die Direktorin: »Das ist doch alles Humbug. Wegen solcher Lappalien halten Sie mich von der Arbeit ab? Sie machen ein Fass auf wegen ein paar Schimpfwörtern und Neckereien? Wahrscheinlich hat das Mädchen ihn provoziert und hat es gar nicht anders verdient. Ich habe wirklich keine Zeit für solchen Blödsinn. Wenn Sie noch etwas zu sagen haben, wenden Sie sich an meinen Anwalt.«

Anschließend wandte er sich an Bill: »Komm, Junge, wir gehen.«

Als Bill auf dem Weg zur Tür an mir vorbeikam, grinste er triumphierend, als hätte er eine Entscheidungsschlacht gewonnen. Er tauchte nie wieder in der Schule auf, und ich habe ihn auch nie wiedergesehen. Gott sei Dank.

In jenem Frühjahr entschloss ich mich, an zwei Laufwettbewerben teilzunehmen: 800 und 1.500 Meter. Bei beiden Läufen kam ich als Letzte ins Ziel.

»Mach dir nichts draus«, tröstete mich Dad. »Das Wichtigste ist weiterzumachen. Ich verspreche dir, dass deine Zeiten sich verbessern werden, und du wirst es mit den anderen aufnehmen können.«

Er hatte zwar Recht, aber es dauerte länger, als wir beide erwartet hatten.

10

Dazugehören

Im Jahr vor meinem Wechsel an die Highschool entwickelte ich ein gewisses Potenzial. Im Geländelauf hatte ich zwar nach wie vor Schwierigkeiten, aber im Hundeschlittensport schien mein Stern allmählich aufzugehen. Ich startete jetzt in der Anfängerklasse mit vier Hunden und gewann jedes Rennen: Frog Lake, Chemult und Diamond Lake. Die meisten Teilnehmer fanden es wohl noch immer niedlich, wenn ein blindes Mädchen an den Start ging. Aber zunehmend wurde seitens der Hundeschlittensportler im Nordwesten auch ein gewisser Gegenwind spürbar. Mir war klar, dass meine Siege dabei durchaus eine Rolle spielten.

Einer von ihnen sagte zu mir: »Tja, Schätzchen, du hast

zweifelsohne bewiesen, dass du unter den Anfängern die Beste bist. Schade, dass du in dieser Klasse nicht mehr starten kannst. Aber na ja, Zuschauer zu sein ist ja auch was Schönes.«

In der Schule waren die Reihen meiner Gegenspieler spürbar ausgedünnt. Bill war nicht mehr da. Zack hatte keine Lust mehr, den Deppen zu spielen. Blieb nur noch Timmy, der sich mit seinen Schikanen aufspielte. Doch eines Tages gab es eine Reihe von Vorfällen, die Timmys Terrorregime ein für alle Mal ein Ende bereiteten.

Es begann damit, dass ein Freund von mir aus dem Unterricht flog. Scott war ein netter Kerl mit viel Sinn für Humor, manchmal allerdings ein ziemlicher Spitzbube. Scott hatte den Unterricht gestört, weshalb ihn der Lehrer vor die Tür schickte. Doch statt dort dumm herumzustehen, zwängte er sich in seinen Spind.

Zufällig kam ich allein den Gang entlang. Timmy erspähte mich, schlich sich heran und gab mir eines vor den Kopf. »Vorsicht vor der Parkuhr!« Er tänzelte von dannen.

»Hör auf, Timmy.«

»Du weißt doch gar nicht, wer ich bin. Ich könnte sonst wer sein. Du kannst mich schließlich gar nicht sehen, du bist ja blind.«

Streng genommen hatte Timmy Recht. Ich erkannte ihn nur an der Stimme. Er hielt jedoch so viel Abstand von mir, dass ich sein Gesicht gar nicht richtig sehen konnte. Ich ging auf ihn zu, doch Timmy wich zurück und blieb auf Distanz.

Er spottete: »Du kannst mich gar nicht sehen. Du kannst mich gar nicht sehen. Das arme blinde Mädchen kann mich gar nicht sehen.«

Ich bemerkte irgendetwas hinter Timmys verschwommenen Umrissen und blinzelte, damit ich erkennen konnte, was es war.

»Du zwinkerst ja schon wieder, Blindschleiche.«

Da sprang eine Spindtür auf und etwas oder vielmehr jemand tauchte auf und packte Timmy.

»Ich hab ihn«, dröhnte Scotts Stimme. »Jetzt kann er nicht mehr weg. Willst du ihn mal ausführlich identifizieren, Rachael?«

Scott hatte ihm die Arme auf den Rücken gebogen, und es war offensichtlich, dass ich nun endlich einmal die Oberhand hatte. Ich bohrte meinen ausgestreckten Zeigefinger in seinen ungeschützten Brustkorb. »Timmy, du bist ein elender Feigling. Ich habe es endgültig satt, ständig Zielscheibe deiner dümmlichen Frechheiten zu sein. Daran, dass ich blind bin, kann ich leider nichts ändern. Aber du kannst durchaus etwas gegen deine Feigheit oder Dummheit tun.

Ich habe dich schon einmal auflaufen lassen, so dass du Ärger bekommen hast und deine Mami dich abholen musste. Belästigst du mich noch ein einziges Mal, verpfeife ich dich wieder, das verspreche ich dir. Dann fliegst du endgültig von der Schule, auf Nimmerwiedersehen. Habe ich mich verständlich genug ausgedrückt?«

»Ja. Ich geh dir nicht mehr auf die Nerven. Ich lass dich in Ruhe.«

»Jetzt verschwinde.«

»O. K., lass ihn los«, sagte ich zu Scott.

Ich fühlte mich wie Clint Eastwood in einem Dirty-Harry-Film und hätte beinahe noch hinzugefügt: »Mistkerl.« Aber ich hielt mich zurück.

Im Sommer veränderte sich alles. Ich wuchs stolze 15 Zentimeter und legte ganze 13 Kilo an Muskelmasse zu. Ich begann Gewichte zu stemmen, ging jeden Tag laufen und gewann aufgrund dieser körperlichen Veränderungen einiges an Selbstvertrauen. Jahrelang, so schien es, hatte ich als scheues, verängstigtes Mädchen in einer Art Dornröschenschlaf zugebracht, und nun wachte ich als starke Frau daraus auf. Auch Dad entging die Veränderung nicht. Sein Lieblingsspruch wurde: »Wehe dem Dummkopf, der sich mit dir anlegt.«

Mein Ziel war es, in die Schulauswahl der Geländeläufer zu kommen. Vor dem Saisonstart fuhren wir ins Trainingslager. Es war ein Zeltplatz am See in den Cascade Mountains. Am ersten Tag alberten wir nur herum und machten uns miteinander bekannt. Zwei ältere Mädchen, Ginny und Jessica, wollten sich ein Paddelboot ausleihen und auf den See hinausfahren. Sie fragten, ob ich nicht mitkommen wolle, was ich mir selbstverständlich nicht zweimal sagen ließ. Ich war hocherfreut, dass ältere Mitschülerinnen mich an ihren Vergnügungen teilhaben ließen.

Wir paddelten eine Weile, sonnten uns und plauderten miteinander. Unterdessen hatte der Wind aufgefrischt und uns weit auf den See hinausgetrieben, ohne dass wir es bemerkten. Als wir versuchten zurückzupaddeln, kamen wir partout nicht gegen den Wind an. Sosehr wir uns auch anstrengten, der Wind trieb uns immer nur noch weiter hinaus. Kurz entschlossen knotete ich mir ein Seil um die Hüften, sprang ins Wasser und zog das Boot schwimmend an Land. Abends am Lagerfeuer berichteten Ginny und Jessica von meiner Rettungsaktion. Natürlich schmückten sie die ganze Geschichte noch kräftig aus, so dass ich, die Neue, am Ende als eine Art Superwoman dastand.

Doch während unseres ersten Laufs büßte mein Stern etwas von seinem Glanz ein. Wir liefen einen Waldweg entlang, wo ich einen kleinen Baumstamm übersah, den die anderen einfach übersprangen. Ich stolperte und stürzte. Während ich mich wieder aufrappelte, überholten mich alle anderen. Ein paar langsamere Läuferinnen blieben stehen und boten ihre Hilfe an.

»Bei diesen Lichtverhältnissen kann ich nicht so gut sehen. Ich werde daher eine ganze Weile brauchen. Es würde euch nur nerven, auf mich zu warten. Aber kein Problem, ich finde mich schon zurecht. Lauft einfach weiter«, verkündete ich mutig.

Sobald sie weg waren, wirkte der Wald schlagartig gespenstisch still. Ich hatte nicht die leiseste Ahnung, wo ich war oder wie ich den Weg zurück zum Camp finden sollte. Doch ich dachte keine Sekunde daran, mich einfach hinzusetzen und schnöde darauf zu warten, dass die anderen nach mir suchten. Das war nicht meine Art. Was hätte es gebracht? Eine Zeitungsmeldung nach dem Motto: »Armes blindes Mädchen im großen dunklen Wald verschwunden«? Ich lief weiter.

Circa eine halbe Stunde war ich von den anderen getrennt, bevor Nichole, eine von den Jüngeren, zurückgelaufen kam und sich nach meinem Befinden erkundigte. Ich antwortete: »Ganz gut, aber ich kann so gut wie nichts sehen.« So begleitete sie mich, und wir liefen gemeinsam den Rest des Weges zurück zum Lager.

Im Camp war es herrlich. Abends machten wir Lagerfeuer, und Trainer Davidson erklärte uns alles über den Laufsport – vom Training über Ernährung und Laufstrategien bis hin zur richtigen Behandlung typischer Verletzungen. Wir grillten Marshmallows, erzählten uns Witze und spannende Geschichten. Ein solches Gruppenerlebnis war mir bis dahin versagt geblieben. Es war fantastisch. Außerdem gab es einen Jungen, der sich ganz offensichtlich für mich interessierte. Er versuchte, sich bei jeder Gelegenheit neben mich zu setzen, und röstete Marshmallows für mich. Es war unübersehbar, dass er mich nett fand, was ebenfalls eine gänzlich neue Erfahrung für mich war. Bislang kannte ich, von einigen wenigen Freunden einmal abgesehen, nur Jungen, die böse Scherze mit mir trieben und mir das Leben zur Hölle machten.

Am Tag unserer Ankunft stattete uns der Zeltplatzbesitzer einen Besuch ab. »Ich will euch keine Angst machen, aber in dieser Gegend gibt es einen aggressiven Schwarzbären, der manchmal lästig werden kann. Deshalb rate ich euch dringend, euren Lagerplatz sauber zu halten. Lasst nichts herumliegen, was nach Essen riecht. Lebensmittel solltet ihr ausschließlich in den Fahrzeugen lagern und stets die Fenster sorgfältig schließen.«

Nach ein paar Ermahnungen von Trainer Davidson befolgten wir schließlich die Anweisungen des Platzwartes. Am ersten Abend war unser Lagerplatz blitzsauber aufgeräumt. Am zweiten Tag kam abends Dad zu Besuch. Er brachte Süßigkeiten mit. Als wir schlafen gingen, lagen noch etliche leere Tüten herum. Am dritten und letzten Abend kamen wir zu dem Schluss, dass der Bär wahrscheinlich nur eine alberne Legende war.

Da es unsere letzte Nacht im Lager war, blieben wir länger auf als sonst. Wir sangen Lieder, spielten Karten und führten Sketche auf. Erst spät zogen wir uns schließlich in unsere Zelte zurück. Ich kroch in meinen Schlafsack, ließ aber meine Taschenlampe an, weil ich noch ein paar Notizen in mein Tagebuch machen wollte. Doch ich war so müde, dass ich das Heft schon nach einer Viertelstunde zuklappte und mir vornahm, den Eintrag am nächsten Morgen zu beenden. Ich schaltete die Taschenlampe aus und ließ meinen Kopf aufs Kissen sinken. Wenige Minuten später hörte ich ein seltsames Geräusch direkt vor meinem Zelt. Es war ein merkwürdiges Rascheln.

Das Feuer brannte noch und warf einen schwachen Schein auf unseren Lagerplatz. Als ich in die Richtung schaute, aus der das Geräusch kam, konnte ich eine gebückte Gestalt erkennen, die sich sehr langsam vorwärtsbewegte. Zunächst nahm ich an, dass einer der Jungen umherschlich und uns Mädchen erschrecken wollte. *Lass dich bloß nicht erwischen,* dachte ich noch. Der Trainer hatte uns immer wieder eingeschärft, dass nächtliche Zeltbesuche streng verboten waren. Sobald wir in unseren Zelten lagen, hatten wir dort zu bleiben.

Wieder raschelte es. Der Schatten tappte an meinem Zelt vorbei und verschwand. Es war eine komische Erscheinung mit eigenartig schlurfendem Gang. Der Länge des Schattens nach zu urteilen, war dieses Wesen ungewöhnlich groß, weitaus größer als unser längster Läufer. Es gab ein schnaubendes Geräusch von sich, das fast wie ein Bellen klang. Da dämmerte es mir. *Es war der Bär!*

Der Bär warf etwas um, knisterte mit Papier und ließ

sich den Inhalt schmecken. Ich überlegte, ob ich schnell zum Nachbarzelt rennen sollte, damit ich nicht allein sterben musste. Nebenan hörte ich die Mädchen schwatzen und kichern. Sie hatten keine Ahnung, dass sich in unserem Camp ein Bär aufhielt. Schließlich beschloss ich, mich nicht von der Stelle zu rühren.

Ach du meine Güte, habe ich irgendwas zu essen in meinem Zelt?, schoss es mir durch den Kopf. In Gedanken ging ich alles durch und kam zu dem Schluss, dass nichts Süßes oder sonstige Leckereien vorhanden sein dürften. Vollkommen sicher war ich mir allerdings nicht. Ich grübelte, ob ich vielleicht schreien und meine Mannschaftskameraden warnen sollte. Aber wenn nun mein Geschrei dem Bären solche Angst einjagte, dass er im Dunkeln gegen ein Zelt lief und sich darin verfing? Dabei konnte jemand ernsthaft zu Schaden kommen. Sollte ich den Bären mit irgendetwas bewerfen? Ich hatte nichts weiter als mein Kissen, ein paar Kleidungsstücke und meine Laufschuhe. Ein Schuh wäre vielleicht gar nicht schlecht. Aber ich hatte furchtbare Angst, den Reißverschluss des Zelteingangs zu öffnen. Außerdem wusste ich nicht, wohin ich zielen sollte. Wenn ich tatsächlich den Bären traf, würde ihn das wahrscheinlich nur wütend machen. Die Geräusche hielten noch geraume Zeit an, doch irgendwann hörte ich nichts mehr. Die Stimmen, das Gelächter und Gekicher waren mit der Zeit verstummt. Bis auf mich waren alle eingeschlafen. Das Feuer verlosch allmählich. Die Müdigkeit drückte schwer auf meine Augenlider, und schließlich übermannte mich der Schlaf.

Als ich am nächsten Morgen aufstand, traf ich auf unseren Trainer Davidson und wünschte ihm einen guten Morgen.

»Auch dir einen guten Morgen«, antwortete er. »Hast du heute Nacht den Bären gehört?«

»Oh ja, und ob. Gesehen habe ich ihn auch oder zumindest seinen Schatten. Er war direkt vor meinem Zelt.«

Wir inspizierten unseren Lagerplatz und begutachteten den Schaden. Der Bär hatte einige unserer Lebensmittel aufgerissen. Während wir den Müll einsammelten, kam Travis aus seinem Zelt gekrochen und sagte: »Ich habe den Bären gesehen. Er kam vorbei, kurz nachdem wir schlafen gegangen waren. Vor lauter Angst habe ich ihm eine Tüte Chips hingeworfen.«

Wir fanden die Tüte. Sie war aufgerissen und bis auf ein paar am Boden verstreute Chips leergefressen.

Nach dem Trainingslager begannen wir uns ernsthaft auf die bevorstehende Geländelaufsaison vorzubereiten. In der ersten obligatorischen Trainingseinheit teilte uns Trainer Davidson unserer Leistung entsprechend in Gruppen ein. Wir starteten, und ich hielt so lange mit meiner Gruppe Schritt, bis sich an meinem Schuh ein Schnürsenkel löste. Ich hielt an, band ihn wieder zu, doch als ich wieder aufstand, waren alle schon weg. Ich versuchte, in die Richtung zu laufen, die sie meiner Ansicht nach eingeschlagen hatten, doch dabei verlief ich mich vollends. Es blieb mir schließlich nichts anderes übrig, als jemanden nach dem Weg zurück zur Highschool zu fragen.

Dort wartete Dad schon seit geraumer Zeit auf mich – das Training war längst zu Ende. »Wo bist du gewesen?«, wollte er wissen.

»Ich habe mich verlaufen«, antwortete ich wahrheitsgemäß.

Trainer Davidson kam hinzu und musste sich Dads geballten Ärger anhören. »Ich habe Ihnen meine Tochter anvertraut und jetzt so etwas? Tun Sie, was Sie für richtig halten, aber sorgen Sie dafür, dass Rachael nie wieder abhandenkommt. Habe ich mich verständlich ausgedrückt?« »Ich kann Ihre Besorgnis gut verstehen«, erwiderte Trainer Davidson. »Sie haben vollkommen Recht. Es wird nicht wieder vorkommen. Das verspreche ich Ihnen.«

In der nächsten Trainingsstunde teilte mir Trainer Davidson unumwunden mit: »Ich weiß, dass du beim Laufen mit mir oder den anderen mithalten kannst. Das hast du im Trainingslager geschafft und wirst es auch jetzt tun.«

»O. K., ich werde es versuchen.«

»Versuchen reicht nicht. Du wirst dranbleiben.«

In den nächsten zehn Tagen lief ich entweder mit dem Trainer oder mit einer Gruppe von Mädchen. Doch eines Nachmittags vergaß ich meine Sonnenbrille. Wir liefen direkt gegen die Sonne, so dass ich fast nichts sah. Da ich nicht gegen einen Baum laufen oder von einem Auto angefahren werden wollte, verringerte ich mein Lauftempo. Erneut blieb ich allein zurück. Diesmal wusste ich allerdings glücklicherweise, wo ich war, und kehrte zur Schule zurück. Dort traf ich Trainer Davidsons Ehefrau. Sie sah mir an, dass ich außer Fassung war.

»Was ist los?«, fragte sie. »Ihr Mann wird mich aus der Mannschaft werfen, ganz bestimmt. Ich konnte wegen der Sonne nichts mehr sehen.«

Sie versuchte, mich zu trösten, aber das half nicht viel. Ich wusste, dass ich draußen war. Zum ersten Mal in meinem Leben hatte ich das Gefühl dazuzugehören. Ich hatte auf einen Schlag viele neue Freunde gefunden, die fast so etwas wie eine Familie für mich geworden waren. Und nun musste ich gehen. Das war so schrecklich ungerecht. Ich wollte doch so gern in der Mannschaft bleiben. Ich wollte meine Freunde und die Kameradschaft, die uns verband, keinesfalls verlieren.

Langsam kamen die verschiedenen Läufergruppen zurück, und ich trottete mit ihnen zum Kraftraum, wo ich Gewichte zu stemmen begann. Ich hoffte, dass der Trainer mein verfrühtes Eintreffen möglicherweise gar nicht bemerkt hatte. Sicherheitshalber beauftragte ich jedoch eine Freundin, mich zu warnen, sobald er kam. Pflichtbewusst flüsterte sie nach einer Weile: »Er kommt.«

Trainer Davidson kam schnurstracks auf mich zu. »Rachael, du kommst bitte sofort mit!«

Ich trottete neben ihm her, während er jede Läuferin meiner Gruppe einzeln aufsuchte und sie ebenfalls aufforderte, mit hinauszukommen. Draußen angekommen, war mir klar, dass er uns gleich eine endlose Strafpredigt halten würde. Um seinen Ärger von meinen Mannschaftskameradinnen fernzuhalten, murmelte ich: »Es war meine Schuld. Ich hatte meine Sonnenbrille vergessen und konnte deshalb nichts sehen.«

Er legte seine Hand auf meine Schulter und ließ sie dort ruhen. Er holte tief Luft, hielt kurz den Atem an und atmete dann hörbar aus. »Ich verstehe das, Rachael. Aber es ist einfach so, dass ich für dich verantwortlich bin. Ich mache mich sonst strafbar.«

Er drückte meine Schulter fester.

»Ich weiß, dass du Schritt halten kannst. Und deshalb wirst du bei deiner Gruppe bleiben. Andernfalls musst du diese Mannschaft verlassen.«

Der Trainer nahm seine Hand von meiner Schulter und wandte sich den Mädchen zu, die zu meiner Laufgruppe gehörten. Mit klaren Worten legte er ihnen eindringlich ans Herz: »Wenn Rachael aus irgendeinem Grund nicht laufen kann, denn werdet ihr auf sie warten. Wenn sie nicht laufen will, sagt ihr mir das, und sie fliegt aus der Mannschaft. Und nun zurück an die Arbeit, allesamt.«

Ich fühlte mich, als wäre ich um Haaresbreite einer Kugel entgangen. Ich gehörte zwar noch zur Mannschaft, aber quasi nur auf Bewährung. Wenn ich jetzt nicht mein Bestes gab, war es aus. Obwohl ich die Schmerzen beim Laufen verabscheute, wollte ich sie lieber ertragen, als meine Mannschaftskameradinnen zu enttäuschen.

Von diesem Tag an bemühte ich mich, mein Tempo zu steigern. Ich bemühte mich nach Leibeskräften. Manchmal, wenn wir von einem Trainingslauf zurückkamen, konnte ich mich kaum noch auf den Beinen halten. Doch unter allen Umständen wollte ich mit meiner Gruppe Schritt halten.

Der erste Wettkampf der Saison fand in Hermiston statt, so dass wir auf dem Weg dorthin den halben Bundesstaat durchqueren mussten. Wir kamen etliche Stunden vor Beginn der Veranstaltung an und liefen die Strecke zum Aufwärmen locker ab. Ich fand den Verlauf recht verwirrend. An einer Stelle hatte sie die Form einer Acht, deren eine Hälfte man hin- und wieder zurücklaufen sollte, während die andere Hälfte nur einmal gelaufen wurde.

Beim Lauf sorgten die Streckenwarte am Scheitelpunkt der Achterschleife dafür, dass ich falsch lief und beide Runden doppelt absolvierte. Anschließend wollten sie mich auf eine weitere Runde schicken, was jedoch einer unserer Assistenztrainer verhinderte und mich in Richtung Ziellinie einwies. Inzwischen war ich schon drei Meilen gelaufen und so geschafft, dass ich schon aufgeben wollte.

»Du bist nicht an letzter Stelle. Hinter dir kommen noch mindestens fünf Mädchen«, rief mir der Assistenztrainer zu. »Eine Läuferin liegt nur knapp 50 Meter vor dir. Die kannst du locker noch einholen.«

Ich setzte zum Endspurt an. Unmittelbar vor der Ziellinie zog ich noch an dem Mädchen vorbei. Es war ein tolles Gefühl, auch wenn ich mit meinen Kräften total am Ende war. Meine Beine fühlten sich an wie zu weich gekochte Spaghetti, meine Lungen brannten, ich bekam keine Luft und hatte hämmernde Kopfschmerzen. Doch als es vorüber war, empfand ich ein solches Glücksgefühl wie noch nie in meinem Leben. Meine Zeit betrug 38 Minuten, was angesichts der Tatsache, dass dies mein erster Highschool-Wettkampf war und ich eine ganze Meile zu viel absolviert hatte, gar nicht übel war. Vielleicht besaß ich ja tatsächlich Potenzial fürs Laufen.

Mit jedem Lauf gelang es, meine Zeit Stück für Stück zu verbessern, und allmählich verringerten sich die Schmerzen beim Zieleinlauf. Es gab sogar eine winzige Chance, es in die Schulauswahl zu schaffen und mit einem sogenannten »Varsity Letter«, also einem Buchstaben auf meiner Trainingsjacke, ausgezeichnet zu werden. Die Entscheidung sollte in der allerletzten Woche der Saison, unmittelbar vor den Bezirksmeisterschaften fallen.

Trainer Davidson verkündete, er werde nur zehn Läufer mit zur Meisterschaft nehmen. Der letzte Platz würde beim Wettkampf *Broken Top Golf Course Race* in Bend vergeben werden. Wenn ich dort meine Freundin Haley besiegte, hatte ich den Platz sicher. Gewann sie hingegen, bekam sie den letzten Platz in der Schulauswahl und fuhr mit zur Bezirksmeisterschaft. Ich hatte mich noch nie zuvor gegen Haley durchgesetzt. Nun hieß es also kämpfen.

Haley startete wie immer sehr schnell und fand zeitig ihr Lauftempo. Ich hingegen verfolgte eher die Schildkröten-Strategie – langsam, aber stetig. Ich wusste, wenn ich mich richtig anstrengte, hatte ich durchaus gute Chancen, sie einzuholen. Die Frage war nur: *Würde meine Kraft ausreichen, an ihr vorbeizuziehen?*

Die letzte Meile war bereits angebrochen, als ich Haleys vertrauten Pferdeschwanz endlich vor mir auf und ab wippen sah. Ich holte auf. Auf ihrer Höhe angekommen, hörte ich sie den Herrn um Hilfe anflehen. Sie hatte heftige Schmerzen.

»Haley, du schaffst es«, ermutigte ich sie.

Sie schüttelte den Kopf. »Nein, ich kann nicht mehr. Lauf weiter.«

Im Laufe der Saison waren Haley und ich enge Freundinnen geworden. Sie war meine sehende Begleiterin, und wir hatten täglich gemeinsam trainiert. Einmal, bei einem Wettkampf in The Dalles, hatte ich einen schlechten Tag. Haley nahm meinen Arm und versuchte, mich mitzuziehen, aber ich konnte dadurch nicht schneller laufen. Nach dem Rennen entschuldigte sie sich und sagte mir, wie leid es ihr tue, mich so eindeutig besiegt zu haben. Ich entgegnete: »Geht schon in Ordnung. Das ist immerhin ein Wettkampf – wenn du schneller laufen kannst, musst du nicht auf eine lahme Ente wie mich warten.«

Nun fühlte ich mich verpflichtet, Haley zu unterstützen. Ich fasste sie am Handgelenk und versuchte, sie mitzuziehen. Aber sie schüttelte mich ab. »Lauf nur. Lauf einfach los.«

Während ich beschleunigte, warf ich noch einen kurzen Blick über die Schulter und vermute, dass ihr die Tränen über die Wangen liefen. Ich hatte leider nicht genügend Energie, ihr mein Mitgefühl zu zeigen. Ich spürte nichts anderes als die schmerzhafte Anstrengung. Ich gab Gas und legte mit letzter Kraft einen Endspurt bis zur Ziellinie ein. Damit qualifizierte ich mich für die Bezirksmeisterschaft, wo ich zwar keinen Blumentopf gewann, aber immerhin meinen »Varsity Letter« auf die Jacke bekam. Mein Erfolg zeigte mir, dass ich durch regelmäßiges hartes Training durchaus ganz passable Leistungen erbringen und tatsächlich den einen oder anderen Wettkampf gewinnen konnte.

11

Anderssein

Mit Beginn des Winters war ich körperlich in Topform. Allerdings half mir das bei meinem ersten Hundeschlittenrennen nichts. Es fand in Sheldon im Bundesstaat Washington statt und war ein Wagenrennen, da am Puget Sound nur äußerst selten mehr als ein Hauch Schnee liegt.

Ich absolvierte auf der Rennstrecke einen Trainingslauf mit Wagen und Hunden. Dad fuhr mit einem Quad voraus und fungierte als mein sehender Begleiter. Mit seiner Hilfe erschien alles gänzlich unspektakulär. Vermutlich war das auch der Grund, warum ich Dad kurz vor dem Rennen mitteilte, dass ich seine Hilfe nicht bräuchte.

»Ich weiß, was ich tue. Ich komme prima allein zurecht.

Außerdem ist den Hunden die Strecke schon so vertraut, dass sie sich erinnern werden, wo es langgeht«, verkündete ich. Ich hatte keine Lust mehr darauf, dass Dad stets und ständig in meiner Nähe war und sämtliche Probleme für mich löste. Ich wollte endlich auf eigenen Füßen stehen. Aber das war eindeutig ein Fehler. So weit war ich einfach noch nicht. Zumindest vorerst.

Ich bestritt das Rennen somit ohne Begleitung. Zutreffender wäre wahrscheinlich zu sagen, dass ich es durchstand, da ich schon nach einer Meile in ernsthafte Schwierigkeiten geriet. Das lag meines Erachtens in erster Linie an der ungenügenden Markierung der Strecke. Sie bestand aus kleinen, an Bäume gehefteten Papptellern, die ich so gut wie nicht erkennen konnte. Zusätzlich erschwert wurde es durch rote und grüne Schilder. Die roten signalisierten, an der nächsten Kreuzung abzubiegen, während die grünen anzeigten, auf dem Weg zu bleiben. Mein Problem ist, dass ich Farben kaum erkennen kann. Insbesondere Rot und Grün nehme ich als dieselbe undefinierbare Farbe wahr.

So übersah ich einen von den roten Tellern. Wir fuhren also geradeaus, statt an der Kreuzung abzubiegen. Der Weg verlor sich, und die Hunde landeten in einem Stapel Bruchholz. Der Wagen steckte fest. Ich musste die Hunde über die Baumstämme lotsen und den Wagen zurück auf den Weg schleppen. Das alles kostete natürlich wertvolle Zeit und reichlich Kraft.

Doch dies war bei Weitem nicht mein einziger Irrweg. Immer wieder übersah ich die Abbiegungen und brachte die Hunde vollkommen durcheinander. Ich zerrte an ihrem Geschirr herum, bis sie überhaupt nicht mehr wussten, wo es langging. Schließlich kam ich unter den Letzten ins Ziel. Dabei hatte ich noch Glück, nicht als Schlusslicht einzulaufen.

Nach dem Rennen hörte ich hässliche Dinge von den anderen Teilnehmern. Der Starter, der unmittelbar vor mir ins Ziel kam, beklagte sich: »Ich habe nur deshalb nicht gewonnen, weil ich mir die ganze Zeit Sorgen um dieses blinde Mädchen gemacht habe.«

Andere behaupteten, sie hätten viel Zeit verloren, da sie sich mit meinen Problemen herumschlagen mussten. Sie waren der Ansicht, ich hätte in diesem Rennen nichts verloren. Um es ein für alle Mal klarzustellen: Ich war dankbar für ihre Hilfe und ihre Besorgnis, hatte aber niemanden darum gebeten. Ich war durchaus in der Lage, das Ziel allein, ohne fremde Hilfe zu erreichen. Gewiss hatte ich mit einigen Widrigkeiten zu kämpfen. Aber weder meine Hunde noch ich waren zu irgendeinem Zeitpunkt in Gefahr.

Der schwierigste Teil des Rennens bestand für mich allerdings darin, meinen Stolz zu überwinden und einzugestehen, dass Dad Recht hatte. Ich hätte dringend einen sehenden Begleiter gebraucht. So blieb mir nichts anderes übrig, als dieses Rennen als Erfahrung abzubuchen und daraus zu lernen.

Mein erstes Hundeschlittenrennen in jenem Jahr war die Vier-Meilen-Distanz von Frog Lake. Ich fuhr in der Vier-Hunde-Gespannklasse und kam am Start gut weg. Alsbald bemerkte ich jedoch, dass Powder, einer meiner Wheel dogs, nicht richtig zog. Ich versuchte herauszufinden, wo das Problem lag, und stellte schließlich fest, dass seine Zugleine nicht eingehakt war. Ich hätte einfach gar nichts unternehmen sollen; drei Hunde sind bei einem Kurzstreckenrennen über vier Meilen immer noch vollkommen ausreichend. Aber es machte mich ganz verrückt zu sehen, wie ein Arbeitstier wie Powder seine Aufgabe nicht erfüllen konnte.

Ich trat auf die Bremse und verringerte das Tempo, setzte den Schneeanker, sprang vom Schlitten und befestigte seine Zugleine. Dabei verlor ich wertvolle Zeit und kam vier Minuten nach dem Erstplatzierten ins Ziel. Das war ungefähr die Zeit, die ich gebraucht hatte, um Powder einzuhaken. Aus Erfahrung wird man eben klug. So etwas muss man selbst erlebt haben, um es wirklich zu verinnerlichen.

Das nächste Rennen fand in Chemult statt. Ich startete in der Sechs-Hunde-Hauptklasse. Das Rennen wurde auf einer Strecke von sieben Meilen ausgetragen und ging über zwei Tage. Zweifelsohne war dies ein großer Schritt nach vorn, was die Anforderungen anging, doch das war auch durchaus gerechtfertigt.

Ich war inzwischen stattliche 1,70 Meter groß und brachte muskulöse 60 Kilo auf die Waage. Ich war körperlich fit, kampferprobt und wollte unbedingt Rennen fahren. Ich konnte nahezu jede Situation ebenso gut bewältigen wie ein Mann. Doch die Veranstalter beriefen extra eine Versammlung ein und konfrontierten Dad und mich mit einer Vielzahl kritischer Fragen.

»Wie alt bist du?«, wollte ein Mitglied der Rennleitung wissen.

»Vierzehn, aber was tut das denn zur Sache?«

»Ist dir klar, dass es sich hier um ein Rennen über sieben Meilen handelt, das über zwei Tage ausgetragen wird?«

»Selbstverständlich wissen wir das. Dafür haben wir uns schließlich angemeldet«, antwortete Dad. »Die Strecke ist gut gekennzeichnet, und an jeder Ecke steht Aufsichtspersonal. Rachael hat ein ausgezeichnetes Gespann mit exzellenten Leithunden und weiß genau, was sie zu tun hat.«

Zur Bekräftigung seiner Worte erläuterte ich ihnen, wie ich mit eventuellen Schwierigkeiten umzugehen wusste: »Wenn ich stürze, halte ich den Schlitten fest. Wenn die Hunde sich verheddern, setze ich meinen Schneeanker, gehe nach vorn und entwirre das Geschirr. Wenn ich vom Weg abkomme, kehre ich um. Was also sollte schiefgehen?«

»Was machst du, wenn deine Hunde in Streit geraten?«

»Unsere Hunde sind nicht aggressiv«, entgegnete Dad.

»Was tust du, wenn du jemandem im Weg bist?«

»Ich hoffe darauf, dass seine Hunde hoffentlich genauso gut trainiert sind wie meine«, erwiderte ich, »so dass sie in der Lage sind, mich zu umfahren, so wie sie es bei jedem anderen Gespann auch tun würden.«

Schließlich ging die Fragerei ins Persönliche. Einer der Anwesenden fragte: »Was genau kannst du erkennen?«

Ich verspürte den Drang zu sagen: »Ich kann erkennen, dass Sie Vorurteile gegenüber Sehgeschädigten haben«, biss mir jedoch auf die Zunge und schwieg.

Als ich keine Antwort gab, wandten sie sich an Dad und fragten ihn: »Warum lassen Sie das zu? Ihr Scheitern ist doch unausweichlich.«

»Das sehe ich vollkommen anders. Der entscheidende

Punkt ist doch, dass sie den Hundeschlittensport über alles liebt. Dafür lebt sie. Sie hat im Training mehr als tausend Meilen absolviert. Bei allem Respekt bin ich fest davon überzeugt, dass sie in der Lage ist, dieses kleine Sieben-Meilen-Rennen zu bewältigen.«

Nach einer Abstimmung gestand man mir die Teilnahme zu.

Ich wollte meine Chance in Chemult optimal nutzen und legte vom Start weg ein enormes Tempo vor. An diesem Tag war es jedoch besonders sonnig, so dass ich kaum etwas sehen konnte. Die meisten Abbiegungen erkannte ich erst, als wir schon mittendrin waren. Zweimal kippte mir der Schlitten um, so dass mir beim Aufrichten wertvolle Zeit verloren ging und ich schlussendlich unter den Letzten ins Ziel kam.

Der zweite Tag hingegen lief fantastisch. Alles ging glatt, die Hunde waren schnell, und ich mied die Bremse. Wir fuhren um einen Spitzenplatz mit, und meine Begeisterung nach dem Zieleinlauf kannte keine Grenzen. Ich fühlte mich, als könnte ich es mit jedem aufnehmen, und frohlockte: »Iditarod, ich komme!«

Mein Erfolg am zweiten Tag war nach all den Widerständen seitens der Rennleitung eine besondere Genugtuung für mich. Ein Zeitungsreporter vom *Bulletin* aus Bend passte mich ab und bat mich um eine Einschätzung des Rennens. Statt einen Moment innezuhalten und mir meine Antwort gut zu überlegen, sprudelte es nur so aus mir heraus.

Am nächsten Tag, es war der Sonntag, zierte mein Bild die Titelseiten von *Herald and News* aus Klamath Falls, vom *Register-Guard* aus Eugene und vom *Bulletin* aus

Bend. Die Bildunterschrift im *Bulletin* war ein völlig korrekt wiedergegebenes Zitat von mir und lautete: »Mag sein, dass ich noch ein Kind bin und ein Mädchen und noch dazu blind. Aber ich kann trotzdem zeigen, wo der Hammer hängt.«

Ich erschrak beim Lesen und wusste genau, dass Dad außer sich sein würde vor Zorn. »Für wen hältst du dich eigentlich, dass du so großspurig daherredest? So benimmt sich eine Scdoris nicht. Wir geben uns bescheiden und gewinnen auch ohne solche Sprüche.«

Sein Zorn richtete sich nicht nur gegen mich, sondern auch gegen den Zeitungsreporter, der eine Vierzehnjährige derart ausnutzte. Dad konnte nicht fassen, dass die Zeitungen eine Minderjährige mit einer solch anmaßenden Aussage zitierten. Er fuhr mich an: »Muss ich denn permanent dabei sein, damit du nicht so einen Unsinn daherredest?« Er schlug mit der flachen Hand auf mein Foto in der Zeitung.

Ich versprach reumütig, dass so etwas nie wieder vorkommen werde und ich mich in Zukunft nicht mehr auf solch plumpe Weise wichtigmachen wollte. Ich entschuldigte mich für meine Arroganz. Aber um ganz ehrlich zu sein, war ich auch ein wenig beeindruckt von einer derartigen Publicity. Ich versuchte, mir vorzustellen, wie es am nächsten Morgen in der Schule zugehen würde. Ich war fest davon überzeugt, dass alle Schüler mein Konterfei in der Zeitung gesehen hatten. Bestimmt würde ich von allen Seiten bewundert und war beliebt wie keine andere. Im Schulfunk kam sicher eine Extradurchsage. Jeder Lehrer würde die Artikel mit in den Unterricht bringen und über meinen Erfolg berichten. Vielleicht würde es sogar eine Schulversammlung geben. Ich war ganz berauscht von meinem zu erwartenden Ruhm.

Der Montagmorgen kam, und zu meinem übergroßen Verdruss verlor keiner nur ein einziges Wort darüber. Weder Schüler noch Lehrer schenkten den Zeitungsberichten die geringste Aufmerksamkeit. Niemand von meinen Freunden sprach mich darauf an. Keiner bat mich um ein Autogramm. Nicht einer hielt mir mein Bild vor die Nase. Nichts hatte sich verändert, überhaupt nichts. Mein Stern war verloschen, noch bevor er richtig aufgegangen war. Bis zum Nachmittag hatte sich mein gekränktes Ego mit der Enttäuschung arrangiert. Ich fand mich damit ab, wohl vorerst nicht berühmt zu werden.

Genauso erging es mir, als das Jugendmagazin *Teen* einen umfangreichen Bericht über mich veröffentlichte. Nur ein einziges Mädchen erwähnte den Artikel. Sie sagte nicht, ob sie den Text oder die Fotos gut oder schlecht fand. Einfach nur: »Hab deinen Artikel im *Teen*-Magazin gesehen.« Das war alles.

Einen Tag, bevor der *Teen*-Fotograf kam, um mich abzulichten, fuhr ich mit Dad los, um Stroh für die Hundezwinger zu holen. Nachdem Farmer Bill Robinson den Truck mit einem Gabelstapler beladen hatte, unterhielten sich Dad und Bill kurz. Währenddessen lief ich um unser Auto herum und stieß mich dabei an einer der Gabeln des Gabelstaplers. Damit man die hässlichen roten Striemen nicht sah, ließ ich mein Haar auf einer Seite tief ins Gesicht fallen und sah damit aus wie Cousin Itt aus dem Film *Addams Family*.

Am Tag des Fotoshootings hatte ich noch Ärgeres auszustehen. Am Berg schickte mich der Fotograf mit den

Hunden immer wieder hin und her, damit er die Sonne in den richtigen Winkel und die Berge in den Hintergrund bekam. Irgendwann setzte ich den Schneeanker in der Annahme, dass es richtiger Schnee sei. Ich musste jedoch schmerzlich feststellen, dass es sich um Eis handelte. Ich rutschte aus und schlug mit dem Gesicht gegen den Haltebügel. Schaut man sich die Fotos in der Zeitschrift ganz genau an, erkennt man ein winziges Blutrinnsal auf meiner Wange.

Immer öfter wollte jemand ein Foto von mir machen oder einen Artikel über mich schreiben. Die Medien hatten offensichtlich einen Narren an mir gefressen. Ich konnte nicht nachvollziehen, weshalb man mir derart viel Aufmerksamkeit entgegenbrachte, abgesehen davon, dass in jedem Artikel und jeder Bildunterschrift meine Blindheit erwähnt wurde. Man sah in mir das Mädchen, das Grenzen überwindet und Hindernisse aus dem Weg räumt, mit denen Behinderte in unserer Gesellschaft konfrontiert werden. Ohne meine Blindheit hätten sich die Medien nie und nimmer für mich interessiert. Hinzu kommt, dass ich als junges Mädchen überhaupt nicht dem typischen Bild eines Mushers entsprach. Ich sah nicht aus wie ein Grizzlybär mit Eiszapfen im Bart. Immer wieder kam meine Blindheit zur Sprache:

»Können Sie mir sagen, was Sie sehen?«

»Beschreiben Sie, was Sie in diesem Moment erkennen können.«

»Können Sie die Werbetafel dort drüben lesen?«

»Haben Sie schon einmal eine Abzweigung verpasst?«

»Was tun Sie, wenn Sie sich verirren?«

Ich hatte in solchen Fällen immer das Bedürfnis, sie anschreien zu wollen: »Fragt doch, was es für ein Gefühl ist, einen Hundeschlitten zu steuern! Fragt, verflucht noch mal, endlich nach meinen Hunden!« Aber ich beherrschte mich und beantwortete geduldig ihre Fragen, so idiotisch sie auch sein mochten. »Können Sie zur Korrektur Ihrer Augen keine Brille oder Kontaktlinsen tragen?« – »Ist es während eines Rennens von Vorteil, wenn man blind ist?«

Immer wieder erklärte ich Ihnen mein Blindsein. Erläuterte, dass ich mit einer seltenen Erbkrankheit zur Welt gekommen war, buchstabierte langsam die Bezeichnung »kongenitale Achromatopsie«. Um das Krankheitsbild einfacher zu machen, sagte ich, dass es sich im Wesentlichen um eine Verkürzung der Zapfen und Stäbchen meiner Netzhaut handelt und dass die Netzhautstäbchen und -zapfen verantwortlich sind für die Licht-, Farb- und Tiefenwahrnehmung.

»Sie sind also vollkommen blind?«

Jetzt war es Zeit für den Singsang über die Veränderung meines Sehvermögens in Abhängigkeit von den Lichtverhältnissen und die rapide Verschlechterung bei grellem Sonnenlicht.

»Können Sie nicht einfach eine Sonnenbrille tragen?«

»Ja«, sagte ich, »eine Sonnenbrille kann unter bestimmten Bedingungen durchaus hilfreich sein, doch die Lichtmenge, die mit Hilfe einer Sonnenbrille herausgefiltert werden kann, ist begrenzt.«

Die »Schulung« der Medien nahm und nahm kein Ende. Ich musste mich klar, präzise und sachlich ausdrücken. Ich hatte ihnen die Informationen mundgerecht zu servieren, ohne dabei eigennützig, anmaßend oder egozentrisch zu wirken. Dabei unterliefen mir immer wieder Fehler, doch ich lernte schnell und versuchte, diese Fehler fortan zu vermeiden.

NBC Channel 21, der lokale Fernsehsender, drehte etliche Beiträge über mich. In Zentral-Oregon war ich das einzige blinde Mädchen, das Hundeschlittensport betrieb; Reporter und Moderatoren schienen förmlich einen Narren an meiner Geschichte gefressen zu haben. Den Zuschauern ging es anscheinend ebenso, weshalb sie meine Story zum Sportbeitrag des Jahres wählten. Dies entging einigen meiner Freunde doch nicht, was nicht weiter verwunderlich ist, verbringen Jugendliche doch in der Regel erheblich mehr Zeit vor dem Fernseher als mit der Zeitung.

Sollte mir meine neu gewonnene Popularität je zu Kopf gestiegen sein, so währte dies gewiss nicht lang. Dazu trug unter anderem das Thema »Autofahren« bei. Mir war klar, dass ich nie einen Führerschein besitzen würde. Das machte mir schwer zu schaffen, was wohl jedem Teenager so gehen würde. Sämtliche meiner Freunde nahmen inzwischen Fahrstunden und unterhielten sich ununterbrochen über ihre Lieblingsautos und welchen Wagen sie in Kürze fahren würden.

Ein Auto zu fahren und zu besitzen bekam im Freundeskreis oberste Priorität. Ein fahrbarer Untersatz bedeutete Freiheit, Mobilität und Unabhängigkeit – drei Wünsche auf einmal. Noch nie in meinem Leben habe ich andere um etwas derart beneidet.

Dad hatte viel Verständnis dafür und ließ mich auf dem

Heimweg, wenn wir von der Teerstraße abgebogen waren, gelegentlich ans Steuer – was mich natürlich enorm begeisterte. Wir schlichen langsam dahin, und er gab mir Anweisungen, wann und in welche Richtung ich abbiegen musste. »Das Lenkrad nicht so stark einschlagen.« – »Jetzt wieder geradeaus.« – »Gut gemacht, Kind.«

Ohne diese seltenen Gelegenheiten, bei denen ich mich wie ein normaler Teenager fühlen konnte, hätte mir mein Manko noch weitaus mehr zugesetzt. Ich musste mich damit abfinden, niemals selbst ein Auto zu besitzen, mich nie hinters Lenkrad klemmen zu können und mich stolz auf der Hauptstraße zu zeigen. Mir war klar, dass diese kleinen Fahrstunden nichts weiter waren als eine Illusion. Ich konnte nicht einfach in den Wagen springen und eine Runde fahren oder mir in der Stadt schnell ein Eis, einen Videofilm oder einen Hamburger mit Pommes holen. Ich würde immer darauf angewiesen sein, dass mich jemand hierhin oder dorthin bringt.

Ich fand heraus, dass es in einigen US-Bundesstaaten für Sehgeschädigte die Möglichkeit gibt, unter Verwendung besonders starker Sehhilfen wie etwa einer Fernrohrlupenbrille einen Spezialführerschein zu erwerben. Dabei handelt es sich um einen etwa sieben Zentimeter langen Lupenaufsatz, der einseitig in einen Brillenrahmen eingepasst wird. Doch das kam für mich nie wirklich in Frage. Ich hatte in der Schule bereits versucht, mit einem Monokular das Tafelbild zu entziffern. Es sah aus wie ein Binokular, verfügte jedoch nur über eine Linse. Damit zurechtgekommen bin ich allerdings nie, so dass ich irgendwann genervt darauf verzichtete. Beim Autofahren mit einer Fernrohrlupenbrille ist es meiner Ansicht nach nur eine Frage der Zeit, bis man in einen Unfall verwickelt wird. Außerdem gehört Oregon nicht zu den Staaten, in denen der Einsatz solcher Sehhilfen erlaubt ist.

Fast alle jugendlichen Fahrer schätzen nach den ersten Fahrstunden ihre neu erworbenen Fähigkeiten vollkommen falsch ein. Allein die korrekte Handhabung von Gaspedal, Kupplung und Lenkrad reicht noch lange nicht aus, um ein guter Fahrer zu sein. Die meisten Anfänger fahren viel zu schnell und gehen zu große Risiken ein. Sie meinen, durch schnelle Reflexe könne man mangelnde Erfahrung oder Urteilsvermögen wettmachen. Das ist es zumindest, was ich von meinen Freunden darüber höre. Ich musste meine eigene Lektion in Sachen Tempo, Leichtsinn und Selbstüberschätzung lernen.

Mom hatte schon immer Schwierigkeiten damit, meine Blindheit anzunehmen. Sie wünschte sich, dass ich alles sah, was sie sehen konnte, und zeigte immer wieder auf etwas mit der Bemerkung: »Siehst du das? Es ist gleich da drüben. Das kannst du doch erkennen, oder?« Ihr größter Wunsch war ein normales Kind, das genauso war wie alle anderen Kinder. So musste ich nie lange betteln, wenn es darum ging, mich ans Steuer zu lassen.

Einmal verließen wir Dads Farm, und ich lenkte den Wagen. Ich kannte die Strecke in- und auswendig, trainierte ich hier doch regelmäßig mit dem Hundewagengespann. Ich fuhr ganz lässig und professionell. Ich trat aufs Gaspedal, und wir wurden immer schneller.

Mom warnte mich: »Kurve.«

Wenn ich mit dem Hundewagen unterwegs bin, nehme ich diese Kurve immer recht weit. Ich schneide sie nie, weil sonst der Wagen in Geröll und Gestrüpp landet. Mit diesem Gedanken im Hinterkopf fuhr ich in die Kurve. Ich nahm meinen Fuß komplett vom Gaspedal, so dass wir nur noch rollten.

»Bremsen!«, schrie Mom plötzlich.

Ich versuchte, auf die Bremse zu steigen, verfehlte sie jedoch und trat stattdessen das Gaspedal bis zum Bodenblech durch. Der Wagen ging ab wie eine Rakete. Ich sah einen Wacholderbaum vor uns auftauchen und bedrohlich immer näher kommen. Mom packte das Lenkrad und schaffte es gerade noch, dem Baum auszuweichen. Das Vorderrad auf der Beifahrerseite krachte jedoch gegen eine riesige Wurzel, wodurch das Auto in die Luft geschleudert wurde. Wir landeten auf einer Wurzel, die sich in den Unterboden des Wagens bohrte. Das aufreißende Metall klang grässlich.

Der Motor stoppte. Wir waren von einer riesigen Staubwolke umgeben.

Ich sah zu Mom hinüber und fluchte zum ersten Mal in meinem Leben in ihrem Beisein.

Sie ignorierte es. »Alles in Ordnung?«

»Ja, ich bin nur wütend auf mich. Ich bin zu schnell gefahren, oder?« – »Ein bisschen. Tja, jetzt sollten wir am besten zurücklaufen und deinen Dad holen.« – »Auf keinen Fall«, protestierte ich. »Das bekommen wir auch allein hin.«

Zunächst mussten wir den Wagen freilegen. Nachdem wir das geschafft hatten, verlangte Mom, dass ich fahren sollte. Diesmal hielt ich das Tempo mehr als moderat. Nach fünf Meilen versagte das Fahrzeug endgültig seinen Dienst. Es blieb uns nichts anderes übrig, als nach all der Mühe nun doch zu Fuß den Rückweg anzutreten und Dad unser Missgeschick zu beichten.

12

Im Rampenlicht

Aufgrund der Presseberichte und meiner Leistungen im Lauf- und Hundeschlittensport wurde der US-Blindensportverband (USABA) auf mich aufmerksam und lud mich ein, an einem Schauwettkampf über 400 Meter während der Olympiaqualifikation in Sacramento teilzunehmen. 400 Meter sind eine Sprintdistanz. Obwohl meine Stärken im Langstreckenlauf und nicht im Sprint liegen, war ich begeistert von der Aussicht, die Spitzensportler kennen zu lernen, die die Vereinigten Staaten im Jahr 2000 bei den Olympischen Spielen in Sydney vertreten würden.

Nachdem wir die Versorgung der Hunde organisiert hatten, fuhren Dad und ich mit unserem Pick-up gen Süden. Es war eine lange Fahrt in brütender Hitze. Am Lake Shasta machten wir Rast und kühlten uns mit einem erfrischenden Bad ab. In Sacramento steuerten wir schnurstracks unser Hotel an, wohl wissend, dass unser Zimmer mit einer Klimaanlage ausgerüstet war.

Es war ein piekfeines Hotel, und alles wäre perfekt gewesen, hätte Dad nachts nicht so laut geschnarcht. Wenn ich ihn deswegen weckte, zuckte er derart zusammen, als sei ein Erdbeben ausgebrochen. Er verteidigte sich und behauptete, niemals zu schnarchen. Glücklicherweise gelang es mir einzuschlafen, bevor das Schnarchen wieder losging.

Am nächsten Morgen waren wir mit den USABA-Funktionären verabredet, und ich lernte die anderen Sportlerinnen kennen, gegen die ich mich würde behaupten müssen. Das waren: Pam McGonigle, Platz fünf auf der nationalen USABA-Rangliste im 5.000-Meter-Lauf; Sonya Bell, Platz eins der Weltrangliste sowohl im 100- als auch im 200-Meter-Lauf, sowie Rana Mikkelson, die bei internationalen Sportereignissen im Siebenkampf antrat, einem anspruchsvollen, über zwei Tage und in sieben Disziplinen ausgetragenen Wettkampf. Da wurde mir klar, dass ich einer harten Konkurrenz gegenüberstand. Ich hoffte inständig, mich nicht allzu sehr zu blamieren.

Wir erhielten unseren Teilnehmerausweis und unsere Wettkampfkleidung, und man geleitete uns zu einem Aufwärmbereich. Dort liefen wir uns ein und machten Startübungen. Da ich mit Startblöcken noch keine Erfahrung hatte, arbeitete ich mit Dave Hood, dem Trainer der Mountain View Highschool, speziell daran. Er zeigte mir, wie man den Startblock einstellt, sich abstößt und so schnell wie möglich an Tempo gewinnt. Außerdem brachte er mir eine hilfreiche Strategie für den 400-Meter-Lauf bei. Die Lauftechnik war mir vollkommen fremd: Ich lief auf den Fußballen und nahm die angewinkelten Arme zu Hilfe.

Während das Aufwärmens verspürte ich einen stechenden Schmerz in der rechten Wade und nahm zunächst an, es sei ein Krampf infolge der Hitze. Ich trank ein paar Gläser Wasser und dehnte meinen Wadenmuskel. Ich versuchte, locker zu laufen, doch jede Bewegung schmerzte derart heftig, dass ich aufhören musste. Dad schickte mich ins Trainerzelt. Einer der Trainer bearbeitete mein Bein, was den Schmerz in der Tat ein wenig linderte. Trotzdem war ich unsicher, ob ich versuchen sollte zu laufen. Ich überlegte, ob es nicht besser wäre, wenn ich mich vor dem Wettkampf schonte und die Beine nicht belastete. Ich ärgerte mich kolossal über meine Beschwerden, schließlich hatten wir eine lange Anreise gehabt, und eine solche Chance bekam man nicht ein zweites Mal im Leben. Es half alles nichts, ich musste die Zähne zusammenbeißen und beim Wettkampf fit sein.

Eine Stunde vor meinem Lauf bekamen wir unsere Startnummern. Dad rief mich herüber zu dem eingezäunten Bereich, wo er stand, damit er Fotos von mir machen konnte. Danach zog ich es vor, allein zu sein. Ich musste mich sammeln. Während ich über den bevorstehenden Wettkampf grübelte, schoss Dad eine ganze Fotoserie: wie ich nervös an meinen Fingernägeln kaue, eine Haarsträhne knete, gähne, mit meiner Sonnenbrille spiele. Das letzte Foto auf dem Film zeigt mich, wie ich gerade meine Spikes anziehe. Zu diesem Zeitpunkt setzte mir mein Wadenmuskel besonders übel zu. Ich war wirklich unsicher, ob ich überhaupt in der Lage sein würde zu starten, geschweige denn ins Ziel zu kommen.

Doch als ich die Laufstrecke betrat, geschah etwas Seltsames – der Schmerz in meiner Wade war auf einen Schlag wie weggeblasen. Möglicherweise war es der plötzliche Ausstoß von Adrenalin, denn 27.000 Zuschauer erhoben sich jubelnd von ihren Sitzen. Wie edle Rennpferde bei einem großen Derby wurden wir ins Stadion geleitet. Mein Name wurde aufgerufen, und ich hob meinen rechten Arm und winkte der Menschenmenge zu.

Ich ging zu meinem Startblock auf Bahn drei, stellte mich davor und wartete auf die Anweisungen des Starters. Von diesem Moment an erlebte ich den Wettkampf als eine Folge einer Art Traumsequenzen: Ich nahm am Startblock meinen Platz ein, das Kommando »Fertig« ertönte, ich beugte meinen Körper nach vorn, die Finger hinter der Linie, Muskelspannung, warten, warten.

Der Startschuss fiel. Ich kam schnell aus dem Block, winkelte die Arme an und fand mein Tempo bald. Kraftvoll ging ich in die Kurve. Auf der Geraden gewann ich an Leichtigkeit und versuchte dahinzugleiten, so wie es mir Trainer Hood geraten hatte. Als ich die hintere Kurve erreichte, schien mir die Sonne direkt ins Gesicht. Ich konnte kaum noch etwas erkennen außer den beiden weißen Linien, die meine Bahn begrenzten. Noch in der Kurve tauchten vor mir zwei schattenhafte Umrisse auf. Ich sagte mir, dass ich zum Hauptfeld aufschloss, und versuchte, aus der Kurve genug Schwung für die Gerade mitzunehmen.

Jetzt wurden die beiden Schatten deutlicher. Sie liefen zusammen, und es war klar, dass es die Meisterin über 100 und 200 Meter Sonya Bell mit ihrer Begleitläuferin sein musste. Mein Körper stöhnte vor Anstrengung. Obwohl ich langsamer laufen wollte, stieg aus meinem tiefsten Inneren plötzlich ein nie gekannter Wunsch auf: der Wunsch zu gewinnen. Der Schmerz überwältigte mich. Mein Herz schlug mir bis zum Hals. Mein Atem war ein einziges Keuchen. Irgendwo in der Ferne hörte ich Händeklatschen und Anfeuerungsrufe.

In meinen Endspurt legte ich alles, was ich je war und je sein werde. Die Geräuschkulisse von den Zuschauerrängen entwickelte sich zu einem gewaltigen Brausen. Es war, als ob ich unter einem Wasserfall hindurchtauchte und den gedämpften Hall des herabstürzenden Wassers hörte. Ich betete. Betete, nicht zu stolpern. Betete, dass Gott mir die Kraft, Schnelligkeit und Ausdauer geben möge, es bis ins Ziel zu schaffen.

Sonya und ihre Begleitläuferin waren noch immer vor mir, doch ich holte auf. Wie weit noch? Ich hatte keinerlei Vorstellung mehr von Entfernung oder Zeit. Ich war vollkommen gefangen in diesem unwirklichen Moment, lief diese Bahn entlang, spürte nichts als den quälenden Schmerz meiner angespannten Muskeln und wusste nur, dass ich mit jedem Schritt gegen Sonya kämpfen würde, bis das Ziel erreicht war.

Gott, lass mich durchhalten.

Gott, gib mir die Kraft dazu.

Gott, lass mich jetzt nicht aufgeben.

In meinem Blut bildete sich ein Überschuss an Milchsäure. Meine Adern brannten wie Feuer. Die Nervenenden schmerzten. Meine Beine fühlten sich an wie abgestorben. Doch ich kämpfte gegen die Lähmung und fand tatsächlich irgendwie die Kraft, noch schneller zu laufen. Als ich beschleunigte, ließen die Schmerzen scheinbar nach. Ich zog mit Sonya gleich, und ein paar Schritte liefen wir wie im Gleichschritt, Arme und Beine bewegten sich im identischen Rhythmus. Doch ganz langsam fielen Sonya und ihre Begleitläuferin immer weiter zurück. Ich konnte sie nicht mehr sehen, hörte jedoch ihr angestrengtes Keuchen und ihre Schritte ganz knapp hinter mir.

Ich spürte, dass die Ziellinie zum Greifen nahe war. Ich erahnte die Zeitnehmer und Schiedsrichter zu meiner Linken, neben der Laufstrecke. Ein Mann kam auf mich zu, packte mich, umarmte mich und sagte zu mir: »Es ist vorüber! Toller Lauf! Fantastischer Endspurt!«

Kaum war ich zum Stehen gekommen, wurden meine Beine gummiweich. Ich beugte mich nach vorn, schnappte nach kostbarer Luft und sehnte mich danach, dass diese siedende Hitze in meiner Lunge und meinen Beinen endlich nachließ. In meinem Kopf hämmerte der Rhythmus meines Herzschlags. Ich murmelte nur: »Danke, Gott. Ich danke Dir.«

Ich nahm den Lärm der Zuschauer erst wieder wahr, als sie uns für unsere Leistung und unseren harten Zweikampf auf der Geraden zujubelten. Ich bedankte mich mit einem Winken. Sonya und ich hatten bewiesen, dass blinde Sportler genauso erbittert kämpfen konnten wie sehende. Keine von uns beiden war bereit zurückzustecken. Am Ende hatte ich ein wenig mehr Kondition, Tempo, Entschlossenheit oder vielleicht auch Mut gezeigt.

Was auch immer ausschlaggebend gewesen war, ich wusste, dass ich alles gegeben, mich so sehr verausgabt hatte wie noch nie zuvor. In jenem Zweikampf während der Olympiaqualifikation entdeckte ich etwas an mir, das ich bislang nur vermutet hatte: Ich war eine echte Kämpfernatur.

Obwohl ich nur verschwommen wahrnahm, was um mich herum geschah, ließ ich mich zur Siegerehrung führen. Mein Name wurde aufgerufen, und ich stieg auf das Podest. Ich bekam einen Strauß herrlich duftender Blumen überreicht. Anschließend streifte mir ein Mann ein rot-weiß-blaues Band mit einer schweren Bronzemedaille über den Kopf. Ich hatte den dritten Platz belegt und wurde dafür mit einer jener offiziellen Olympiamedaillen ausgezeichnet, um die die Sportler in Sydney kämpfen würden.

Nun war Rana an der Reihe. Sie nahm ihren Platz ein, bekam ebenfalls einen Blumenstrauß und die Silbermedaille. Schließlich wurde Pam zur Siegerin ausgerufen. Sie griff nach Ranas und meiner Hand und riss sie nach oben. Wir alle waren Sieger und genossen den Augenblick. Freudentränen liefen mir hemmungslos über die Wangen. Insgeheim betete ich, dass dieses Gefühl nie aufhören möge.

Pam wollte, dass wir zu dritt eine Ehrenrunde liefen, aber das Finale der 5.000-Meter-Läuferinnen stand kurz vor dem Start, weshalb wir schnell von der Laufstrecke in den Medienbereich gelotst wurden. Etliche Medienvertreter richteten ihre Fragen an uns. Wir genossen es, im Rampenlicht zu stehen, und beantworteten geduldig alle Fragen, die man uns stellte.

Ich wollte gerade gehen, da kam eine Reporterin der Zeitung *Oregonian* auf mich zu und meinte: »Ich möchte Ihnen einen Rat geben: Sie sind keine Sprinterin. Sie sind für den Langstreckenlauf geschaffen.«

Ich hatte soeben den aufregendsten Wettkampf meines Lebens bestritten. Ich trug eine olympische Bronzemedaille um den Hals, und diese Reporterin erteilte mir allen Ernstes gute Ratschläge, obwohl sie nicht das Geringste über mich wusste? Ich musste angesichts der Absurdität dieser Situation lachen, schließlich hatte ich nie und nimmer behauptet, eine Sprinterin zu sein.

Später kehrte ich mit Hilfe meines Teilnehmerausweises wieder ins Stadion zurück. Ich ließ mich mit Sandra Farmer Patrick fotografieren, der Silbermedaillengewinnerin über 400 Meter Hürden. Man sah ihr die Sportlerin schon auf den ersten, flüchtigen Blick an. Mit ihrem muskulösen, durchtrainierten Körper strahlte sie ein enormes Selbstvertrauen aus. Außerdem lief ich Seite an Seite mit der Sprinterin und Olympiasiegerin Marion Jones. Beim Verlassen des Stadions achtete ich nicht auf meine Schritte und stieß mit C. J. Hunter zusammen, einem der besten Kugelstoßer der Welt. Er war so groß und massiv gebaut, dass sich der Zusammenstoß mit ihm anfühlte, als wäre ich gegen eine Mauer geprallt.

Im Zusammenhang mit meiner Teilnahme an der Olympiaqualifikation lernte ich noch eine weitere berühmte Sportlerin kennen: Marla Runyan. Das erste Mal sah ich sie im Fernsehen, als sie im Jahr vor der Qualifikation bei den Weltmeisterschaften in Spanien lief.

Marla war eine Weltklasseläuferin und ebenfalls sehgeschädigt. Als sie in meinem Alter war, erkrankte sie an einer juvenilen Makuladegeneration, dem sogenannten Stargardt-Syndrom.

Ihr Sehvermögen war dem meinen ganz ähnlich. Sie lebte in Oregon und trainierte in Eugene. Ich schrieb ihr einen Brief, und sie war so nett, mir darauf zu antworten. Wir tauschten E-Mail-Adressen und Telefonnummern aus und schrieben uns mehrmals hin und her.

Ich bat sie um Rat wegen der Differenzen mit den Freizeitsportlern, die der Ansicht waren, dass ich bei Hundeschlittenrennen nichts zu suchen habe. Marla machte mir Mut: »Lass dich nicht einschüchtern. Solche Leute wird es immer geben. Pass nur auf, dass du dich ihnen nicht geschlagen gibst.«

Marla qualifizierte sich für die Olympiamannschaft und wurde von den Medien belagert. Doch statt der Weltklassesportlerin stand stets die sehgeschädigte Läuferin im Vordergrund. Das ärgerte sie, und sie fragte sich, warum das so war. Einem TV-Produzenten teilte sie mit, dass sie nur für ein Interview zur Verfügung stünde, wenn ein sehgeschädigtes Mädchen, das sie aus Zentral-Oregon kannte, mit in den Beitrag einbezogen werde.

Dad fuhr mich nach Eugene. Der TV-Produzent interviewte mich vor laufender Kamera. Eigentlich wollte ich nichts weiter als Marla treffen, doch der Produzent erläuterte, dass sie den Moment unserer Begegnung mit der Kamera festhalten wollten. Das spontane Aufeinandertreffen sollte wirkungsvoller und überzeugender sein als eine gestellte Szene.

Das Zusammentreffen wurde auf der Laufstrecke des Lane Community College gedreht. Dort war ich bereits gelaufen. Der Belag ist blau, was ungewöhnlich ist. Üblich sind eher dunklere Farben wie Rostrot oder Tannengrün. Der Produzent sagte, ich solle mir Zeit lassen und mich langsam aufwärmen. So beschäftigte ich mich mit Dehnungsübungen und Gymnastik. Dad kam zu mir und flüsterte mir zu: »Sie wollen dich auf Bahn drei sehen. Lauf einfach locker los und versuche, natürlich zu wirken.«

Ich nahm an, dass sie etwas Archivmaterial von mir drehen wollten. Ich hatte keine Ahnung, dass Marla bereits in unmittelbarer Nähe war. Nachdem ich 30 oder 40 Schritte gelaufen war, sah ich jemanden ebenfalls langsam direkt auf mich zukommen. Ich blinzelte und versuchte zu erkennen, wer es war, aber die Entfernung war noch zu groß. So bewegten wir uns weiter aufeinander zu. Als wir uns bis auf etwa fünf Meter angenähert hatten, erkannte ich Marlas großgewachsene, schlanke Erscheinung und ihre Art, sich zu bewegen, die ich vom Fernsehschirm her kannte. Sie lief mit erhobenem Kopf, während ihre Arme locker seitlich herabhingen.

Sie sprach mich zuerst an: »Rachael?«

»Marla?«

Wir eilten aufeinander zu und umarmten uns. Plötzlich vergaß ich all die Kameras und das Filmteam. Sie war mein großes Vorbild, und ich durfte sie treffen.

»Schön, dich endlich kennen zu lernen«, sagte sie und schlug vor: »Wollen wir ein Stück laufen?«

»Ja, klar«, antwortete ich. Sie lief voran, und ich folgte ihr. Sie schlug meinetwegen ein angenehm langsames Tempo an, so dass wir unterwegs miteinander plaudern konnten. Sie erzählte mir von ihrem Training und ein wenig von der Qualifikation.

Im Fernsehen hatte ich ihren 1.500-Meter-Lauf verfolgt. In der dritten Runde kam eine Läuferin auf der Geraden vor ihr ins Straucheln. Marla stolperte, und es sah aus, als würde sie gleich stürzen. Doch sie streckte die Hände aus, fand ihr Gleichgewicht wieder, lief weiter und kam als Dritte ins Ziel. Damit hatte sie sich für die Olympiade qualifiziert. Ich sagte zu Marla: »Dieser Sturz war sicher ein ziemlicher Schock, oder?«

Sie lachte. »Ich bin ja gar nicht gestürzt. Vor mir ging eine Läuferin zu Boden. Ich stützte mich mit den Händen ab und sprang über sie hinweg. Seltsamerweise konnte ich hinterher an nichts anderes denken, als dass der Sturz im Fernsehen übertragen und endlos wiederholt werden würde. Die Kommentatoren würden den Vorfall zerpflücken und versuchen, einer der Läuferinnen die Schuld daran in die Schuhe zu schieben. Die Nation würde es bald schon nicht mehr hören oder sehen können. Ich musste darüber lachen, da Stolperer zu Wettkämpfen dazugehören. Ich war froh über meinen dritten Rang und meinen Platz in der Mannschaft.«

Nach ein paar Runden gingen wir zu Beschleunigungsübungen über. Wir starteten locker und steigerten das Tempo über 150 Meter bis auf Sprintgeschwindigkeit. Marla ließ mich nach etwa 20 Metern hinter sich. Obwohl sie so schnell war, dass ich neben ihr wie in Zeitlupe wirken musste, war es fantastisch, mit ihr zu laufen.

Ich absolvierte das gesamte Programm mit ihr, wenn auch um einiges langsamer. Ich gab mir alle Mühe, mit dem gleichen Einsatz zu trainieren wie sie. Nach dem Training ließen wir uns auf dem Rasen im Innenraum nieder und tauschten uns aus, hatten wir doch ganz ähnliche Erfahrungen gemacht und oftmals die gleichen Hindernisse zu überwinden.

Bevor wir auseinandergingen, sprach mir Marla Mut zu, meinen Traum zu verfolgen. Wenn ich wirklich am Iditarod teilnehmen wollte, sollte ich dranbleiben und niemals aufgeben. Ich wünschte ihr Glück für die Olympischen Spiele. Dort belegte sie den achten Platz. Ich war so stolz auf ihre Leistung, als hätte ich selbst am Wettkampf teilgenommen.

Wir stehen noch immer in Kontakt, obwohl wir beide einen vollen Terminkalender haben. Oft schreiben wir uns einfach E-Mails. Das Internet ist für uns der einfachste Weg des Austauschs.

13

Hindernisse und Rückschläge

Ich hatte vor, meine im Sommer erzielten Leistungen auszubauen und den Erfolg im Geländelauf fortzusetzen. Das gelang mir jedoch leider nicht. Ich lief und nahm an Wettkämpfen teil, doch nie mit herausragenden Ergebnissen, nicht einmal ansatzweise. Ich unterstützte die Mannschaft mit soliden Leistungen, Ausdauer und Zuverlässigkeit. Wir rechneten uns durchaus Chancen für eine Teilnahme an der Landesmeisterschaft aus, doch die Konkurrenz bei der Intermountain Conference war zu stark. Wir hätten uns nicht behaupten können.

Nach dem Ende der Geländelaufsaison musste ich abwarten. Wir brauchten unbedingt Schnee in den Bergen für das Training der Hunde für die bevorstehende Rennsaison. An einem Novembermorgen schlief ich länger als sonst, da es keinen Grund gab, zeitig aufzustehen. Dad wetterte: »Gib mal ein bisschen Gas, sonst verpasst du noch den Bus!«

Ich trödelte jedoch weiter herum. Schließlich fuhr mich Dad die knapp fünf Kilometer zur Bushaltestelle. Ich sprang aus dem Wagen, und Dad fuhr davon. Zu dieser Jahreszeit ist es immer noch dunkel, wenn der Bus kommt. So war es auch an jenem Morgen. Ich wartete und wartete, bis der Himmel sich schließlich färbte – ob rötlich oder grün, erkannte ich nicht so genau.

Gelegentlich kam der Bus zu spät, jedoch niemals zu früh. Dennoch beschlichen mich allmählich Zweifel. Vielleicht war er ausgerechnet heute zu zeitig abgefahren. Oder ich war zu spät an der Haltestelle gewesen.

Als schließlich die Sonne am Horizont sichtbar wurde, wusste ich, dass es keinen Sinn hatte, noch länger zu warten. Ich hatte nun exakt zwei Möglichkeiten, von denen keine sonderlich verlockend war. Entweder ich ging zu Fuß zurück nach Hause und hörte mir Dads »Ich hab es doch gleich gesagt« an, oder ich joggte die knapp 42 Kilometer bis zur Schule. Ich sagte mir: Das ist zwar ziemlich weit, aber immerhin ein paar hundert Meter weniger als ein Marathon.

Mom wohnte ungefähr bei Kilometer 22. Dass ich diese Strecke schaffen würde, wusste ich. Wenn sie zu Hause war, konnte sie mich in die Schule fahren. Ich schwankte zwischen beiden Alternativen. Ich hatte meine Laufschuhe an. 22 Kilometer waren zu schaffen. Im Trainingslager war ich schon einmal beinahe so weit gelaufen. 22 Kilometer. O. K.

Auf dem Randstreifen lief ich los. Dabei lauschte ich auf eventuell herannahenden Verkehr. Auf der Straße nach Alfalfa waren jedoch nur sehr wenige Fahrzeuge unterwegs. Gelegentlich überholte mich ein Traktor mit einer Fuhre Heu auf dem Hänger oder ein Farmer in seiner alten Rostlaube auf dem Weg in die Stadt. Die meiste Zeit über waren weidende Kühe die einzigen Lebewesen, denen ich begegnete. Kühe gaben Laut und näherten sich dem Zaun, wenn ich vorbeilief. Pferde wieherten leise. Schafe ergriffen die Flucht. Einmal kam ein Hund aus der Einfahrt zu einem abgelegenen Anwesen gelaufen, stand steifbeinig da und bellte mich an. Vögel sangen, ein kühler Wind wehte, und die Sonne mühte sich redlich, die Luft zu erwärmen.

Ich hatte nicht die geringste Angst vor Gefahren, etwa dass ein Verbrecher anhalten und versuchen könnte, mich zu entführen. Typen, die es auf junge Mädchen abgesehen haben, treiben sich eher rund um Portland, Salem oder Eugene herum, statt ihre Zeit auf einer kaum befahrenen Nebenstraße zwischen Alfalfa und Redmond zu verschwenden. Ein solches Szenario kam mir überhaupt nicht in den Sinn. Ich lief immer weiter. Um ganz ehrlich zu sein, machte es sogar Spaß. Ich lief nicht gegen die Zeit oder weil es ein Trainer von mir forderte. Ich lief einfach.

Auf der Hauptstraße war der Verkehr zwar etwas dichter, aber immer noch erträglich. Niemand hielt an und fragte: »He, wohin läufst du denn? Willst du mitfahren?« Ich lief in aller Ruhe vor mich hin und hörte den Spatzen, Schneefinken und Krähen zu. Die Sonne hatte mittlerweile die Luft um ein paar Grad erwärmt. Unangenehm waren lediglich die stinkenden Abgase der vorbeifahrenden Autos. Im Laufe der Zeit ging ich dazu über, tief einzuatmen, sobald ich ein Auto näher kommen hörte, und erst wieder Luft zu holen, wenn es gar nicht mehr anders ging.

War ich zu erschöpft zum Weiterlaufen, ging ich zur Erholung ein Stück. Das war nur ganz selten notwendig, und ich erreichte Moms Haus. Sie war zwar nicht da, aber ich ging trotzdem hinein, trank ein Glas Wasser und ruhte mich ein paar Minuten aus. Als ich auf die Uhr schaute, war es noch nicht einmal Mittag. Ich konnte es noch vor dem letzten Klingeln bis in die Schule schaffen. Noch knapp 20 Kilometer – das war machbar. Diese Strecke war ich schon oft gelaufen. Zwar noch nie im Anschluss an einen 22-Kilometer-Lauf, aber ich dachte: *Was sind schon 20 Kilometer, lauf einfach los.*

Als ich in der Schule ankam, klingelte es gerade zur letzten Stunde. Meine Freunde umringten mich und wollten wissen: »Wo bist du denn gewesen?«

»Hab den Bus verpasst«, erklärte ich.

»Und wie bist du hergekommen?«

»Ich bin gerannt.«

»Vom Haus deiner Mutter aus?«

»Nein, von Dads Anwesen.«

»Wie weit ist es von dort?«

»Knapp zweiundvierzig Kilometer.«

»Zweiundvierzig Kilometer? Du bist tatsächlich zweiundvierzig Kilometer gerannt? Alle Achtung!«

Dad ist schon immer mein größter Fan und zugleich mein größter Kritiker gewesen. Er traute mir inzwischen so viel zu, dass er mich in Frog Lake mit zwölf Hunden über die mittlere Distanz starten ließ. Meine Anmeldegebühr wurde überwiesen. Dad erhielt jedoch kurz darauf einen Anruf vom Rennveranstalter. Er teilte ihm mit: »Ich kann die Anmeldung deiner Tochter nicht annehmen.«

»Warum denn nicht?«

»Es geht hier um die mittlere Distanz mit einem Zwölf-Hunde-Gespann. Jerry, deine Tochter ist blind. Bist du verrückt geworden? Das hat sie doch niemals im Griff.«

Dad entgegnete: »Du kennst mich. Wenn ihr meiner Einschätzung nach die Erfahrung, Kraft und Fähigkeit fehlen würden, mit jeder Eventualität fertig zu werden, hätte ich nie im Leben die Anmeldegebühr bezahlt.«

»Es ist ausgeschlossen. Ich kann sie nicht zulassen.«

»Ihr müsst sie fahren lassen.«

»Nein, das müssen wir keinesfalls. Wenn sie am Rennen teilnimmt, wird sie andere behindern und den Ablauf des Rennens erheblich stören.«

»Worin liegt das Problem? Dass sie erst fünfzehn ist oder ein Mädchen oder sehgeschädigt?«, wollte Dad wissen.

»Darauf muss ich nicht antworten. Ich teile dir lediglich mit, dass wir ihre Anmeldung nicht annehmen. Punktum.«

»Rein rechtlich gesehen müsst ihr sie teilnehmen lassen. Habt ihr noch nie etwas vom *Americans with Disabilities Act* gehört?«

»Wir haben schon damit gerechnet, dass du uns mit dem Behindertengesetz drohen würdest«, entgegnete der Veranstalter. »Für diesen Fall haben wir beschlossen, dass uns nichts anderes übrig bleibt, als das Rennen abzusagen.«

»Sehr clever. Damit schneidet ihr euch ins eigene Fleisch!« Dad war wutentbrannt. »Das ist ein Schlag ins Gesicht. Aber macht euch darauf gefasst, dass wir kommen und an den Start gehen werden.«

Als wir beim Frog-Lake-Rennen ankamen, wurde uns mitgeteilt, dass ich nicht in der Klasse mit zwölf Hunden starten dürfe – das sei völlig ausgeschlossen. Als Kompromiss boten sie an, mich mit sechs Hunden zuzulassen. Das lehnten wir jedoch ab und blieben hartnäckig.

»In Ordnung«, wandte sich der Veranstalter an Dad. »Die einzige Möglichkeit für ihre Teilnahme am Zwölf-Hunde-Rennen ist das Ankoppeln eines zweiten Schlittens, auf dem du mitfährst.«

Diese Bedingung war freilich vollkommen unsinnig. Wie sollte ich mit den anderen mithalten, wenn wir beide zusammen mit den Schlitten ein Gewicht von mehr als 150 Kilogramm auf die Waage brachten? Es war einfach unfair – mir gegenüber und gegenüber den Hunden. Doch wir hatten keine Wahl, drohten sie doch andernfalls mit der kompletten Absage des Rennens. Damit hätten wir uns den Zorn der anderen Teilnehmer zugezogen. Somit war es dem Veranstalter gelungen, uns in die Enge zu treiben. Wir waren gezwungen, auf sein Angebot einzugehen.

Ich startete mit zwölf Hunden und Dad auf dem angekoppelten Schlitten. Das zusätzliche Gewicht und der doppelte Reibungsverlust der beiden Schlitten kosteten mich wertvolle Zeit. Trotzdem traf ich am ersten Tag nach einer Strecke von 32 Meilen als Zweite im Ziel ein und hatte lediglich zwei Minuten Rückstand auf den Erstplatzierten.

Am nächsten Tag legte ich ein perfektes Rennen hin. Um die Last zu verringern, rannte ich an jedem Anstieg, und Dad stieß sich mit einem Skistock ab. Trotz alledem gelang es uns nicht, unsere Handicaps wettzumachen, und wir erreichten das Ziel erneut als Zweite. Dennoch war dieses Ergebnis für mich ein grandioser Erfolg.

In der darauffolgenden Woche sollte ich mit einem Sechsergespann über die 20-Meilen-Distanz in Chemult starten. Um eine Wiederholung der Probleme von Frog Lake zu vermeiden, handelte Dad bereits im Vorfeld einen Kompromiss aus. Er würde mit dem Schneemobil fahren und als mein sehender Begleiter fungieren. Zu diesem Zweck würden wir permanent im wechselseitigen Funkkontakt stehen. Er würde mich über die Beschaffenheit der Strecke auf dem Laufenden halten, ob ein Anstieg oder ein Abhang bevorstand, mich über die nächsten Kurven, herabhängende Äste und andere Besonderheiten informieren, die ein normal sehender Teilnehmer ganz automatisch wahrnimmt und entsprechend darauf reagiert.

Am Tag des Rennens war eine Kaltfront herangezogen, so dass die Temperaturen auf etliche Grad unter null fielen. Mit meiner Kleidung war ich jedoch gut darauf vorbereitet. Alles wäre wunderbar gewesen, wenn mir nicht bereits einen Steinwurf nach dem Start der Schlitten umgestürzt wäre.

Ich startete mit sechs kläffenden Hunden und bemerkte die erste Kurve nicht, die bereits nach knapp 600 Metern anstand. Der Schlitten kippte um, ich hielt mich daran fest, und die Hunde zogen mich noch fast 200 Meter weiter, bis es mir endlich gelang, ihr Tempo so weit zu drosseln, dass ich den Schlitten wieder aufrichten konnte. Während dieser Prozedur gelangte reichlich Schnee in meine Jacke, in meine Stiefel und selbst in meine Handschuhe. Zu allem Überfluss verlor ich auch noch meine Mütze.

Ich versuchte, den Schnee, so gut es ging, abzuschütteln. Das ist jedoch sehr schwierig, wenn man auf den Kufen eines Rennschlittens steht und sich gleichzeitig auszuziehen versucht. Wir flogen nur so dahin, und der Wind sorgte noch zusätzlich für Abkühlung. Ich wartete sehnsüchtig auf einen Anstieg, damit ich laufen und mich dabei ein wenig aufwärmen konnte, aber die Strecke war vollkommen eben. So beschloss ich, mich mit einem Bein ein wenig abzustoßen in der Hoffnung, dass diese Bewegung für etwas Wärme sorgen würde, aber wir waren einfach zu schnell unterwegs.

Zehn Meilen nach dem Start begann ich zu zittern und war völlig erschöpft. Dad gab mir unermüdlich über Funk die Streckenbedingungen durch. Ich war nahe dran, ihm zuzufunken, dass ich erbärmlich fror. Doch das erschien mir nicht ganz fair. Was hätte Dad dagegen tun sollen? Hilfe von außen war nicht gestattet. Das Entgegennehmen von trockenen Handschuhen, Stiefeln, Mütze oder einer Jacke war ein klarer Regelverstoß und wurde mit sofortiger Disqualifikation geahndet. Daher beschloss ich durchzuhalten. Egal, wie schlimm es kam, ich würde die frostigen Qualen schon irgendwie durchstehen.

»Bergauf«, rief Dad.

Ich war erleichtert. Das war die Gelegenheit, auf die

ich schon so lange gewartet hatte. Als ich jedoch loslaufen wollte, versagten meine Beine ihren Dienst. Meine Füße waren einfach zu kalt. Ich fühlte sie nicht mehr, sie schliffen einfach taub hinter dem Schlitten her. Glücklicherweise hatte ich im Oberkörper genügend Kraft, um mich wieder auf die Kufen zu stemmen, bevor wir die Bergkuppe passiert hatten.

Meine Hände und Füße fühlten sich an wie Holzklötze. Es war, als gehörten sie nicht mehr zu meinem Körper. Meine Zähne klapperten so laut, dass es sich anhörte wie ein altersschwacher Laster, der über Kopfsteinpflaster rattert. Ich erkannte meine Schwierigkeiten. Ich war völlig unterkühlt, begriff den Ernst der Lage jedoch erst, als mir eine warme Flüssigkeit aus den Ohren rann. Ich hatte keine Ahnung, ob es Blut war oder etwas anderes. Ich mutmaßte, dass es sich auch um eine Halluzination handeln könnte. Wie auch immer, die Absonderung aus meinen Ohren jagte mir Angst ein. Doch noch größere Sorgen machte ich mir, dass ich stürzen könnte und nicht ins Ziel käme. Ich betete: »Lass mich das Ziel erreichen. Lass mich einfach nur das Ziel erreichen.«

Als meine Füße schließlich doch von den Kufen rutschten, besaß ich nicht die Kraft, mich wieder aufzurichten. Meine Kondition war aufgebraucht. Mit schierer Willenskraft klammerte ich mich am Haltebügel fest. Wie lange würde ich mich noch festhalten können? Ich hörte das Knattern des Schneemobils und Dads Stimme, die mir zurief: »Steh auf!« Aber ich konnte nicht. Ich konnte nichts weiter tun, als mich festzuhalten und mich von den Hunden Stück für Stück weiterziehen zu lassen.

So zerrten mich die Hunde auf meinen Knien über die

Ziellinie. Es war wohl einer der unrühmlichsten Zieleinläufe in der Geschichte des Schlittenhundesports. Doch von Scham war bei mir keine Spur – noch nicht. Sämtliche Gefühle waren erstorben. Zurück blieb nur eine tiefe Dankbarkeit dafür, dass ich nicht irgendwo unterwegs vom Schlitten gestürzt war und meinen Hunden die Schmach erspart blieb, einen leeren Schlitten ins Ziel zu ziehen.

Dr. Wes Lewis, ein Freund und Unterstützer, kam auf mich zugelaufen und half mir wieder auf die Füße. »Komm, ich bringe dich in die Aufwärmhütte.«

Alles, was ich hervorbrachte, war ein einziges Wort: »Gut.«

Dr. Lewis legte meinen Arm um seinen Hals und schleppte mich zur Aufwärmhütte. Dort angekommen, streifte er mir die Handschuhe ab. Eine Frau reichte mir eine Tasse heiße Schokolade, doch ich konnte sie nicht halten. Stattdessen wärmte ich meine erfrorenen Hände daran. Als die Wärme in meinen Fingern langsam ihre Wirkung zeigte, stieg in meinem Arm ein unerträglicher Schmerz auf. Mir war nach Schreien zumute, aber stattdessen weinte ich bitterlich.

Dr. Lewis brachte mich zum Pick-up, startete den Motor und drehte die Heizung auf volle Leistung. Er zog mir die Stiefel und Socken von den Füßen und strich mir das Haar zurück. Er sagte: »Du hast leichte Erfrierungen an Fingern und Zehen. Deine Ohren sehen allerdings ein wenig ärger aus.«

Ich betrachtete meine Ohren im Innenspiegel. Sie waren verfärbt und entsetzlich angeschwollen. Als ich den Kopf schüttelte, flatterten sie fast wie bei einem Elefanten.

Dr. Lewis nahm sein Mobiltelefon und rief die Notaufnahme am St. Vincent Hospital in Portland an. Den Anweisungen der dortigen Ärzte gemäß nahm er an meinen Ohren kleine Schnitte vor, aus denen eine klare Flüssigkeit austrat und mir den Hals hinunterrann. Meine Finger und Zehen schmerzten jedoch derart stark, dass ich den Eingriff kaum wahrnahm. Als wir wieder im Motel waren, rieb Dr. Lewis meine Ohren mit einer Arznei ein und legte einen Verband an. Nach meinem Spiegelbild zu urteilen, sah ich aus wie der Spross von Außerirdischen.

Am nächsten Morgen wollte ich das Rennen fortsetzen und meinen Ruf wiederherstellen, so hoffte ich. Doch Dr. Lewis untersagte es mir strikt. Er zwang mich, im Motel zu bleiben.

Dad kehrte zum Rennen zurück. Später berichtete er mir, wie man meinen schmählichen Zieleinlauf kommentiert hatte. Die einen waren wutentbrannt, andere hämisch und wussten natürlich schon immer, dass ich bei einem solchen Rennen nichts zu suchen hatte. Sie waren fest davon überzeugt, dass ich mir die Erfrierungen nur aufgrund meiner Blindheit zugezogen hatte. Jemand ging sogar so weit zu verkünden, er werde dafür sorgen, dass ich nie wieder an einem Rennen in Oregon teilnahm.

Ein paar Tage später bekam ich allmählich wieder Gefühl in meine Finger und Zehen. Ich hatte zum Glück nur leichte Erfrierungen erlitten. Meine Ohren hingegen färbten sich vollständig schwarz. In der Schule musste ich sie unter einer Skimütze verbergen, um nicht den Spott der anderen auf mich zu ziehen.

An jenem Wochenende wurde ich beim Winterfest in Bend zur »Schneeprinzessin« gekrönt. Vor 5.000 Menschen sang ich die Nationalhymne. Auf einem Foto sieht man, dass ich dabei ein weißes Stirnband trage, unter dem ich meine schwarzen Ohren verbarg.

14

Die Erlösung

Dad nahm Kontakt zu Frank Teasley auf, dem Rennleiter des *Wyoming International Pedigree Stage Stop Sled Dog Race,* und berichtete ihm von den Problemen, mit denen ich im Nordwesten zu kämpfen hatte, und welch negative Einstellung man mir dort entgegenbrachte. Frank schlug vor: »Kommt nach Wyoming. Wir würden Rachael liebend gern als Teilnehmerin bei unserem Rennen sehen.«

Dad gab zu bedenken: »Denk noch einmal darüber nach, Frank. Du setzt dich einer Menge Kritik aus, wenn du ein fünfzehnjähriges, sehgeschädigtes Mädchen an dem Rennen teilnehmen lässt.«

»Darüber muss ich nicht nachdenken«, erwiderte

Frank. »Damit werde ich schon fertig. Es ist ihr gutes Recht, Rennen zu fahren. Wir werden für die nötigen Maßnahmen sorgen, damit sie die gleichen Voraussetzungen hat wie die anderen Teilnehmer. Wenn ihr einen Begleiter per Schneemobil einsetzen wollt, geht das für uns in Ordnung.«

Wir stellten uns der Herausforderung, und ich fuhr nach meiner Niederlage bei einem 20-Meilen-Rennen zu einem Wettkampf über zehn Tage und 500 Meilen, dessen Strecke sich durch die Rocky Mountains schlängelte und Höhen von über 3.000 Meter erreichte. Es war das einzige Rennen, bei dem Dad gescheitert war. Als er aufgab, hatte ich gelobt, es eines Tages an seiner Stelle zu Ende zu bringen. Dieser Tag war, nur vier Jahre später, gekommen.

Für meine Teilnahme in Wyoming musste zuallererst ein Mitarbeiterstab zusammengestellt werden. Zu diesem Zweck rief ich Dan MacEachen in Colorado an. Wir hatten uns 1997 beim Wyoming-Rennen kennen gelernt und waren inzwischen gute Freunde. Er war unzählige Male in Wyoming gestartet und hatte auch am Iditarod-Rennen teilgenommen. Außerdem besaß er mit *Krabloonik* die größte US-Schlittenhundezucht außerhalb Alaskas. Ich fragte Dan, ob er mich als sehender Begleiter vom Schneemobil aus unterstützen würde. Seine Antwort kam schnell und unumwunden: »Aber klar doch.« Er bot darüber hinaus sogar an, mir seine Leithunde Johnny, Copper und O. J. auszuborgen. Das waren äußerst erfahrene Tiere, die sowohl in Wyoming als auch beim Iditarod gelaufen waren.

»Das werde ich dir nie vergessen«, sagte ich zu Dan.

Jemandem seine Hilfe anzubieten ist das eine (und an sich schon ein eindrucksvoller Freundschaftsbeweis), aber wenn ein Musher einem anderen seine besten Hunde leiht, ist das schon etwas ganz Besonderes und geht weit über das Maß des Üblichen hinaus. Ich werde Dan auf ewig zutiefst dankbar dafür sein, dass er mir seine Zeit, seine Erfahrung und natürlich seine wunderbaren Hunde zur Verfügung gestellt hat.

Ich trainierte die gesamten Weihnachtsferien über. Für die Schulzeit bekam ich von meinen Lehrern und der Schulleitung der Redmond Highschool einen Sonderstundenplan. Ich wurde vom Unterricht befreit, damit ich weiter für das Rennen in Wyoming trainieren und daran teilnehmen konnte. Den versäumten Stoff musste ich natürlich nachholen. Die nächste Hürde bestand darin, das nötige Geld für meinen Start aufzutreiben. Wir fanden eine Reihe von Sponsoren, unter anderem American Nutrition und den US-Blindensportverband (USABA). Dan MacEachen unterstützte uns ebenfalls. Wir erhielten auch Spenden von zahlreichen Privatpersonen aus Zentral-Oregon, selbst Schulkinder plünderten ihre Sparschweine dafür. Wir waren für jeden Cent außerordentlich dankbar und verwendeten das Geld sinnvoll.

Das *Wyoming International Pedigree Stage Stop Sled Dog Race* ist streng genommen eine Aneinanderreihung von Kurzstreckenrennen einschließlich dreier Biwak-Übernachtungen, um den Teilnehmern einen Hauch des Iditarod zu vermitteln, wo man jede Nacht draußen sein Lager aufschlägt. Jeder Musher kann insgesamt 16 Hunde mitbringen, von denen jedoch nur maximal zwölf im Gespann eingesetzt werden dürfen.

Den drei Meilen langen feierlichen Eröffnungslauf auf der Main Street von Jackson, Wyoming, fuhr ich mit sechs Hunden. Sechs Hunde lassen sich wesentlich leichter im Griff halten als zwölf. Das war eine kluge Entscheidung, da die Strecke mit unglaublichen Menschenmassen bevölkert war, die für reichlich Spektakel sorgten. Wir rasten nur so durch die Stadt und kamen, kaum dass wir gestartet waren, auch schon wieder ins Ziel.

Das eigentliche Rennen begann an der Moran Junction in 2.300 Meter Höhe. Die Hundeführer brachten mein Gespann an den Start, und mich überwältigten meine Gefühle. Ich dachte zurück an die Zeit, als ich ein kleines Mädchen war und alle so nett zu mir waren, an das Drama um Dads Ausscheiden aus dem Rennen und an mein Gelöbnis, eines Tages nach Wyoming zurückzukehren und dieses Rennen an seiner Stelle zu Ende zu bringen.

Ich hatte auch eine ordentliche Portion Angst vor diesem Rennen. Was hatte ich mir da nur vorgenommen? Ich war keine der Strecken je gefahren. Ich wusste überhaupt nichts über das Gelände. War ich wirklich in der Lage, ein Rennen über 500 Meilen durchzustehen, bei dem die Strecke jeden Tag bis auf 3.000 Meter Höhe anstieg? Wie würde mein Körper auf solche Höhen reagieren?

Immerhin war ich erst 15 Jahre alt. Niemand in diesem Alter hatte je ein Hundeschlittenrennen über 500 Meilen in Angriff genommen. War ich alt genug, so etwas durchzustehen, die körperliche Anstrengung auszuhalten? Wie sah es mit der emotionalen Seite aus? Ein Sportler muss seinem Körper gelegentlich Leistungen abverlangen, die ihm unvorstellbar erscheinen. Beim Laufen hatte ich so etwas schon erlebt. Würde mir dies auch bei einem Hundeschlittenrennen über zehn Tage gelingen? Besaß ich genug Kampfgeist dafür?

Meine Selbstzweifel wurden ein Stück weit durch mein unerschütterliches Vertrauen in meine Hunde kompensiert. Zusammen mit Dans drei Leithunden besaß ich ein erfahrenes, gut trainiertes Gespann, das mit allen Widrigkeiten fertig wurde, die uns unterwegs begegnen konnten. Ich nahm mir fest vor, mein Bestes zu geben.

Ich näherte mich der Startlinie, setzte den Schneeanker, stieg vom Schlitten, streichelte jeden einzelnen Hund und sprach ihm Mut zu für den langen Lauf, der vor uns lag. Sie konnten es kaum erwarten, endlich loszulaufen. Ihr Enthusiasmus motivierte mich enorm. Während ich mich auf meine Hunde konzentrierte, begann der Countdown für den Start. Es herrschte unglaublicher Lärm; die Hunde bellten, Fans wünschten mir Glück, und der Sprecher rief laut die Sekunden in sein Handmikrofon. Meine Nervosität und die Furcht vor dem Unbekannten begannen sich allmählich zu zerstreuen, als ich zu meinem Schlitten zurückkehrte. »Fünf.« Vergiss die Angst einfach. »Vier.« Hör auf zu zweifeln. »Drei.« Ich bin bereit. »Zwei.« Auf geht's! »Eins.« Ich zog den Schneeanker, und wir schossen los, eingehüllt in eine Schneewolke und den lautstarken Jubel der am Start versammelten Zuschauer.

Die Strecke von Moran Junction führte mitten in die Wind-River-Bergkette der Rocky Mountains hinein. Dan fuhr auf dem Schneemobil voraus und gab Anweisungen, während wir uns zum Union Pass in 3.300 Meter Höhe hinaufarbeiteten. Mein Gespann bestand aus zehn Hunden, die ihr Bestes gaben. Es herrschte strahlender Sonnenschein, wodurch sich Licht und Schatten ständig abwechselten. Das war nicht sonderlich günstig für meine Augen, so dass ich kaum die Umrisse meiner Leithunde erkennen konnte.

Ich verließ mich auf Dans Kommandos. Seine Stimme klang so rau wie nach einer durchzechten Nacht. Er litt an einer Infektion der oberen Atemwege, die kurz davor war, sich zu einer Lungenentzündung auszuwachsen. Am Abend vor dem Rennen ließ sich Dan im Krankenhaus untersuchen, kehrte jedoch nach fünf Stunden zurück, weil er keinesfalls den Start verpassen wollte.

Am ersten Tag legten wir 47 Meilen zurück. Bei unserer Ankunft an der Raststation in Dubois war ich ganz schön geschafft. Einen Großteil der insgesamt 20 Meilen, die es bergauf ging, war ich gerannt, um meine Hunde zu schonen. Die Nacht verbrachte ich bei einer sehr freundlichen Familie, wo ich ein Zimmer ganz für mich allein hatte und wunderbar schlafen konnte.

Am nächsten Morgen füllte ich meine Taschen mit Schokoriegeln als Energiequellen für unterwegs. Die darauffolgende Nacht brachten wir erstmals im Biwak zu. Ich fütterte und tränkte die Hunde, massierte diejenigen, die es nötig hatten, und versorgte die Füße aller Tiere. Als die Arbeit endlich geschafft war, aß ich eine Kleinigkeit und bereitete mir anschließend auf einem Strohhaufen mein Nachtlager. Es war bitterkalt, unter minus 30 Grad. Ich versuchte, mich an die Hunde zu schmiegen, aber sie rollten sich zusammen und ignorierten mich. Die Nacht war lang. Hunde bellten, Leute unterhielten sich, es war ständig Unruhe und Bewegung. Ich fand vor Kälte keinen Schlaf und konnte den

Morgen kaum erwarten, um endlich wieder loszufahren und mich aufzuwärmen.

Sobald ich hörte, dass die anderen aktiv wurden, sprang ich aus meinem Schlafsack und kümmerte mich um meine Hunde. Ich ging mit jedem einzeln eine Runde, um mich zu vergewissern, dass keiner Muskel- oder Fußbeschwerden hatte. Schließlich traf ich meine eigenen Vorbereitungen für das Rennen. Auf dem Weg zum Start verlor ich einen Handschuh und musste deshalb noch einmal umkehren. Das kostete Zeit, und wir mussten uns beeilen, um rechtzeitig am Start zu sein. Als der Sprecher »Eins!« rief, riss ich den Schneeanker heraus, die Hundeführer traten beiseite, und wir starteten in eine Etappe, die sich als die schwierigste des gesamten Rennens erweisen sollte.

Kurz vor Sonnenaufgang waren die Berge in ein rötliches Licht getaucht, doch schon bald darauf schien die Sonne so intensiv auf den Schnee, dass ich blinzeln musste. Die Hunde waren voller Energie. Wir erreichten einen langen Anstieg, wo ich absprang und rannte, so dass ich wieder warm war, als wir oben ankamen. Ich war zuversichtlich, dass die 32 Meilen an diesem Tag im Handumdrehen geschafft sein würden.

Eine Stunde später verdunkelte sich der eben noch strahlend blaue Himmel. Ein paar Wolkenfetzen tauchten auf, die mich jedoch nicht beunruhigten. Wir kamen mühelos voran, die Kufen glitten leise zischend über den festen Schnee. Vor einem Sturm würden wir einfach davonfahren.

Zwei Stunden später hatten sich die Wolkenfetzen mit einer dichten Wolkenfront vereinigt, die den gesamten

Himmel bedeckte und den Tag bedrückend grau und trübe machte. Der kalte Nordwind frischte auf. Ich beschloss, ihn einfach zu ignorieren.

Dan war vor mir. »Wind«, rief er über Funk.

Ja, ich weiß. Kein Problem, Dan, dachte ich bei mir.

Ich sauste über einen langen Bergrücken, wo mich ein Windstoß mit voller Wucht erfasste. Er war so stark wie der Sog eines Flugzeugpropellers und warf mich beinahe vom Schlitten. Die Orkanböen hielten an, und allmählich kroch die Kälte unter meine Kleidung. Ich schauderte. Bislang ließ sich mein Hundegespann von dem Schneegestöber nicht beeindrucken.

»Eine scharfe Bö«, sagte ich mir. »In ein paar Minuten wird der Wind schon nachlassen.«

Doch weit gefehlt. Der Wind wurde noch um einiges stärker und verwehte den Weg. Die Hunde wollten umkehren und mit dem Wind laufen. Dan versuchte, mir etwas mitzuteilen, aber der Wind trug seine Worte fort. Außerdem hatte ich sowieso kein Ohr für ihn. Ich musste mich darauf konzentrieren, meine Hunde auf Kurs zu halten.

Die Rennstrecke verlief parallel zum Highway. Da der Weg jedoch verweht war, bogen die Hunde schnurstracks auf den Highway ab. Auf dem vereisten Asphalt konnte ich mit der Bremse nicht das Geringste ausrichten. Ich hatte die Kontrolle über meine Hunde verloren. Auch andere Gespanne waren hier gelandet. Musher schrien. Autos hupten. Der Verkehr floss weiter; PKWs und Laster schlängelten sich an den Hundeschlitten vorbei. Es herrschten völliges Chaos und blanke Hysterie. Der Wind heulte und wirbelte Unmengen von Schnee auf, so dass die Sichtweite auf ein Minimum verringert war. Ich hörte, wie Dan mich über Funk förmlich anflehte, endlich auf den Weg zurückzukehren.

Wie aus dem Nichts tauchten plötzlich die vordere Stoßstange und der verchromte Kühlergrill eines riesigen Sattelschleppers auf – gespenstisch und Furcht einflößend. Er kam immer näher und glitt schließlich mit etwa 50 km/h rechts an mir vorbei wie ein gewaltiger Ozeandampfer im dichten Nebel. Es grenzt an ein Wunder, dass meine Hunde und ich verschont blieben. Nur um Haaresbreite waren wir unserem sicheren Ende entronnen. Ich war zu Tode erschrocken.

Helfende Hände packten meine Leithunde. Eine Gruppe von Ehrenamtlichen tauchte auf. So wie sie anderen Teilnehmern geholfen hatten, brachten sie auch meine Hunde zum Stehen und führten mein Gespann vom Highway herunter und zurück auf die stürmische Rennstrecke.

Nachdem wir uns noch eine halbe Meile durch den Wind gekämpft hatten, bog der Weg glücklicherweise ab. Wir ließen den Highway hinter uns, und wechselnde Winde bliesen uns in Richtung Raststation am Ende der Etappe. Was für ein Tag!

Nachdem ich meine Hunde versorgt hatte, begleitete mich meine Gastfamilie zum abendlichen Musher-Bankett. Eine Gruppe von Teenagern kam auf mich zu. Sie baten mich um Autogramme auf T-Shirts, Mützen, Programmheften und Papierschnipseln. Ich wurde auf die Bühne gerufen und gebeten, ein paar Worte zu sagen. Ich berichtete von den Problemen am Highway, mit denen wir tagsüber zu kämpfen hatten. Anschließend beantwortete ich Fragen aus dem Publikum. Die Leute fragten nach meiner Blindheit und wie es für mich sei, an Hundeschlittenrennen teilzunehmen – eben all das, was für sie von Interesse war. Nach dem Essen gab ich noch einmal Autogramme, bis Dad mir schließlich zu Hilfe kam und verkündete, ich habe ein Rennen zu bestreiten und bräuchte meinen Schlaf. Auf dem Weg nach draußen umarmten mich die Kids und wünschten mir Glück. Das gab mir Kraft.

Die Konfrontation mit dem wohl grässlichsten Wetter, das Mutter Natur zu bieten hat, und der glimpfliche Ausgang einer beinahe tödlichen Kollision steigerten mein Selbstbewusstsein. Doch meine Unerschrockenheit war nicht ganz echt, denn kaum waren wir im Haus unserer Gastfamilie angekommen, überkam mich eine Welle der Erschöpfung. Ich begann zu zittern und brach in Tränen aus.

Dad legte mir den Arm um die Schultern. »Was ist los mit dir?«

»Ich bin so müde.«

»Das kann ich mir lebhaft vorstellen, immerhin hast du zwei Tage nicht geschlafen«, antwortete Dad.

Aus einem seltsamen Grund machten seine Worte alles nur noch schlimmer. »Ach, lass mich doch in Ruhe«, jammerte ich.

Dad nahm sicher an, dass ich meinen Hänger schon überwinden würde, doch beim Zubettgehen heulte ich noch immer. Ich war viel zu müde zum Einschlafen. Bilder der vergangenen Tage schwirrten durch meinen Kopf. Der Wind, das Schneegestöber, vor allem jedoch der bedrohliche Sattelschlepper raubten mir den Schlaf. Und morgen stand eine weitere Biwak-Übernachtung in der Kälte bevor, und danach kam eine Etappe, die von anderen Teilnehmern als »Pfad aus der Hölle« bezeichnet wurde – der Weg schlängelte sich in Serpentinen durch zerklüftetes Gelände.

Dad öffnete die Tür einen Spalt breit und sah, dass meine Augen noch offen waren. Er flüsterte: »Du bist noch wach?«

»Ich kann nicht schlafen.«

»Du musst es versuchen. Wenn du nicht schläfst, brennst du irgendwann aus.«

Mir kamen die Tränen. Ich konnte sie nicht zurückhalten. Dad küsste mich auf die Wange und tröstete mich. Er versprach mir, dass ich bei meiner Ankunft in Lander ein paar meiner Freunde anrufen durfte. Dieser Tag war mein 16. Geburtstag. Das baute mich wieder ein wenig auf. Hätte ich mit einem Altersgenossen, einer Freundin geredet, würde ich das hier durchstehen.

»Denk dran, ich habe es nie bis nach Lander geschafft. Aber du wirst dort ankommen und das Rennen zu Ende bringen. Ich weiß, dass du es schaffen kannst. Aber zuvor musst du ein bisschen schlafen. Soll ich dir ein Schlaflied singen?«

Ich nickte. Als ich klein war, hatte Dad mir jeden Abend etwas vorgesungen. Das Lied, bei dem ich garantiert lieblich einschlummerte, hieß »Daddys Schlaflied«. Es stammte von Großpapa Scdoris, der es meinem Dad früher immer vorgesungen hatte. Dad hatte den ursprünglichen Text ein wenig abgeändert, damit meine geliebten Schlittenhunde darin vorkamen.

Der Text und der Klang seiner Stimme – sie war der

von Perry Como nicht unähnlich – beruhigten mich ganz ungemein. Die Sorgen, die mich eben noch geplagt hatten, waren plötzlich wie weggeblasen. Der morgige Tag spielte auf einmal keine Rolle mehr. Ich schloss meine Augen und schlief ein, noch ehe der letzte Refrain an mein Ohr gedrungen war. Ich hörte nicht mehr, wie Dad auf Zehenspitzen aus dem Zimmer schlich und hinter sich leise die Tür schloss.

Das Nächste, woran ich mich erinnere, ist, dass Dad mich sanft weckte. Nur langsam kam ich wieder zu mir. Mein Mitarbeiterstab war schon bei der Arbeit. Sie waren enorm zuverlässig und sorgten für alles. Dan beschaffte mir etwas zu essen und Wasser. Dad kontrollierte meine Ausrüstung und gab mir Empfehlungen, wie ich mir das Biwak erträglicher machen konnte. Ich sollte mein Nachtlager reichlich mit Stroh auspolstern und meine Daunenjacke über den Schlafsack legen, statt sie anzuziehen, damit eine weitere Luftschicht entstand. Außerdem sollte ich mich beim Schlafen wie die Hunde zusammenrollen, statt mich wie in einem Bett auszustrecken.

An diesem Tag folgte mir ein Fernsehteam per Schneemobil. Der Streckenabschnitt bis Blucher Creek verlief ohne jegliche Zwischenfälle. Das Mitarbeiterteam filmte mich im Biwak, wie ich die Hunde versorgte, zu Abend aß und später mit den anderen Mushern am Lagerfeuer plauderte und sang. Sie filmten sogar, wie ich mich aufs Ohr legte. Dan teilte ihnen schließlich mit, dass es für heute genug war.

Die lange kalte Nacht über blieb ich warm und schlief ausgesprochen gut. Als ich am Morgen aufstand, musste ich feststellen, dass Dot, eine meiner Hündinnen, ihre

Leine durchgebissen und den Beutel mit Snacks ausfindig gemacht hatte, mit denen ich die Hunde unterwegs bei Laune hielt. Dot musste an diesem Tag ohne Frühstück auskommen.

Da ich ein paar Minuten brauchte, um den Schaden zu beheben, den Dot angerichtet hatte, war ich beim Füttern der Hunde etwas spät dran. Dan, der noch immer an seiner Beinahe-Lungenentzündung laborierte, murrte: »Jetzt wirst du spät vom Start wegkommen, damit ist der Tag ja wohl gelaufen.«

Ich musste lächeln. »Davon kann gar keine Rede sein, Dan. Heute ist immerhin mein sechzehnter Geburtstag.«

»Das hatte ich ganz vergessen. Herzlichen Glückwunsch.«

Die Hunde konnten es kaum erwarten. Deshalb stand ich während der langen Anfahrt zum Start zunächst auf der Bremse, bevor ich ihnen freien Lauf ließ. Als wir an einen langen Anstieg kamen, sprang ich ab und rannte mit ihnen. In einer solchen Höhe war das Atmen angesichts der dünnen Luft beschwerlich. Ich beobachtete gerade die Atemluft der Hunde, die sich in Dampf verwandelte, als unvermittelt Dans Stimme über Funk ertönte: »Bremsen! Sofort bremsen!«

Ich rannte gerade mit schmerzenden Muskeln, den Schlitten schiebend, den Berg hinauf, und Dan verlangte allen Ernstes von mir, dass ich meinen hart erkämpften Schwung opferte und auf die Bremse ging? War er denn verrückt geworden? Wider besseres Wissen sprang ich zurück auf die Kufen und stieg auf die Bremse – gerade noch rechtzeitig, da meine Leithunde soeben über den Kamm verschwanden und bergab jagten. So ähnlich muss sich ein Fallschirmspringer fühlen, wenn er aus dem Flugzeug springt. Freier Fall.

»Kurve, nach links beugen!«, schrie Dan.

Mir blieb nicht genug Zeit zum Reagieren, so dass der Schlitten umstürzte. Ich rammte meinen linken Ellbogen in den Schnee und merkte, wie etwas in meiner Schulter nachgab. Aber es war keine Zeit, über Verletzungen nachzudenken. Ich musste den Schlitten wieder aufrichten. Während ich versuchte, ihn in Position zu bringen, spürte ich in meiner Schulter einen stechenden Schmerz. Aber was waren schon Schmerzen? Das bisschen konnte ich aushalten.

»Alles in Ordnung?«

Ich nickte.

»Nur noch zehn Meilen«, rief Dan.

Man hatte mich wiederholt gewarnt, dass die letzten zehn Meilen bis Lander technisch äußerst anspruchsvoll waren, mit vielen schnellen Abfahrten und überraschenden, scharfen Spitzkehren. Ich musste zusehen, wie ich damit fertig wurde.

»Spitzkehre rechts. Viertelmeile voraus Spitzkehre links.«

Ich nahm sie mühelos. Kein Problem. Ich wartete darauf, dass es schwieriger wurde, aber keine Spur. In der Ferne sah ich schon die dunklen, kastigen Umrisse von Häusern. Zivilisation. Das musste wohl Lander sein, da es ringsum keine weiteren Städte gab.

Die Fernsehsender und Zeitungen von Wyoming hatten über mein Vorankommen berichtet. Ich diente als Aufmacher und fand wachsende Sympathien, vor allem unter Jugendlichen, die sich zunehmend mit mir identifizierten. Während ich näher kam, hörte ich Anfeuerungsrufe. Kinder und Jugendliche, mehr als 20 Schulklassen, säumten den Zieleinlauf, und als ich die Raststation erreichte, stimmten sie »Happy Birthday« an. Ich musste lachen und reckte meine Faust in die Luft. Das war das schönste Geschenk, das man sich zu seinem 16. Geburtstag wünschen konnte – etliche hundert Kids, die zusammen »Happy Birthday« sangen. Das war beeindruckend!

Aber es sollte noch besser kommen. An unserem Lastwagen erwartete mich Dad mit einem Käsekuchen, den 16 brennende Kerzen zierten. Käsekuchen mag ich für mein Leben gern! Ich wünschte mir drei Dinge: dass mich die Kräfte nicht verließen, meine verletzte Schulter keine Probleme bereitete und ich das Rennen zu Ende brachte.

»Die Hälfte hast du hinter dir. Du schaffst es.« Dad schloss mich in seine Arme.

Ich genehmigte mir ein Stück Käsekuchen, bevor die Fernseh- und Zeitungsreporter sich auf mich stürzten. Ich beantwortete jede ihrer Fragen, und danach holte man mich zum abendlichen Musher-Bankett. Dort gab es reichlich Essen. Ich aß vier Portionen und noch ein Stück Geburtstagstorte. Als ich auf die Bühne gerufen wurde, sagte ich: »Dieses Rennen ist unglaublich lang. Beim Start war ich erst fünfzehn Jahre alt, und inzwischen bin ich sechzehn.«

Der nächste Tag brachte eine kurze Etappe über 28 Meilen von Lander nach Atlantic City. Ich erkundigte mich, weshalb eine Stadt mitten in Wyoming den Namen Atlantic City trägt. Über diese Frage hatte ich schon den ganzen Tag nachgedacht. Aber niemand konnte sie beantworten.

Der Abschnitt von Atlantic City aus war 40 Meilen lang. Vor dem Start nahm ich reichlich Flüssigkeit zu mir. Die Quittung erhielt ich, indem ich nach etwa 20 Meilen dringend eine Toilette brauchte. Mir war klar, dass ich es nie und nimmer weitere 20 Meilen aushalten würde. Trotzdem verkniff ich es mir. Irgendwann hatte mein Bedürfnis eine solche Dringlichkeit bekommen, dass ich nur noch mit gekreuzten Beinen auf dem Schlitten stehen konnte. Ich kam zu dem Schluss: »So geht das nicht.«

Mit Dan hatte ich dieses spezielle Thema schon einmal besprochen, allerdings mehr oder weniger im Spaß. Er meinte, wenn ich das Bedürfnis hatte, mich zu »entleeren« – das war sein Ausdruck, nicht meiner –, sollte ich einfach die Hosen hinunterlassen und mein Geschäft machen. Das war das erste und einzige Mal in meinem Leben, dass ich wünschte, als Mann geboren worden zu sein. In technischer Hinsicht wäre dieses Unterfangen erheblich leichter zu bewältigen gewesen.

Wir befanden uns gerade auf einem unkomplizierten Streckenabschnitt. Dan hatte vor kurzem eine Pause eingelegt und fuhr daher hinter mir. Ich fragte ihn über Funk: »Kommt in absehbarer Zeit ein Anstieg?«

»Ungefähr hundert Meter vor dir. Erstreckt sich über etwa eine halbe Meile.«

»Ist jemand hinter mir?«

»Sehen kann ich keinen.«

»Könntest du schon mal vorfahren?«

»Warum denn?«

»Darum.«

»Wie jetzt, darum?«

»Dan, ich muss mal pinkeln.«

»Oh!«

Sein Schneemobil heulte auf und knatterte an mir vorbei. Während ich mich der Prozedur des Entkleidens widmete, hatte ich nur eine einzige Sorge: dass ich stürzte und mit bloßem Hintern durch den Schnee gezerrt wurde. Doch hatte ich eine andere Wahl? Ich konnte keine wertvolle Zeit inmitten eines Rennens verschwenden. Eilig, aber dennoch vorsichtig begann ich, mich meiner Kleidung zu entledigen. Binnen kurzem hatte ich mich bis auf den einteiligen Body und schließlich völlig freigemacht.

Unverzüglich erleichterte ich mich, um mich anschließend befreit wieder anzukleiden. Aus dem Augenwinkel nahm ich eine Bewegung wahr, wandte den Kopf zur Seite und sah einen Schlitten an mir vorbeiziehen. Er überquerte den Kamm und fuhr den Abhang hinunter. Ich habe nie erfahren, ob der andere Musher weiblich oder männlich war. Dankenswerterweise besaß er oder sie jedenfalls genug Anstand, sich nie öffentlich darüber zu äußern.

In den darauffolgenden Tagen standen lange Bergetappen an. Die Temperaturen stiegen allmählich an, wodurch der Schnee matschig wurde und den Schlitten bremste. Immer, wenn wir an einen Anstieg kamen, sprang ich ab und rannte. Das war zwar harte Arbeit, aber damit ersparte ich meinen Hunden die Anstrengung, zusätzlich mein Gewicht durch den pappigen Schnee zu ziehen.

Während ich am dritten Biwakplatz alle notwendigen Arbeiten verrichtete, machte mir wieder einmal die Kälte zu schaffen, so dass ich meine Finger durch ein Paar zusätzliche Handschuhe schützte. Infolge der Erfrierungen werden meine Hände bei Kälte immer anfällig sein. Dan kam auf mich zu und verkündete: »Ich habe eine gute Nachricht für dich. Du kannst heute Nacht in einem Schuppen schlafen. Ein paar andere Musher richten sich dort schon häuslich ein. Ich habe dir einen Platz am Boden reserviert, direkt neben der Feuerstelle.«

Die Aussicht auf einen behaglichen Schlafplatz war einfach göttlich. Während ich die Hunde ausführte, stellte ich mir den warmen Herd und das prasselnde Feuer vor, die mich erwarteten. Nachdem ich die Hunde gebettet hatte, fand ich Dan am Lagerfeuer. Er zeigte mir den Schuppen. Ich breitete meine Ausrüstung und meine Kleidung in der Nähe des Feuers aus, damit alles trocknen konnte. Am liebsten hätte ich mich auf der Stelle hingelegt, aber es galt zuvor noch ein Bankett und eine weitere Runde Interviews zu überstehen. Bereits den fünften Abend in Folge wurde Lasagne serviert. Ich mag Lasagne zwar ausgesprochen gern, aber fünfmal hintereinander – das war selbst mir zu viel.

Nach dem Bankett nahm ich eine Stirnlampe, führte die Hunde nochmals aus und massierte die Tiere. Die meiste Fürsorge brauchte Dot. Nachdem ich sie gebettet hatte, kleidete ich ihr Lager zusätzlich mit Stroh aus. Danach konnte ich mich endlich hinlegen. Ich ging in den Schuppen, stieg über die bereits lautstark schnarchenden Musher und stolperte zu meinem Schlafplatz. Vermutlich war ich schon eingeschlafen, bevor mein Kopf auf die zusammengerollte Hose sank, die mir als Kissen diente.

Unvermittelt wachte ich auf. Das Feuer war bis auf ein

kleines Glutbett heruntergebrannt. An der Tür sah ich einen Schatten und nahm an, dass es Dan war, der gerade nach draußen ging. Ich schätzte, dass es etwa sechs Uhr morgens war – höchste Zeit aufzustehen. Doch bei den anderen rührte sich noch nichts. *Selbst schuld,* dachte ich. *Sollen die Schlafmützen doch pennen. Ich mach mich jedenfalls auf den Weg.*

Ich zog mich an und verstaute meinen Schlafsack. Als ich meine Kleidung einsammelte, stellte ich verwundert fest, dass sie noch feucht war. Nach einer Nacht direkt neben dem Feuer sollte sie eigentlich getrocknet sein. Aber ich dachte nicht weiter darüber nach, sondern zog einfach trockene Sachen an und packte die nassen ein. Auf dem Weg hinaus gab ich mir große Mühe, niemanden zu wecken. Leise stieg ich über die Schlafenden. Draußen war es kalt. Am Himmel funkelten die Sterne. Mit meiner Stirnlampe hielt ich Ausschau nach Dan. Bei den Hunden war er nicht zu sehen. Ich lud mein Gepäck auf den Schlitten, erledigte alles Notwendige und gab den Hunden Wasser. Sie rührten sich nicht vom Fleck, was wirklich seltsam war, denn normalerweise strecken sie sich am Morgen ausgiebig und haben großen Hunger und Durst.

Das Lagerfeuer brannte noch, und ich hörte Stimmen. Vielleicht war Dan ja dort und frühstückte gerade. Als ich hinüberging, begrüßte man mich freundlich. »Hallo, Rachael. Komm doch her und setz dich ein Weilchen zu uns.«

Eine Frau stand auf und umarmte mich: »Ich bewundere dich wirklich. Ich glaube, ich könnte so etwas nicht. Du bist ein echtes Vorbild für mich.«

»Danke«, murmelte ich verlegen und wusste nicht so recht, was ich sonst noch sagen sollte. Ich setzte mich zu den Helfern und Organisatoren und plauderte mit ihnen. Als nach einer halben Stunde immer noch nichts von Dan zu sehen war, fragte ich schließlich: »Sagt mal, hat jemand von euch Dan gesehen?«

»In letzter Zeit nicht mehr.«

»Wann denn zuletzt?«

»So um Mitternacht herum.«

»Wie spät ist es denn?«

Einer der Männer schaute auf seine Uhr und sagte: »Es ist vier vor eins.«

»Entschuldigt mich.« Ich sprang auf.

»Bleib doch noch.«

»Setz dich doch wieder.«

Ich flitzte zum Schlitten, zerrte meine Ausrüstung heraus und kehrte in den Schuppen zurück. Dort nahm ich meinen Schlafsack heraus, hängte die nassen Sachen erneut zum Trocknen auf und schürte das Feuer. Ich fiel in meinen Schlafsack, wo mich Dan scheinbar eine Minute später wach rüttelte.

Als ich aus dem warmen Schuppen trat, sah ich, dass der Himmel von Osten her allmählich heller wurde. Es war bitterkalt. Doch die bevorstehende Etappe über 30 Meilen war blanke Routine. Mit meinem Gespann würde sie wie ein besserer Trainingslauf sein. Wir hielten unsere Position. Schließlich stand schon der letzte Tag an – ein bescheidener Abschnitt von zwölf Meilen. Ein Fernsehteam hatte sich angemeldet, mich zu begleiten. Dan wies sie eindringlich darauf hin, einen angemessenen Abstand zu halten und mich unterwegs nicht zu behindern. Er erklärte: »Ich will nicht, dass Ihr Schneemobil die Hunde verschreckt.«

»Kein Problem«, versicherte der Fahrer des Schneemobils.

Bereits kurz nach dem Start kam uns das Kamerateam im Pulverschnee so nahe, dass meine Hunde scheuten und vom Weg abkamen. Beruhigend redete ich auf mein hechelndes Gespann ein: »Es tut ihnen leid. Sie wollten euch nicht erschrecken.«

Freilich waren meine Worte in erster Linie für menschliche Ohren bestimmt, doch das Filmteam schenkte ihnen keine Beachtung. Im Gegenteil, sie wurden immer zudringlicher, bis einer meiner Hunde schließlich über die Hauptzugleine sprang, um ihnen zu entkommen. Ich musste daraufhin den Schneeanker setzen und das Geschirr entwirren. An dieser Stelle verlor ich die Beherrschung. »Haltet endlich Abstand!«, fuhr ich die Fernsehleute an. Eine Zeitlang taten sie das sogar, doch kurz darauf rasten sie wieder heran, um noch mehr Nahaufnahmen einzufangen.

Ich konnte kaum noch reden, versuchte aber trotzdem, mir Gehör zu verschaffen, und rief: »Lasst mir doch mehr Platz!«

Das Ziel lag unmittelbar vor uns. Ich würde es schaffen. Ich würde als jüngste Musherin und als erste Blinde ein Hundeschlittenrennen über 500 Meilen vollenden. Das war die Krönung. Darauf hatte ich so lange hingearbeitet. Ich hatte zahllose Trainingsmeilen mit den Hunden absolviert; war gelaufen, um fit zu werden; so viele Freunde und Anhänger hatten mich auf meinem Weg unterstützt. Mit diesem Rennen konnte ich allen Zweiflern beweisen, dass ein blindes Mädchen sehr wohl im Hundeschlittensport mithalten konnte.

Aber am allermeisten dachte ich an Dad. Ich wusste, wie stolz er in diesem Moment sein musste. Ich hatte etwas geschafft, das ihm nicht vergönnt gewesen war. Sicher war es mein großer Tag, aber in gewisser Hinsicht auch seiner.

Das nervende Kamerateam kam noch ein letztes Mal herangerauscht, doch es störte mich nicht mehr, als ich die Ziellinie überquerte. Die Menge am Zieleinlauf bejubelte meine Ankunft. Ich bedankte mich mit einem strahlenden Lächeln und winkte.

Dann war alles vorüber. Leute klopften mir auf den Rücken. Dad schloss mich fest in seine Arme. »Ich bin so stolz auf dich, Liebes.« Und schon war er wieder weg, verschwunden in der Menschenmenge, die sich um mich drängte. Die Gastfamilien, bei denen wir übernachtet hatten, gratulierten mir. Jugendliche riefen in Sprechchören meinen Namen. Reporter redeten ohne Unterlass und hielten mir ihre Mikrofone vor die Nase. Kameras klickten. Alles wurde auf Video gebannt.

Falls das alles gewesen sein sollte, falls ich nie wieder einen Sieg feiern, nie wieder unter Anstrengungen ein selbst gesetztes Ziel erreichen sollte, werde ich mein Lebtag von diesem Zieleinlauf in Wyoming zehren. Das war ein Gefühl, wie ich es mir erhebender nicht vorstellen kann.

Doch nein, ich muss mich korrigieren. Ich habe das Iditarod-Rennen ins Visier genommen. Ich werde mich erst zufriedengeben, wenn ich in Nome die Ziellinie überquere.

Aber nein, auch damit werde ich mich nicht begnügen. Der Hundeschlittensport ist mein Leben. Ein Ende ist dabei nicht in Sicht. Niemals.

15

Atta Boy

Das Wyoming-Rennen hatte mir mehr abverlangt, als ich zunächst annahm. Nach meiner Heimkehr nach Zentral-Oregon verspürte ich die Auswirkungen der enormen Kraftanstrengung – in Form einer schweren Erkältung und eines Gewichtsverlustes von fast sieben Kilogramm. Vielleicht sollte ich nach meinen Erfahrungen von Wyoming einen Ratgeber schreiben: *Gebrechlich und schwach durch 500 Meilen mit dem Hundeschlitten.*

Meine beiden Knie musste ich ununterbrochen kühlen. Sie waren von den zahllosen Stürzen während des Rennens geschwollen und verfärbt. Meine Schulter schmerzte noch immer, heilte jedoch allmählich aus. Beim Strecken spürte ich seitlich im Oberkörper eine merkwürdige Steife.

Ich zog mein T-Shirt hoch und entdeckte einen faustgroßen, dunkelvioletten Bluterguss. Bei Berührung verschoben sich mehrere Rippen. Rippen sollten sich nicht verschieben lassen. Es schmerzte beim Drehen des Oberkörpers, wenn ich tief Luft holte und besonders beim Lachen. Doch insgesamt akzeptierte ich den desolaten Zustand, immerhin war ich nun die jüngste Musherin, die je ein Hundeschlittenrennen über 500 Meilen vollendet hatte.

Die Laufsaison begann, und ich kämpfte noch immer mit meinen schmerzenden Knien und lädierten Rippen. Meine Zeiten im 3.000- und 1.500-Meter-Lauf waren schlechter als je zuvor. Sosehr ich mich auch abmühte, ich wurde nicht schneller.

Ich schob mein schlechtes Abschneiden zunächst auf die Verletzungen, erkannte jedoch bald, dass sich mein Körper im Laufe des Jahres enorm verändert hatte. Ich war nicht mehr das dünne Mädchen, sondern zu einer jungen Frau herangewachsen. Mein Körper hatte sich entwickelt und war gereift; Brust und Hüften hatten sich gerundet. Meine Zeiten als vielversprechendes Lauftalent waren ein für alle Mal vorüber. Das war für mich ehrgeizige Sportlerin nicht leicht zu verkraften.

Den ganzen Sommer über lief und trainierte ich, doch beim Beginn der Geländelaufsaison schnitt ich genauso erbärmlich ab wie zuvor im Langstreckenlauf. Ich war bestenfalls eine mittelmäßige Läuferin; dennoch machte ich weiter, war doch das Laufen ein ausgezeichnetes Training für den Hundeschlittensport. Die Berge hinaufzurennen, brachte einen entscheidenden Vorteil gegenüber anderen Mushern, die bequem auf den Kufen stehen blieben.

Mein nächstes Ziel war ein möglichst gutes Abschneiden bei der Premiere des Schlittenhunderennens Atta Boy 300. Es war ein Etappenrennen an verschiedenen Schauplätzen Zentral-Oregons. Veranstalter und Rennleiter war mein Dad. Seit mehr als 20 Jahren hatte er davon geträumt, in Zentral-Oregon einen hochklassigen Wettkampf im Hundeschlittensport auszurichten. Mit dem Produzenten von Nahrungsergänzungsmitteln American Nutrition und dem Futtermittelhersteller Atta Boy Dog Food als Sponsoren und der Unterstützung durch ein kleines Heer von Freunden und engagierten Ehrenamtlichen schaffte Dad die Grundlagen dafür, dass sein Traum endlich Wirklichkeit wurde. Es sollte eine von lediglich sechs durch den Internationalen Verband für Hundeschlittensport (IFSS) zugelassenen Weltcup-Veranstaltungen werden. Wenn alles lief wie geplant, würde das Atta Boy 300 die berühmtesten Musher der Welt anziehen und zum wichtigsten US-Hundeschlittenrennen außerhalb Alaskas werden.

Das Rennen bestand aus acht separaten Etappen an Schauplätzen nahe Bend, Sisters, Prineville, LaPine und Sunriver. Jede Gemeinde würde die Musher mit öffentlichen Banketten willkommen heißen, und ortsansässige Familien hatten sich bereiterklärt, die Musher in ihren Häusern zu beherbergen.

Das Rennen würde nicht nur die unterschiedlichsten Menschen zusammenbringen und die Schönheit sowohl des Schlittenhundesports als auch Zentral-Oregons zur Schau stellen, sondern trug gleichzeitig den Untertitel »Race for Vision« und sollte das Thema Sehstörungen ins öffentliche Bewusstsein rücken. Ich sollte als Sprecherin des Rennens fungieren und verschiedene Augenspezialisten dafür gewinnen, kostenlose Sehtests, Augenuntersuchungen und Brillen für alle Bedürftigen in Zentral-Oregon anzubieten.

Dieser Herbst hatte es wahrlich in sich. Ich musste meinen Pflichten als Sprecherin gerecht werden, die Hunde trainieren und etwas für die Schule tun. Endlich kam der Tag des feierlichen Eröffnungslaufes des ersten Atta Boy 300, und ich war erleichtert. Das Ereignis fand in einer Ortschaft namens Government Camp am Mount Hood statt. Das ist nur eine Autostunde von Portland entfernt und ist für Medienvertreter von Zeitung und Fernsehen aus Portland leicht zu erreichen.

Es goss wie aus Kannen. In Zentral-Oregon haben wir im gesamten Jahr nicht so viel Niederschlag wie an jenem Nachmittag am Berg. Doch die Journalisten aus dem weiter westlich gelegenen Portland waren Regen gewöhnt und nahmen die Situation gelassen. Sie stapften durch den Schneematsch und hielten Mikrofone und Kameras auf mich gerichtet. Ich versuchte, Begeisterung und gute Laune auszustrahlen, während ich bis auf die Knochen durchweichte. Ich beobachtete, wie Libby Riddles, unser »Race Marshal« und erste weibliche Gewinnerin des Iditarod-Rennens, mit den Medien umging, und versuchte, es ihr gleichzutun. Sie war schon immer mein großes Vorbild gewesen und an diesem Tag eine enorme Hilfe für mich.

Jeder Musher bekam für den zwei Meilen langen feierlichen Eröffnungslauf einen Sponsor oder eine wichtige Persönlichkeit als Passagier zugeordnet. Mein Mitfahrer war Steve Mills, Marketing- und Vertriebschef bei

American Nutrition, der Muttergesellschaft von Atta Boy Dog Food. Ohne Steve, der das finanzielle Engagement von American Nutrition als Titelsponsor vorantrieb, wäre das Rennen nie in Gang gekommen. Ich wollte, dass unser Lauf ohne Zwischenfälle verlief, aber trotzdem Spaß machte.

Matt DiFrancesca, der im Jahr zuvor in Wyoming mein Hundeführer war, erklärte sich bereit, bei diesem Lauf mit dem Schneemobil vorauszufahren und als mein sehender Begleiter zu fungieren. Als ich jedoch die sechs Hunde anschirrte, fasste ich den Entschluss, an jenem Tag ohne Matt auf dem Schneemobil auszukommen. Stattdessen würde Steve mir das Augenlicht ersetzen. Diese Entscheidung erwies sich jedoch als großer Fehler.

Weniger als eine Meile nach dem Start übersahen Steve und ich eine Streckenmarkierung. Wir bogen falsch ab und landeten auf einer Skipiste. Mein Schlitten preschte über ein Paar Skier eines Skiläufers. »Vorsicht!«, schrie ich. Meiner Ansicht nach war es wesentlich einfacher für ihn, uns auszuweichen, als einen Schlitten mit sechs Hunden davor und zwei Personen darauf zu manövrieren. Wir kamen an einer Skihütte und einem Lift vorbei.

»Vielleicht haben wir uns ja verfahren«, mutmaßte Steve.

Niemand hatte etwas von Skiläufern, einer Hütte oder einem Skilift gesagt. Wir befanden uns definitiv auf dem falschen Weg. Ich schämte mich entsetzlich für diesen Patzer und setzte umgehend den Schneeanker. Ich bat Steve, vom Schlitten zu klettern, ganz nach vorn zu den

Hunden zu gehen und das Gespann zu wenden. Kaum hatte er wieder im Schlitten Platz genommen, schossen wir auch schon von dannen, woraufhin die Skifahrer auseinanderstoben wie eine Schar Hühner.

Wieder auf dem richtigen Weg angekommen, versuchten die Hunde, in die falsche Richtung zu laufen. Erneut kam der Schneeanker zum Einsatz, und Steve musste das Gespann wenden. Lachend erklärte ich ihm, dass so etwas im Hundeschlittensport andauernd vorkäme, insgeheim fragte ich mich jedoch besorgt, ob Steve möglicherweise gerade erwog, die Sponsorengelder einzufrieren. Aber er war zum Glück kein Spielverderber, und wir erreichten tatsächlich das Ziel. Ich war völlig durchnässt, müde und wütend auf mich. Zudem stand mir noch eine vierstündige Fahrt nach Bend zur Eröffnungszeremonie bevor.

Während dieser Veranstaltung durfte ich die Nationalhymne singen. Durchnässt und verfroren traf ich nicht immer den richtigen Ton. Aber die Menge unterstützte mich und sang kräftig mit. Anschließend hielt ich als Sprecherin des »Race for Vision« eine kurze Ansprache. Anschließend lauschte ich in der Kälte einer langen Reihe von Rednern, die diesem und jenem ihren Dank aussprachen. Ich wünschte mir nichts sehnlicher, als endlich dieser Kälte zu entfliehen, meine nassen Sachen auszuziehen und in ein warmes Bett zu kriechen.

Die erste Etappe der Premiere des Atta Boy 300 fand am Mount Bachelor statt und erstreckte sich über 45 Meilen. Start und Ziel lagen am Nordic Center. Unterwegs hatte ich ein paar Schwierigkeiten. Sonst boten wir für Touristen am Mount Bachelor normalerweise Runden über sieben Meilen an. So waren meine Leithunde Gus und Abrahams der festen Überzeugung, dass sie nach sieben Meilen eine Pause samt Belohnung verdient hatten. Demzufolge musste ich alle sieben Meilen die Leithunde wechseln, was natürlich enorm lästig und ärgerlich war.

Als wären das nicht der Probleme genug, vergaßen drei meiner Hunde, Hank, Willie und Mickey, vollkommen, dass sie zu Schlittenhunden ausgebildet worden waren, um Rennen zu laufen. Diese drei waren nach Baseball-Stars benannt, weil sie als Welpen so überaus sportlich wirkten. Wir nannten sie daher die Baseball Brothers. Während dieses Rennens gewann jedoch ihr animalischer Instinkt die Oberhand – die gerade läufig gewordene Ginger hatte es ihnen angetan.

Immer wieder ermahnte ich sie: »Jungs, benehmt euch anständig.« Mehrfach musste ich anhalten und ihr Geschirr entwirren. Dieses Rennen hatte ich mir wahrlich anders vorgestellt.

Nach etwa 35 Meilen versagten schließlich Devers die Kräfte, und ich war gezwungen, sie in den Schlitten zu nehmen. Normalerweise ist sie ein großartiger Hund, doch das war einfach nicht ihr Tag. Ein Fotograf vom *Bulletin* aus Bend schoss ein Bild von Devers, auf dem nur ihr Kopf aus dem Schlitten herausschaut. Dieses Foto, auf dem sie wirklich ganz allerliebst aussieht, erschien auf der Titelseite des Sportteils. Das stimmte mich wieder etwas versöhnlicher.

Da es regnete, musste der Start zur zweiten Etappe über 49 Meilen wegen Schneemangels in höhere Regionen verlegt werden. In der Nacht zuvor hatte ich kaum geschlafen, weil ich mir Sorgen um Ginger und diese dusseligen Baseball Brothers machte. Wir schafften zwar den Start, kamen jedoch nicht weit, da die Baseball Brothers die gleichen Eskapaden vollführten wie am Tag zuvor. Es war ein einziger Kampf. Alle paar Meilen musste ich anhalten und ihr Geschirr richten, später nach jeder Meile und schließlich schon nach wenigen hundert Metern. Einmal hatte ich den Schneeanker gesetzt und war kaum fertig mit dem Entwirren, als der Haken sich aus dem matschigen Schnee löste. Ich konnte gerade noch meine Hand ausstrecken und bekam den Schlitten im letzten Moment zu fassen, bevor er umkippte.

In diesem Moment überholte uns Melanie Shirilla, eine gute Freundin und ausgezeichnete Musherin. Sie rief zu mir herüber: »Sag etwas Positives!«

Ich nahm sie zwar nur ganz vage wahr, rief ihr jedoch zu: »Du siehst einfach umwerfend aus!« Und schon war sie im aufgewirbelten Schnee verschwunden. Ich musste über diese komische Begegnung herzhaft lachen und stand wieder auf. Ein Gutes hatte sie in jedem Fall: Meine Hunde – sogar die Baseball Brothers – nahmen endlich ihre Plätze ein und gingen zur Teamarbeit über. Die nächsten zehn Meilen absolvierten wir wie im Fluge. Eben noch hatte ich die 30 langsamsten Meilen meines Lebens zu erdulden, gefolgt von den zehn schnellsten. Das soll einer verstehen.

Die dritte Etappe des Atta Boy 300 erstreckte sich über 45 Meilen durch eine der schönsten Landschaften dieser Erde: von Sisters zum Mount Bachelor. Die schneebedeckten Gipfel der Three Sisters sind am westlichen Horizont zu sehen, und die Landschaft wechselt zwischen weitläufigen Wiesen und dichten Kiefern- und Fichtenwäldern. Angesichts der steilen Berge und tiefen Schluchten gibt es immer wieder starke Höhenunterschiede zu überwinden.

Ich besprach mit Dad, ob wir Ginger aus dem Gespann nehmen sollten. Jeder Musher tritt mit 16 Hunden an und kann pro Lauf maximal zwölf Tiere einsetzen. Ich hatte bisher immer nur zehn Hunde eingesetzt, damit ich genügend unverbrauchte Tiere zum Auswechseln hatte. Ginger gehörte einerseits zu meinen besten Hunden, lenkte jedoch derzeit sämtliche Rüden im Gespann extrem ab. Es war eine schwierige Entscheidung, aber ich beschloss, auf sie zu verzichten.

Als wir am Morgen starteten, waren die Hunde wie ausgewechselt und taten alles, was ich von ihnen verlangte, zu meiner vollsten Zufriedenheit. Ich hatte also die richtige Entscheidung getroffen, Ginger auszumustern. Ich freute mich auf die Etappe. Kaum hatte ich mein Tempo gefunden, vernahm ich Matts Stimme über Funk: »Scharfe Rechtskurve voraus.« Duchess, ein exzellentes Tier, fungierte als Leithund. »Gee«, rief ich ihr zu, und sie bog brav rechts ab. Ich steuerte den Schlitten durch die enge Kurve. Fantastisch, dachte ich, wir holen Unmengen von Zeit raus. Vielleicht konnte ich sogar aus dem Mittelfeld in die vierte Etappe starten, möglicherweise sogar aus dem vorderen Drittel. Wir sausten nur so dahin.

»Rechts ranfahren und anhalten«, ertönte plötzlich Matts Stimme aus dem Funkgerät.

»Wie jetzt, rechts ranfahren? Das ist ein Rennen. Ich kann jetzt nicht anhalten!«

»Tu es einfach.«

Ich bremste und setzte den Schneeanker, sobald das Tempo es zuließ. Einen Augenblick später kam Matt hinzu. »Hoffentlich hast du einen triftigen Grund für diesen Stopp«, begrüßte ich ihn.

Beim Abbremsen stotterte sein Schneemobil und ging schließlich aus. »Das ist ein echtes Problem. Ich kann das Ding hier kaum am Laufen halten.«

»Kannst du es reparieren?«

Warren Palfry kam auf uns zu und verlangsamte sein Tempo. Er stammt aus Yellow Knife aus den kanadischen Nordwestterritorien und kennt sich mit launischen Schneemobilen bestens aus. »Der Motor ist überhitzt. Packt Schnee ringsherum zum Kühlen«, rief er.

Eine halbe Stunde lang saßen wir fest. Matt versuchte immer wieder, das bockige Gefährt zu starten, während uns laufend andere Gespanne überholten. Schließlich schlug Matt vor: »Ich laufe einfach zurück und besorge ein anderes Schneemobil.«

»Damit wir eine ganze Stunde verlieren – völlig ausgeschlossen. Steig auf. Wir fahren zu zweit.«

Matt hievte das schwere Schneemobil an den Wegesrand, ergriff sein knapp 23 Kilogramm schweres Gepäck und warf es auf meinen Schlitten, der nebenbei bemerkt lediglich acht Kilo wiegt. Dann stellte er sich mit seinen 86 Kilogramm hinter mich auf die Kufen und fädelte seine Arme um mich herum, um sich am Haltebügel festzuhalten. Ich zog den Schneeanker, und wir fuhren los. Kurze Zeit später war uns klar, dass wir auf diese Weise keinesfalls die verbleibenden 40 Meilen bis zum Mount Bachelor bewältigen würden. Deshalb stellte sich Matt auf die linke Kufe und ich auf die rechte. So hockten wir wie zwei Vögel auf einer Telefonleitung bei Windstärke zwölf. Wir gaben uns redlich Mühe, das Gleichgewicht zu halten, damit wir nicht vom Schlitten fielen oder versehentlich auf die Bremse traten. Dann verfehlten wir eine Kurve und kippten um. Meine Schneehose wurde mir förmlich vom Leib gerissen, so dass die Jeans zum Vorschein kamen, die ich darunter trug. Um zu vermeiden, dass meine Jeans nass wurden, wenn wir noch einmal umstürzten, versuchte ich, mit einer Hand die zerfetzte Schneehose zusammenzuhalten, und hielt mit der anderen den Haltebügel umklammert. Doch wir kamen immer wieder zu Fall. Die Anstiege rannte ich hinauf und hielt dabei stets die lästige Schneehose fest. Als wir eine Bergkuppe erreicht hatten, hielt ich an.

»So ein Unsinn«, sagte ich und zog die Überreste meiner Schneehose aus. Danach gab ich den Hunden eine Kleinigkeit zu fressen und eine Belohnung, um ihren Energiehaushalt stabil zu halten. Auf den nächsten Meilen waren technisch sehr anspruchsvolle enge Kurven und steile Anstiege zu erwarten.

»Jetzt wird es lustig«, sagte ich zu Matt. Wir schossen los, stießen aneinander, taumelten und hampelten wie wild herum. Wahrscheinlich sahen wir aus wie in einer Filmkomödie der Marx Brothers. Ich musste lachen, und Matt stimmte ein. So fuhren wir wie ausgelassene Kinder dahin und hatten eine Menge Spaß.

35 Meilen nach dem Start trafen wir auf einen Schneemobilfahrer. Nachdem wir ihm unsere missliche Lage geschildert hatten, stellte er Matt freundlicherweise sein Schneemobil zur Verfügung. Dadurch gelangten wir so

ins Ziel, wie wir gestartet waren – Matt mit dem Schneemobil und ich allein auf dem Schlitten. Der hilfsbereite Schneemobilfahrer nahm nach dem Rennen sein Fahrzeug wieder in Empfang.

Beim Start zur vierten Etappe bei Prineville in der Big Summit Prairie hatte ich den allerletzten Platz inne. Ich hasste die schwarze Weste, die der langsamste Teilnehmer des Vortages überstreifen musste. Ich würde somit als Erste starten und schwor mir, dass mich niemand überholen würde. Das sollte mein Tag werden.

Ich stellte mein bestes Gespann zusammen: Dugan, Duchess und Vampire waren meine erfahrensten Leithunde und Joe eine angemessene Unterstützung. Vampire, ansonsten ein großartiger Leithund, übernahm nicht gern vom Start weg die Führung. Ich hatte vor, diese vier Hunde unterwegs auszutauschen, damit ich stets unverbrauchte, lauffreudige Leithunde hatte. Selbst die Baseball Brothers zeigten sich kooperativ, und so kamen wir bei strahlend blauem Himmel bestens voran.

Matt sagte die Meilenmarken an. Als er Meile 30 nannte, frohlockte ich. *Prima, ich laufe jeden Berg hinauf, wir kommen ausgezeichnet voran, das Gespann harmoniert prächtig, und niemand hat uns bislang überholt.* Wir erreichten den Gipfel bei Pisgah. Vor uns lagen etliche scharfe Kurven, vor denen mich Matt gewarnt hatte. Wir nahmen sie in Angriff, und der Schlitten schlängelte sich mit einer Leichtigkeit hindurch, dass ich kaum etwas dazu tun musste. Die letzten fünf Meilen ging es bergauf. Ich hatte mir fest vorgenommen, den gesamten Weg zu laufen. Am Fuße des Anstiegs sprang ich also ab und rannte los.

Ungefähr auf halber Strecke holte mich Gwen Holdmann ein. Es schmerzte, überholt zu werden, da ich wirklich alles gab. Trotzdem freute ich mich für sie und fand mich innerlich mit dem zweiten Platz ab. Doch auch das sollte nicht sein. Ich kam als Sechste von 24 Gespannen ins Ziel und hatte dennoch ein gutes Gefühl dabei. Meine Hunde und ich hatten unser Bestes gegeben und die meiste Zeit das Feld angeführt.

Als ich die Hunde versorgte und dabei alle gründlich untersuchte, stellte ich fest, dass Duchess ein geschwollenes Fußgelenk hatte. Die Schwellung wurde innerhalb von Minuten immer stärker. Ich war sehr bedrückt angesichts dieser Verletzung und ärgerte mich kolossal, dass ich sie nicht früher bemerkt hatte. Meine Erschöpfung und der verpasste Sieg taten ein Übriges. Ich fing an zu weinen und konnte kaum wieder aufhören.

Jacques Philip, ein ursprünglich aus Frankreich stammender, sehr angesehener Musher, der jetzt in Alaska lebt, sah sich Duchess' Fußgelenk genauer an. Er gab mir eine kleine Tube mit einer, wie er sagte, sehr wirkungsvollen entzündungshemmenden Salbe. Er empfahl mir, die Verletzung damit zu behandeln und einen Verband anzulegen, damit Duchess das Mittel nicht ableckte. Er versicherte mir, dass der Zustand sich bis zum Morgen erheblich bessern würde und Duchess in ein bis zwei Tagen wieder als Leithund einsatzfähig war.

Ich befolgte Jacques' Empfehlungen. Ich massierte das verletzte Fußgelenk, trug noch eine Schicht Salbe auf und bedachte Duchess mit reichlich Zuwendung und Streicheleinheiten. Am nächsten Tag, es war die Etappe am Newberry Crater, musterte ich sie aus. Gus und Abrahams verfielen wieder in ihre Marotte, nur sieben Meilen am Stück zu laufen und dann eine Rast einzufordern. Die Baseball Brothers fanden das Tempo nicht schnell genug, begannen, sich zu langweilen, und versuchten, miteinander zu spielen. Infolgedessen zerrten sie das ganze Gespann immer mit umher. Ich musste sie permanent entwirren. Einen denkwürdigen Moment erlebte ich am Kraterrand. Ich stellte fest, dass ich an exakt dieser Stelle schon einmal gestanden hatte – im Trainingslager mit der Geländelaufmannschaft.

Die Schlussetappe am Samstag fand am Mount Bachelor statt und erforderte in der Nacht zuvor eine Biwak-Übernachtung. Ich schirrte das Gespann aus, tränkte und fütterte die Hunde und legte Stroh aus, damit sie es warm und gemütlich hatten. Als sich Schaulustige die Hunde ansehen wollten, wurden die ohnehin scheuen Baseball Brothers nervös. Ich zog meine Thermojacke aus, deckte sie damit zu und schichtete um sie herum Stroh auf, damit sie vor den Blicken Neugieriger geschützt waren. Ich schüttelte meinen Biwaksack aus, knuddelte Duchess ein Weilchen und ging dann hinüber zur Skihütte auf einen Plausch mit den anderen Mushern.

Als ich aus der Hütte kam, war es dunkel und schneite. Unter solchen Bedingungen kann ich so gut wie nichts sehen. Ich gebe ungern zu, dass es mir zunächst nicht gelang, mein Gespann zu finden. Ich stolperte über mehrere andere Gespanne, die zusammengerollt dalagen und mit Schnee bedeckt waren, bevor ich endlich meine Hunde und den Lagerplatz fand. Nachdem ich die Hunde ausgeführt hatte, kroch ich in meinen Biwaksack, schmiegte mich an Duchess und schlief sofort ein.

Ich wachte auf, weil mir kalt war. Mein Schlafsack sollte eigentlich bis minus 25 Grad Celsius warm halten, trotzdem fror ich erbärmlich. Ich tastete nach dem Reißverschluss und musste feststellen, dass er defekt war. Dumm gelaufen! Oben am Berg konnte ich ein paar schwache Lichter ausmachen und vermutete, dass es Pistenwalzen bei der Arbeit waren. Ich stand auf und tränkte die Hunde. Vor einem Rennen achte ich stets auf einen optimalen Wasserhaushalt. Meine Hunde sollen energiegeladen sein, nicht träge nach einer zu üppigen Mahlzeit. Nachdem ich die Hunde versorgt hatte, ging ich zur Hütte hinüber in der Hoffnung, dass sie geöffnet sei. Ich hatte vor, mich drinnen am prasselnden Feuer zu wärmen, doch die Tür war verschlossen. Also blieb mir nichts anderes übrig, als einen Spaziergang zu machen. Es kam mir vor, als wäre ich stundenlang herumgelaufen, bis sie mich endlich einließen.

Der letzte Renntag begann vielversprechend mit blauem Himmel und Sonnenschein. Ich nahm mir vor, an allen Anstiegen zu laufen und einen starken Endspurt hinzulegen. Meine Kleidung bestand aus mehreren dünnen Lagen, die ich nach Bedarf ablegen konnte, sobald es wärmer wurde und ich mich körperlich betätigte.

Bestandteil der Etappe war unter anderem die Strecke, auf der ich gelernt hatte, einen Hundeschlitten zu steuern. Daher hatte ich eine ganz besondere Beziehung dazu. Als Leithund setzte ich wieder Duchess ein. Ich beabsichtigte, über die gesamten 30 Meilen Vollgas zu geben.

Dreieinhalb Meilen nach dem Start liegt eine Lichtung. Dort befindet sich bei den Touren, die wir für Touristen anbieten, die Wendestelle. Dort angekommen, musste ich meine Hunde unter Aufbietung aller Überredungskünste und Belohnungen zum Weiterlaufen bewegen. Nach etwa 15 Meilen verschwand die Sonne hinter einer Wolkenwand, woraufhin die Temperatur rasch absank. Trotz meiner Handschuhe bekam ich eiskalte Hände und konnte nicht mehr richtig zufassen. Damit habe ich immer wieder zu kämpfen, seit ich mir beim Rennen in Chemult Erfrierungen zuzog. Mir bleibt nichts anderes übrig, als dafür zu sorgen, dass das Blut zirkuliert. Etliche Gespanne überholten uns, wovon sich meine Hunde jedoch nicht beirren ließen. Sie trotteten weiter gemächlich dahin. Um meine Leithunde zu ermutigen, mit gutem Beispiel voranzugehen, sprang ich ab und rannte.

»Du hast soeben die Fünfundzwanzig-Meilen-Marke passiert«, teilte mir Matt über Funk mit.

Diese Information stimmte mich optimistisch. »Nur noch fünf Meilen«, erklärte ich den Hunden. Wenn es sein musste, konnte ich den Schlitten und das Gespann fünf Meilen weit ziehen. Ich redete Duchess gut zu. »Komm schon, Mädchen. Du schaffst es. Lauf ein bisschen schneller.«

»Noch drei Meilen«, kam es von Mark.

Ich lächelte. »Braves Mädchen. Los jetzt, Jungs. Keiner darf uns überholen. Na kommt schon, ihr schafft das.«

Wir kamen an eine Stelle, von wo aus es meiner Meinung nach noch zwei Meilen bis ins Ziel waren. Ich überholte Matt auf seinem Schneemobil. Er rief mir zu: »Ich habe mich vertan – das ist jetzt Meile fünfundzwanzig.«

»Was? Machst du Witze?«

»Nein. Noch fünf Meilen.«

Mein Enthusiasmus schmolz dahin wie eine Handvoll Schnee im prasselnden Feuer. Ich war durchnässt, müde, und nun überkam mich eine schwere Apathie. Mir war plötzlich vollkommen egal, ob ich bei diesem blöden Rennen überhaupt ins Ziel kam. Meine Hunde ließen sich von meiner miesen Laune anstecken und liefen noch langsamer als zuvor, so dass ich ihnen jeden Meter mühsam abringen musste.

»Du bist jetzt bei Meile sechsundzwanzig, säuselte Matt freundlich ins Funkgerät. »Noch vier bis ins Ziel.«

An dieser Stelle war bei mir der Tiefpunkt erreicht. Ich konnte seine heitere Stimme nicht mehr ertragen. Er hatte gut reden, schließlich hatte er es schön warm auf seinem Schneemobil. Um voranzukommen, musste er nichts weiter tun, als Gas zu geben – und schon schoss er los, als hätte er ein Gespann mit hundert unverbrauchten Hunden zur Verfügung.

»Ach, halt die Klappe! Halt doch einfach die Klappe, Matty«, murmelte ich leise.

Ich überquerte die Ziellinie als 24. von insgesamt 28 Gespannen. Ich versuchte, mich selbst aufzumuntern, indem ich mir sagte: *Wenigstens bist du überhaupt ins Ziel gekommen.* Doch das tröstete mich über mein schlechtes Abschneiden nicht hinweg.

Vor dem Bankett ließen sich Freunde nicht davon abbringen, mir ein wunderschönes schwarzes Kleid zu kaufen, neue Schuhe und die dazugehörige Unterbekleidung. Meine Finger- und Zehennägel wurden gleich im Geschäft rot lackiert. Alles wurde für gut befunden, und wir eilten auf direktem Wege zum Bankett. Das Einzige, wofür ich keine Zeit gehabt hatte, war eine warme Dusche, die ich mir am meisten gewünscht hatte. Da war ich nun nach allen Regeln der Kunst aufgebrezelt und roch wie ein ganzes Rudel Hunde. Aber das ist wahrscheinlich das Schicksal eines Mushers.

Die darauffolgende Laufsaison war ein einziges Fiasko. Im Geländelauf sah es nicht besser aus – ich war meist die Letzte. Doch ich lief unermüdlich und stemmte Gewichte mit einem einzigen Ziel: Ich musste stärker werden, wenn ich meine Qualifikationsrennen meistern wollte, um Chancen auf das Iditarod zu haben.

Die Schule beschnitt meine Zeit, die ich für das Training mit meinem Gespann brauchte. Wendy Davis hatte in den beiden Wintern zuvor als Fremdenführerin in unserem Schlittenhunde-Touristikunternehmen gearbeitet. Sie erklärte sich zu meiner großen Erleichterung bereit, wiederzukommen und mein Gespann zu trainieren. Als Dankeschön sollte sie die Gelegenheit bekommen, 2003 beim Atta Boy 300 mit einem zweiten Gespann zu starten.

Wendy und ich waren bereits gut befreundet. Während des Trainings an den Wochenenden und in den Schulferien entstand zwischen uns eine ganz besondere Verbindung. Wir waren beinahe wie Schwestern, außer dass wir uns nie stritten. Abends führten wir nicht nur zusammen die Welpen aus, sondern erledigten alle Pflichten gemeinsam. Manchmal saßen wir nur beisammen und redeten stundenlang. Es machte uns Spaß, unsere Zeit miteinander zu verbringen.

Vor der zweiten Auflage des Atta Boy 300 nahmen wir zwei weitere Mitarbeiter in unseren Stab auf. Terry Silbaugh war ein pensionierter Sheriff aus der Gegend von Deschutes und 30 Jahre lang Chef des örtlichen Such- und Rettungsdienstes. Er unterstützte mich als sehender Begleiter per Schneemobil. Wendy engagierte Ben Moon, einen Freund von ihr, als Hundebetreuer für uns. Damit waren wir komplett. Die Hunde waren gut trainiert und laufbereit.

Alles sah nach meinem großen Durchbruch aus. Ein gutes Abschneiden beim Atta Boy würde das Iditarod-Rennkomitee nicht einfach ignorieren können. Sie wären gezwungen, mich zuzulassen.

Das zweite Atta Boy 300 begann mit einer Etappe, die ausgesprochen unglücklich für mich lief. Wir hatten erst fünf Meilen zurückgelegt, als Terry mich über Funk vor einer scharfen Spitzkehre zur Rechten warnte. Ich nahm sie zu schnell, versuchte, den Schlitten herumzureißen, streifte dabei jedoch einen Baum. Dabei riss es den Schneeanker aus seiner Halterung. Er landete direkt auf meinem Fuß. Ich beugte mich nach vorn, um ihn aufzuheben, doch er fiel von der Kufe und verhakte sich im harten Eis. Die Leine riss. Somit stand ich fünf Meilen nach dem Start ohne Schneeanker da und hatte keine Möglichkeit, mein vorwärtsgaloppierendes Hundegespann zu stoppen.

Als wäre das nicht schon ärgerlich genug, war dieses Mal Duchess läufig. Hank, einer der berühmt-berüchtigten Baseball Brothers, verfiel ihr auf der Stelle und konnte keine Sekunde länger warten, sich mit ihr zu paaren. Ohne Schneeanker hatte ich keine Chance, das Gespann festzumachen und die beiden zu trennen. So blieb mir nichts anderes übrig, als auf die Bremse zu treten und zu hoffen, dass Hank zur Besinnung kam oder Duchess seine stürmischen Avancen zurückwies. Wenn ich vom Schlitten stieg, würde das Gespann mit hoher Wahrscheinlichkeit davonlaufen. So stellte ich mich also auf die Bremse und wartete ab, bis Hank seinem Trieb Genüge getan hatte.

Das war so ziemlich der Gipfel der Peinlichkeit, als uns in einem fort Kontrahenten überholten und scheele Blicke auf meine beiden Turteltauben warfen und Kommentare abgaben wie: »Blöd gelaufen, Mädel« oder: »Dumme Sache« oder: »Wenn ich einen Wasserschlauch finde, schick ich ihn dir.«

Am zweiten Wettkampftag setzte ich Hank als Wheel dog ein, damit er sich nicht wieder an eines der Mädchen heranmachen konnte, und behielt ihn fest im Auge. Als ich sah, wie er sich duckte, geriet ich in Panik. Als ich jedoch den Schneeanker gesetzt hatte und auf ihn zuging, zerrte er schon wieder am Geschirr und wollte loslaufen. Wahrscheinlich war er nur ausgerutscht, und ich hatte überreagiert.

Wir fuhren weiter, doch nur knapp eine Meile später tanzte Hank schon wieder aus der Reihe. Diesmal wollte ich nichts riskieren. Ich nahm Hank aus dem Gespann und setzte ihn in den Schlitten. Dort ließ er sich die Gelegenheit nicht entgehen und steckte seine Nase in den Sack mit den Leckereien. Noch ehe ich etwas bemerkte, hatte er die meisten Snacks schon aufgefuttert. Am Ende der Etappe brachte ich ihn zum Tierarzt. Er hatte einen verdorbenen Magen und wunde Füße. Es blieb mir nichts anderes übrig, als ihn vorerst auszumustern.

Am Start zur dritten Etappe wirkten meine Hunde hochmotiviert. Doch nach nur drei Meilen benahm sich Duchess vollkommen daneben. Läufig, wie sie war, blieb sie stehen, hob den Schwanz und versuchte, einen der Rüden dazu zu verführen, sich mit ihr zu paaren. Schnell entfernte ich sie aus ihrer Position als Leithund, schirrte sie ganz hinten an und setzte Ned an der Spitze ein. Kaum waren wir wieder unterwegs, fand Ned Duchess durchaus begehrenswert und kehrte auf der Stelle um – mitten durch das Gespann. Danach musste ich das vollkommen verknotete Geschirr entwirren und absolut durchgedrehte Hunde zur Ruhe bringen. Sämtliche Rüden waren jetzt scharf auf Duchess.

Erneut wechselte ich den Leithund aus, doch der Stress nahm kein Ende. Alle paar 100 Meter musste ich anhalten und eine Paarung verhindern. Ich schaute auf die Uhr und stellte fest, dass ich bereits seit drei Stunden auf der Piste war und noch keine zwölf Meilen geschafft hatte.

Während ich das Hundegeschirr wieder einmal entwirrte, nutzte Mickey die Gelegenheit und versuchte, sich mit Duchess zu paaren. Dann hatte Willie das gleiche Ansinnen. Das waren drei Brüder in zwei Tagen. »Du bist ein echtes Flittchen«, schimpfte ich und drohte den Baseball Brothers mit Kastration. Doch davon ließen sie sich nicht im Geringsten beeindrucken.

Die anderen Gespanne überholten mich auf ihrem Hinweg und sogar noch auf dem Rückweg, nachdem sie gewendet hatten. Ein Musher hielt an und fragte, ob er irgendetwas tun könne. Willie hatte Duchess gerade bestiegen.

Terry Silbaugh hatte den Motor abgestellt, saß geduldig auf seinem Schneemobil und erwiderte sarkastisch: »Vielleicht könntest du für ein wenig romantische Musik und Kerzenschein sorgen.« Erst da erkannte der Musher, was los war, und machte sich schleunigst wieder auf den Weg.

Unter Aufbietung sämtlicher Überredungskünste brachte ich das Gespann bis zum Wanoga-Wintersportzentrum. Wir trainieren unsere Hunde von einem Wintersportzentrum aus. Daher wissen sie, wenn sie Fahrzeuge sehen, dass auch der Hundetruck nicht weit sein kann, in dem ein warmes Lager und Leckereien auf sie warten. Das Gespann versuchte sofort, vom Weg abzubiegen, doch ich hielt sie zurück und überzeugte sie weiterzulaufen. Nach wenigen 100 Metern hielten sie jedoch an und weigerten sich standhaft, den Weg fortzusetzen.

Die Sonne bewegte sich schon auf die Berge zu, und wir waren inzwischen seit sechs nervenaufreibenden Stunden und 20 Meilen auf der Piste. Ich hatte sämtliche Leckereien an die Hunde verfüttert. 23 Meilen lagen noch vor uns. Ich versuchte es im Guten, klatschte in die Hände, schimpfte mit den Hunden. Es half alles nichts. Sie saßen oder lagen im Schnee und rührten sich nicht von der Stelle.

Terry kam zu mir herüber und sagte: »Wenn es nottut, würde ich hier die ganze Nacht mit dir ausharren. Aber ist dir klar, dass dies die einzige Stelle ist, an der du aussteigen kannst? Wenn du weitermachst, musst du die Runde auch beenden. So wie es jetzt aussieht, wird das wahrscheinlich bis morgen Mittag dauern, wenn wir Glück haben.«

»Ich will aber nicht aufgeben«, jammerte ich. »Ich habe noch nie in meinem Leben irgendwo aufgegeben.«

»Ich weiß. Aber Tatsache ist, dass du nur doppelt so lange auf der Piste bleiben darfst wie der Sieger, und davon bist du nicht mehr weit entfernt. Höchstwahrscheinlich wirst du ohnehin disqualifiziert.«

»Ich weiß«, fauchte ich ihn an, um mich gleich darauf zu entschuldigen. »Es tut mir leid. Das ist die schwerste Entscheidung, die ich je treffen musste.« Ich holte tief Luft. »O. K., das war's. Ich gebe auf.«

Tränen liefen mir über das Gesicht. Aufgeben war das Letzte, wonach mir der Sinn stand. Aber es war nicht fair gegenüber meinen Hunden, Terry, den Kampfrichtern und ehrenamtlichen Helfern. Ich hielt Ausschau nach Dad. Er war immer da gewesen, wenn ich ihn brauchte; mein Fels in der Brandung. Aber ich konnte ihn nirgends finden.

Ich wendete das Gespann, um zum Wintersportzentrum zurückzukehren, und die Hunde zogen mit enormer Begeisterung an. Ich rief ihnen zu: »Ihr Spinner, darauf habe ich den ganzen Tag gewartet. Was war denn los mit euch?« Im Handumdrehen erreichten wir das Zentrum. Ich spannte die Hunde aus und jammerte Ben, Wendy und Dad vor: »Sie sind einfach nicht gelaufen. Ich habe alles versucht, aber nichts hat funktioniert.«

Ich rechnete mit einer Strafpredigt von Dad, war jedoch überrascht, wie er mit der Situation und seiner eigenen Enttäuschung umging. Er nahm mich in die Arme, strich mir übers Haar und tröstete mich mit sanfter Stimme: »Ich weiß, wie es dir jetzt gehen muss. Ein Kämpfer will niemals aufgeben. Du bist eine echte Kämpfernatur. Das hast du in Wyoming bewiesen. Es tut mir leid, mein Schatz.«

Wir luden die Hunde auf und brachten sie heim nach Alfalfa, damit wir uns nur noch um Wendys 16 Hunde kümmern mussten. Während der Fahrt grübelte ich darüber nach, was geschehen war und warum ich aufgeben musste. »Es ist doch nur ein Rennen«, relativierte Wendy den Vorfall schließlich.

»Ja, nur ein Rennen«, wiederholte ich.

Am Abend schlief ich lange Zeit nicht ein. Ich war so niedergeschlagen über mein Ausscheiden. Irgendwann überwand ich mein Selbstmitleid und hörte auf, mir Vorwürfe zu machen. Ich wusste, dass es nichts mit mir zu tun hatte, und nahm mir vor, am nächsten Morgen frisch motiviert aufzustehen. Den Rest des Rennens würde ich Wendy zur Seite stehen und sie nach Kräften unterstützen. Dann schlief ich ein.

Nach dem Atta Boy 300 ging ich wieder zur Schule in Redmond. Mein letztes Schuljahr an der Highschool dauerte noch fünf Monate. Nach dem Abschluss konnte ich endlich meine gesamte Zeit und Kraft in die Vorbereitungen auf das Iditarod stecken. Danach zu urteilen, was in Zeitungen und einschlägigen Internetforen zu lesen war, hatte ich noch einiges zu tun, um mich als fähige Musherin zu beweisen. Außerdem musste ich das Organisationskomitee des Iditarod überzeugen, mir Sonderbedingungen einzuräumen, damit ich in Alaska teilnehmen konnte.

16

Der große Tag

Bei der Abschlussparty an der Highschool von Redmond am 5. Juni 2003 blieb ich nur bis Mitternacht. Ich wollte mich ausruhen und Kraft tanken für den – aus damaliger Sicht – vielleicht wichtigsten Tag meines Lebens.

Der Vorstand des Iditarod Trail Committee (ITC) kam am 6. Juni zusammen, um meinen Antrag auf die Gewährung von Sonderbedingungen für das 2004 Iditarod Trail International Sled Dog Race, so der offizielle Name des Rennens, zu erörtern. Ich hatte die Unterstützung durch zwei sehende Begleiter mit Schneemobil beantragt. Zwei waren es für den Fall, dass ein Schneemobil versagte. Mein Freund Dan MacEachen und ich würden während der Vorstandssitzung per Konferenzschaltung telefonisch mit dem Gremium verbunden sein. Dan war als einer der beiden sehenden Begleiter vorgesehen; die zweite Begleiterin war Gwen Holdmann, die persönlich an der Zusammenkunft teilnahm.

Am Tag der Besprechung saß ich morgens an einem großen Tisch im Konferenzraum der Zeitung *Bulletin* in Bend. Auf dem Tisch stand eine hohe schwarze Freisprechanlage direkt vor mir. Dad hatte unmittelbar hinter mir Platz genommen. Am anderen Ende des Tisches hatten etliche Reporter sowie ein Kamerateam des Lokalfernsehens Stellung bezogen.

Nachdem die Verbindung stand, die mich mit der Iditarod-Vorstandsversammlung verband, erkannte ich die Stimme des Vorsitzenden Rick Koch. Nachdem er Dan und mich kurz in der Konferenzschaltung begrüßt hatte, widmete er sich einigen Interna. Die Verbindung war entsetzlich schlecht. Es knisterte und rauschte, so dass die Stimmen kaum zu verstehen waren. Um das Gesagte zu verstehen, musste ich mich außerordentlich konzentrieren.

Ich gab mir größte Mühe, still zu sitzen und nicht nervös zu wirken, da der Vorstand sich in wenigen Minuten mit meinem Anliegen beschäftigen würde. Trotzdem begann ich, mit einer Haarsträhne zu spielen.

Ich rechnete nicht damit, dass der Vorstand mich ohne Umschweife für das Iditarod zulassen würde. Ich wusste, dass der fünffache Iditarod-Gewinner Rick Swenson sich unmissverständlich dagegen ausgesprochen hatte, das Regelwerk meinetwegen zu ändern. Zeitungsberichten und Informationen von Freunden war zudem zu entnehmen, dass einige Vorstandsmitglieder meine Teilnahme gänzlich in Frage stellten. Dennoch hatte ich nie den Eindruck, dass mein Ansinnen extrem umstritten war oder den Vorstand gar entzweien könnte. Immerhin gab es ein Behindertengesetz, den *Americans with Disabilities Act (ADA),* auf dessen Grundlage mir das Recht auf angemessene Hilfsmittel zustand. Somit hatte ich das Gesetz auf meiner Seite. Fairness würde über Engstirnigkeit siegen. Gesunder Menschenverstand würde sich am Ende durchsetzen. Davon war ich überzeugt. Ganz abgesehen davon würde meine Teilnahme das öffentliche Interesse erhöhen. Davon konnte das Iditarod-Rennen auf lange Sicht nur profitieren.

Ich ging davon aus, dass der Vorstand nach sicherlich lebhafter Diskussion schließlich für meinen Antrag stimmen und meine Teilnahme genehmigen würde. Endlich würde mein Traum Wirklichkeit werden. Der Traum, den ich seit meinem achten Lebensjahr träumte und der mich gestärkt hatte, wenn meine Mitschüler mich schikanierten und verspotteten. Mein Traum, der mich in der Schule, beim Laufen und auf dem Schlitten anspornte. Das Iditarod würde mich mit offenen Armen empfangen und mich in seine erwählten Kreise aufnehmen. So ungefähr stellte ich mir den Verlauf der Zusammenkunft vor. Ich war so unglaublich naiv.

Rick Koch sagte: »Rachael hat einen Antrag auf Teilnahme am Idiatrod 2004 unter Einräumung von Sonderbedingungen gestellt. Zweck dieser Besprechung ist es, Position zu diesem Antrag zu beziehen.«

Vorstandsmitglied John Handeland kam gleich zur Sache und konfrontierte mich unumwunden mit einer Reihe von Fragen. Er wollte wissen, ob ich zu Qualifikationsrennen für das Iditarod zugelassen wurde, ob mir dort Sonderbedingungen gewährt wurden und worin diese genau bestanden. Ich tat mich ein wenig schwer mit den Antworten. Einerseits war es schwierig, die Fragen rein akustisch zu verstehen, und andererseits wusste ich nicht, worauf John Handeland hinauswollte, abgesehen davon, dass er Zweifel daran hegte, dass irgendein Iditarod-Qualifikationsrennen mir überhaupt Sonderbedingungen einräumen würde. Dad flüsterte mir Hinweise ins Ohr und kritzelte Notizen auf einen gelben Zettel, den er mir hinschob. Durch diese zusätzliche Ablenkung war es mir fast unmöglich, mich zu konzentrieren. Meine Nervosität nahm immer mehr zu. Ich merkte, wie meine Hände leicht zu zittern begannen. Noch nie in meinem Leben war ich derart aufgeregt gewesen. Doch diese Besprechung war von immenser Wichtigkeit. In meinen Augen hing meine gesamte Zukunft davon ab.

Gwen Holdmann sprang mir bei. Sie erklärte, dass sie am Iditarod, am Yukon Quest und an vielen anderen großen Rennen teilgenommen hatte und nicht ein einziges Mal Auskunft über ihre Befähigung oder ihre Qualifikationsrennen geben musste. Sie beendete ihren Einwurf mit den Worten: »Ich halte diese Fragen für völlig unangemessen. Kein anderer Neuling wird einer solchen Befragung unterzogen. Es geht doch hier ausschließlich darum, ob Rachael in der Lage ist, das Iditarod zu meistern, und welche Hilfsmittel Sie ihr als Ausgleich für ihr mangelndes Sehvermögen gewähren können.«

Rick Koch merkte an, dass es offensichtlich starke Bedenken hinsichtlich meiner beiden sehenden Begleiter gebe. Es wurde befürchtet, die Schneemobile würden meinem Gespann den Weg ebnen oder die Piste für mich spuren. Er äußerte die Befürchtung, dass meine sehenden Begleiter möglicherweise Biwakplätze für mich auswählen und vorbereiten würden, bei der Versorgung des Gespanns halfen oder allgemeine Wartungsarbeiten durchführten. Seine nächste Frage richtete er an Dan MacEachen und erkundigte sich, was dieser tun würde, um mir in einer brenzligen Situation zu helfen.

»Ich fungierte bereits als ihr sehender Begleiter während des über 500 Meilen ausgetragenen Wyoming International Stage Stop Sled Dog Race«, erklärte Dan. »Im Normalfall wollte sie mich nicht in der Nähe haben, so dass ich meist drei bis fünf Meilen vorausfuhr, außer in besonders schwierigem Gelände. Sie müssen wissen, dass Rachael in der Regel gar keine Hilfe annehmen will. In den meisten Fällen braucht sie auch keine. Sie ist in der Lage, ein Hundegespann ausgezeichnet zu lenken. Was sie jedoch benötigt, ist eine weitere Person, die ihr das Augenlicht ersetzt, wenn sie nichts sehen kann sowie in gefährlichen Situationen. Das ist alles.«

Gwen ergänzte: »Ich denke, dass Dan und ich unsere Redlichkeit bereits unter Beweis gestellt haben. Wir haben in Sportlerkreisen einen guten Ruf als ehrliche und vertrauenswürdige Personen. Rachael ist eine rechtschaffene Musherin und würde niemals Hilfe von außen annehmen. Wie alle anderen Musher unterliegt sie schließlich dem Ehrenkodex.«

Ich versicherte, dass ich selbstverständlich sämtliche Regeln befolgen würde, die für alle anderen Musher gelten. Um den Vorstand zu beschwichtigen, fügte ich hinzu, dass ich abgesehen von den sehenden Begleitern und den beiden Schneemobilen das Rennen selbstverständlich allein bestreiten würde. Ob ich das Ziel erreichen würde oder nicht, hinge einzig und allein von meinen eigenen Fähigkeiten und denen meines Hundegespanns ab.

Doch meine Ausführungen schienen Vorstandsmitglied Rick Swenson erst richtig aufzubringen. Er fuhr mich an, dass ich daherredete, als habe sich das Iditarod explizit um meine Teilnahme bemüht. »Ich habe Sie gewiss nicht darum gebeten, an diesem Rennen teilzunehmen«, schimpfte er. »Wir haben nie behauptet, Ihnen zwei Schneemobile zuzugestehen. Das war Ihr Vorschlag, als Sie Sonderbedingungen einforderten. Verdrehen Sie bloß nicht die Tatsachen. Ich will hier nicht in die Defensive gedrängt werden.«

Seine Reaktion, sein Ärger und die Abscheu, mit der er das Wort »Sonderbedingungen« aussprach, schockierten mich. Ich wusste nicht, was ich darauf antworten sollte. Also saß ich da und sagte gar nichts. Doch die Kritik an meinem Vorhaben, an dem Rennen teilzunehmen, und an meiner Person hatte damit noch lange kein Ende.

»Wozu wir hier aufgefordert werden, sind Änderungen am Regelwerk des Rennens. Das betrifft jedoch nicht nur eine Einzelperson. Wenn wir einer Einzelperson Sonderbedingungen gewähren, dann öffnen wir Tor und Tür für einen grundlegenden Wandel der gesamten Veranstaltung«, schaltete sich Vorstandsmitglied Richard Burmeister ein.

Vorstandsmitglied Mike Owens fügte hinzu: »Sollen wir das gesamte Regelwerk neu schreiben? Oder vielleicht wünschen Sie ja eine Neuausrichtung der Veranstaltung? Wahrscheinlich sollten wir die Sache einmal unter diesem Aspekt betrachten. Wenn wir einer Person mit Sonderbedingungen entgegenkommen, müssen wir uns bei jeder Anfrage von Neuem darauf einlassen. Damit laufen wir Gefahr, dass aus dem Rennen ein völlig anderes wird. Davon halte ich überhaupt nichts.«

»Dann könnten wir ja gleich das gesamte Regelwerk über Bord werfen«, pflichtete ihm jemand anders bei.

Schließlich konnte ich mich aufgrund der immer aufgeheizteren Diskussion nicht mehr zurückhalten und schaltete mich aufgebracht ein: »Ich bin vollkommen anderer Meinung, meine Herren. Es geht doch nicht darum, das Regelwerk über Bord zu werfen. Aber es ist erforderlich, dass Sie sich auf das Thema Hilfsmittel als Einzelfallentscheidung einlassen – egal, ob für mich oder für andere. Irgendwann werden andere Musher mit Handicaps um Teilnahme an diesem Rennen ersuchen. Höchstwahrscheinlich werden sie andere Hilfsmittel brauchen als ich. Ich kann nicht sehen. Am liebsten wäre es mir natürlich, wenn mein Augenlicht so gut wäre wie das Ihre. Das wird leider niemals der Fall sein. Aber ein sehender Begleiter wäre schon eine enorme Hilfe.«

Gwen argumentierte wesentlich gefasster und rationaler als ich: »Ich weiß, dass Sie befürchten, eine Lawine loszutreten, wenn Sie Rachael Sonderbedingungen gewähren. Doch es geht hier um zwei grundlegende Entscheidungen. Der Vorstand muss zum einen darüber befinden, ob Regeln geändert und im Einzelfall Sonderbedingungen zugelassen werden. Und zum anderen gilt es zu entscheiden, ob Rachaels Antrag mit dieser Regeländerung konform geht.«

»Damit ist das Problem kurz und bündig umrissen«, war

lautstark Rick Kochs Stimme zu vernehmen. »Die Richtlinien für die Gewährung von Sonderbedingungen sind im *Americans with Disabilities Act* festgelegt. Ich kann nicht sagen, ob das Behindertengesetz auch für das Iditarod gilt oder nicht. Das ist eine rechtliche Frage, die im Falle einer Klage vor Gericht entschieden werden muss. Sollte der Richter zu dem Schluss kommen, dass dieses Behindertengesetz tatsächlich anwendbar ist, müssen wir jedes Hilfsmittel erörtern, das eine behinderte Person beantragt. Uns obliegt schließlich die Entscheidung, ob diese Hilfsmittel angemessen sind oder nicht. Das Behindertengesetz gibt Betroffenen die Chance, an Veranstaltungen teilzunehmen, die ihnen sonst verschlossen blieben. So will es das Gesetz, auch in Alaska.

Darüber hinaus gab es immer wieder Diskussionen über den störenden Einfluss von Schneemobilen auf das Rennen. Dazu möchte ich Folgendes sagen: Laut Informationen der Zeitung *Anchorage Daily News* sind zwischen Wasilla und Skwentna jetzt schon 2.000 bis 2.500 Schneemobile mit Schaulustigen unterwegs, die sich hier und dort versammeln, um die Gespanne vorbeifahren zu sehen.«

Vorstandsmitglied Lee Larson brach schließlich die Spannung, indem er sagte: »Rachael, ich möchte Sie zur Zusammenstellung dieses umfangreichen Planes beglückwünschen. Sicher steckt eine Menge Arbeit darin. Ich danke Ihnen dafür, dass Sie dieses wichtige Thema auf die Tagesordnung des Vorstandes gebracht haben. Ich halte es für angebracht, Ihre Leistungen im Hundeschlittensport angemessen zu würdigen. Ich persönlich zolle Ihnen dafür meine Anerkennung.«

Ich dankte ihm. Seine Worte waren die letzte positive Äußerung, die ich für geraume Zeit hörte, da die kritischer eingestellten Vorstandsmitglieder dazu übergingen, mich mit allerlei Fragen zu bombardieren. Diese bezogen sich in erster Linie darauf, was ich genau sehen könne. Rick Swenson fragte: »Angenommen, Sie lenken ein Gespann mit zwölf Hunden. Wie viele davon können Sie tatsächlich sehen?«

»Ich war schon mit achtzehn Hunden unterwegs und kann die Leithunde erkennen. Wenn das Geschirr sich verheddert, dann sehe ich das ebenfalls«, erwiderte ich.

»Können Sie erkennen, wenn ein Baum Ihnen den Weg versperrt?«

»Das hängt von seiner Größe und Entfernung ab.« Ich versuchte, so nüchtern wie möglich zu klingen.

»Wie sieht es mit einem Felsbrocken aus?«

»Gleiche Antwort. Es hängt von seiner Größe und Entfernung ab. Aus ebendiesem Grund beantrage ich ja einen sehenden Begleiter. Da ich nur unzureichend sehen kann, bin ich offiziell als blind eingestuft.«

Es kamen noch weitere alberne Fragen. »Was tun Sie, wenn ein Schneemobil eine Panne hat?« – »Wie versorgen Sie die Füße Ihrer Hunde, wenn Sie sie gar nicht sehen können?« – »Woher wissen wir denn, dass Sie nicht betrügen und Ihre sehenden Begleiter alle Arbeit für sich tun lassen?«

Es kam die zynische Idee ins Spiel, alle Regeln abzuschaffen und den Mushern zu gestatten, Hilfe von außen anzunehmen. Jemand verstieg sich gar zu dem geistlosen Kommentar: »Wenn ich als Basketballer zu kurz geraten bin, ist dann die NBA gesetzlich verpflichtet, mir eine

Leiter zur Verfügung zu stellen?« Schallendes Gelächter erklang. Alle redeten durcheinander, so dass ich nur einen Bruchteil dessen verstand, was gesagt wurde.

Der Vorschlag, meinen Antrag auf unbestimmte Zeit zu vertagen, wurde ohne weitere Diskussion angenommen. Rick Koch dankte mir.

»Was ist geschehen?«, fragte ich ihn.

»Ihr Antrag wurde abgelehnt«, erwiderte Rick Koch.

Flüsternd fragte ich Dad: »Was soll ich tun?«

»Frag nach, ob du Rechtsmittel einlegen kannst«, flüsterte er zurück.

»Kann ich gegen diese Entscheidung Rechtsmittel einlegen?«

»Diese Möglichkeit haben Sie gewiss. Aber ich bin sicher nicht der richtige Ansprechpartner, wenn es um die Vorgehensweise in diesem Fall geht. Ich kann Ihnen nichts weiter dazu sagen, als dass der Vorstand ein erneutes Gespräch mit Ihnen in Erwägung ziehen könnte.«

Rick Swenson tönte triumphierend: »Warum melden Sie sich nicht einfach an und nehmen am Rennen teil wie alle anderen? Warum versuchen Sie nicht, nach den gleichen Regeln zu kämpfen wie wir anderen Musher?«

»Sie kann nicht richtig sehen, verstehst du das denn nicht?«, knurrte Rick Koch.

»Wenn ich meine Brille absetze, dann ist mein Sehvermögen schlechter, als ihres je war. Und sie fordert Sonderbedingungen ein. Das ist doch ungerecht.«

»Wer hat das gesagt?«, fragte ich, damit ich darauf antworten konnte.

Jemand sagte: »Rick Swenson.«

»Ich empfinde diese Bemerkung als ausgesprochen beleidigend, Mr. Swenson. Ich habe leider nicht den Luxus, meine Sehstörung einfach mit einer Brille zu beheben, wie es Ihnen glücklicherweise vergönnt ist. Ich bin als blind eingestuft. Ich kann nur unzureichend sehen.« Mir versagte die Stimme, und es war für jedermann unverkennbar, dass ich in Tränen ausgebrochen war.

Rick Koch dankte mir noch einmal und verabschiedete mich dann. Vermutlich gingen alle Teilnehmer der Besprechung davon aus, dass die Konferenzschaltung damit beendet sei. Doch ich konnte nach wie vor mithören. Im Vorstand brach Tumult aus. Ich konnte einen meiner Fürsprecher hören: »Wenn man ein paar Namen austauscht, dann könnte sich das hier ebenso gut 1965 in Selma, Alabama, zugetragen haben, als Farbige vehement die Aufnahme in Wählerlisten einforderten. Unglaublich, diese Borniertheit.«

»Du bist borniert«, schimpfte einer meiner schärfsten Kritiker. »Du willst unser Rennen verderben und allerlei Volk daran teilnehmen lassen.«

Erst nach diesem Ausbruch wurde die Leitung unterbrochen. Dad sprang auf und schrie: »So ein Blödmann! Habt ihr das gehört, ja?« Er schlug mit der Faust auf den Tisch und stieß einen wilden Fluch aus. Ich habe ihn wohl noch nie so wütend erlebt wie in diesem Augenblick.

Die anwesenden Reporter wollten wissen, ob ich vorhätte, das Iditarod-Rennkomitee zu verklagen. Ich plusterte mich auf wie ein Pfau und verkündete: »Wenn es nicht anders geht, werde ich sie sicher verklagen. Ich habe das Recht, an diesem Rennen teilzunehmen. Davon können sie mich nicht abhalten mit ihren Vorurteilen, ihrer Borniertheit und ihrem dünkelhaften Benehmen. Sie können Gift darauf nehmen, dass ich sie verklage, und dann werde ich einen klaren Sieg davontragen.«

Es dauerte ein Weilchen, bis sich mein Ärger gelegt hatte. Wieder bei Sinnen, wurde mir klar, wie dumm und unreif ich mich benommen hatte. Meine Worte waren mehr als taktlos gewesen. Ich bat die Reporter eindringlich, das Gesagte bitte keinesfalls abzudrucken, und gab eine wesentlich überlegtere und weniger wütende Erklärung ab. Darin äußerte ich die Hoffnung auf eine weitere Zusammenarbeit mit dem ITC-Vorstand, um einen Kompromiss zu erzielen, der mir die benötigten Hilfsmittel einräume und gleichzeitig den Charakter des Rennens nicht beeinträchtige.

»Ich lasse einfach nicht locker. Dieser Kampf ist noch lange nicht zu Ende. Ich werde mein Gespann weiter trainieren und in diesem Winter an einigen wichtigen Rennen teilnehmen. Ich werde allen Zweiflern beweisen, dass sie Unrecht hatten.«

Ein Musher witzelte: »Merkt Rick Swenson gar nicht, dass die Brille, die er auf der Nase hat, sein ganz persönliches Hilfsmittel ist?«

Ein anderer kommentierte spöttisch: »Ich hatte ja keine Ahnung, dass Rick Swensons Augen derart schlecht sind. Ich glaube, damit sollten wir ihn besser nicht beim Iditarod starten lassen. Wenn nun unterwegs seine Brille ramponiert wird oder gar verloren geht? Das ist ein viel zu großes Risiko, nicht nur für ihn selbst, sondern auch für seine Hunde und die anderen Teilnehmer.«

Mir war stets klar gewesen, dass der ITC-Vorstand

meinen Antrag prinzipiell ablehnen konnte, woraufhin ich beabsichtigte, mich schnurstracks an die Medien zu wenden. Die Öffentlichkeit würde schon dafür sorgen, dass dem Vorstand gar nichts anderes übrig blieb, als seine Entscheidung zu revidieren und meine Teilnahme zu ermöglichen. Aber inzwischen war ich mir nicht mehr so sicher. Vielleicht war es besser, mich ruhig zu verhalten und etwas Zeit verstreichen zu lassen, bis sich die Gemüter wieder beruhigt hatten. In ein paar Monaten könnte ich dann erneut einen Vorstoß wagen, um einen Kompromiss zu erzielen.

Die Medien – Fernsehen, Rundfunk und Printmedien – bombardierten uns mit Anfragen. Alle wollten etwas über meinen abgewiesenen Antrag auf Teilnahme und meine Reaktion darauf bringen. Wir bedankten uns jedes Mal höflich für den Anruf und erklärten jedem, dass wir zum gegenwärtigen Zweitpunkt keinen Kommentar abgeben wollten, und verwiesen ihn an meine Agenten Paul Herschell und Dave Wise von Sports Unlimited in Portland. Wir sahen durchaus Chancen auf eine zweite Zusammenkunft mit dem ITC-Vorstand und wollten diesbezüglich nichts riskieren und die Mitglieder nicht vor den Kopf stoßen.

Einige Reporter ließen jedoch nicht locker, so geduldig wir unsere Absage auch wiederholten. Eine Frau verkündete ganz unverblümt: »Wenn ich von Ihnen keine Stellungnahme bekomme, dann erfinde ich eben eine und veröffentliche diese.« Ich legte einfach auf.

Etliche Monate später gelang es uns, ein zweites Treffen mit dem ITC-Vorstand zu arrangieren. Diesmal würde ich jedoch persönlich daran teilnehmen. Ich empfand es als einfacher, mich vor Ort zu verteidigen, und hoffte, dass es dem Vorstand schwerer fallen würde, meinen Antrag ein zweites Mal abzulehnen, wenn ich selbst anwesend war.

17

Persönliche Begegnung

Es war der Sommer, in dem Jay Rowan ertrank. Jay war Schulmeister der Redmond Highschool im Schwimmen und einer der besten Stabhochspringer bei der Intermountain Conference. Er war intelligent, sympathisch und ein wirklich netter Kerl.

Am Tag des Unfalls war Jay mit einem Freund auf dem Deschutes River mit einem aufgepumpten Autoreifen unterwegs. Jay stürzte den Awbrey-Wasserfall hinunter und wurde durch die Strömung in eine Röhre aus Lavagestein gesogen. In dieser Gegend gibt es viele solcher Lavaröhren. Vor Tausenden von Jahren strömte Magma hindurch, und nachdem sie abgeflossen war, blieben die Röhren zurück. Jay wurde in eine kleine Öffnung an einer dieser Unterwasserröhren gedrückt und verletzte sich dabei möglicherweise am Kopf oder fand nicht wieder heraus. Dabei ertrank er.

Sein Tod machte mich tief betroffen. Ich musste daran denken, dass er immer, wenn ich lief, aus der Stabhochsprung-Anlage an die Laufstrecke kam und mich anfeuerte. In jeder Runde stand er da und sagte mir die Positionen meiner Kontrahentinnen an. Seine Unterstützung hatte mir stets sehr geholfen, mich trotz der Erschöpfung noch mehr anzustrengen. Ich wollte Jay zeigen, zu welchen Leistungen ich fähig war. Er war ein hochanständiger Mensch, der wusste, was sich gehörte. Ich bewunderte ihn. Er war ein Vorbild und ein guter Freund für mich.

Nach der Beerdigung ging ich auf Jays Mutter Judy zu und sagte ihr, wie unendlich leid es mir tue, dass sich in ihrer Familie eine solche Tragödie ereignet habe. Sie hielt meine Hände fest und wechselte schnell das Thema. Dabei erkundigte sie sich, wie es um meine Bemühungen um eine Teilnahme am Iditarod stünde. Ich erzählte ihr, dass ich abgelehnt wurde, jedoch ein weiteres Treffen anberaumt war und ich vorhatte, nach Anchorage zu fahren und dem Vorstand persönlich gegenüberzutreten.

»Lass dich nicht unterkriegen«, sprach sie mir Mut zu. »Überzeuge sie. So hätte es Jay gemacht und hätte es auch dir geraten.«

Ich versprach zu kämpfen, so wie Jay es getan hätte, und trat dann beiseite, damit andere ebenfalls ihr Beileid bekunden konnten. Ich war sehr beeindruckt, wie gefasst, stark und elegant Judy trotz der erschütternden Umstände wirkte.

Aus dem nächsten Wurf wählte ich den besten Welpen aus – den größten, stärksten, klügsten, hübschesten, den mit der meisten Ausstrahlung – und nannte ihn Jay. Ich hoffte, dass Jay eines Tages zu meinem Iditarod-Gespann gehören würde.

»Dad, ich glaube, ich sollte allein zum Vorstand des Iditarod Trail Committee fahren«, sagte ich zu Dad in Bezug auf den 19. September 2003. Er reagierte anders, als ich erwartet hatte. Dad lächelte. »Weshalb glaubst du das?«

»Du kennst doch das Gerede.«

»Haben wir uns jemals darum geschert, was andere reden?«

»Ich will nicht, dass der Vorstand denkt, du bist es, der mich drängt. Ich will nicht als Papakind dastehen. Wenn ich allein auftrete, können wir diesen Verdacht ausräumen.«

»Interessanter Ansatz«, antwortete Dad und lächelte wieder. »Den gleichen Gedanken hatte ich übrigens auch.«

»Wirklich?«

»Ja, aber glaub nicht, dass es mir leichtfällt. Nimm dein Handy mit. Und versprich mir, dass du mich in jeder Pause anrufst und mich auf dem Laufenden hältst. Versprochen?«

»Versprochen.«

Dann sagte er: »Ich bin stolz auf dich. Stolz, dass du auf eigenen Füßen stehen und in dieser Sache wirklich kämpfen willst. Du wirst dich am Ende durchsetzen. Das weiß ich genau. Du wirst am Iditarod teilnehmen.«

Dad fuhr mich zum Flughafen nach Redmond, wünschte mir Glück und verabschiedete sich. Zum Schluss sagte er: »Lass dein Handy an. Ruf mich an, wenn du gelandet bist. Ruf an, wenn du auch nur den Hauch eines Problems hast. Ruf am Morgen an und in jeder Besprechungspause. Ich will wissen, wie es läuft. Guten Flug, und zeig es ihnen.«

Auf dem Flug nach Portland und von Portland nach Seattle las ich in meiner Bibel. Ich hoffte, daraus Kraft und Einsichten für das vor mir Liegende zu gewinnen. In Seattle rief ich Dad an. Er erkundigte sich, womit ich mir die Zeit vertrieben hatte.

»Ich habe in meiner Bibel gelesen.«

»Welches Buch denn?«, wollte er wissen.

»Die Schöpfungsgeschichte.«

»Probier es einmal mit Matthäus, Markus und Johannes«, empfahl er. »Das sind die Texte, die von Jesus erzählen.«

»Wahrscheinlich hast du Recht«, sagte ich. Auf dem Weg nach Anchorage las ich in der Tat ein wenig im Matthäusevangelium. Dan MacEachen würde mich abholen.

Am Morgen hatte ich verzweifelt vor meinem Kleiderschrank gestanden und wusste nicht, was ich anziehen sollte. Schließlich entschied ich mich für eine weite schwarze Hose mit Seitenschlitzen, Moms Lederstiefel, ein rosa Oberteil mit Paisleymuster und einen dunkelbraunen Blazer. Beim Abholen von Gwen Holdmann stellten wir fest, dass sie nahezu identisch gekleidet war – als hätten wir unser Outfit miteinander abgestimmt.

Im Millenium-Hotel in Anchorage, dem offiziellen

Hauptquartier des Iditarod-Rennens, frühstückten wir gemeinsam. Dan und Gwen bestellten normale Portionen, während ich viel zu aufgeregt war zum Essen. Ich beschränkte mich auf einen Erdbeer-Shake. Wir unterhielten uns über das Iditarod.

Ich habe so ziemlich alles gelesen, was je über das Iditarod Trail International Sled Dog Race geschrieben wurde. Das heutige Rennen geht auf das Jahr 1925 zurück. Ein Arzt namens Dr. Curtis Welch diagnostizierte bei Kindern in der abgelegenen Ortschaft Nome Diphtherie und forderte telegrafisch auf schnellstem Wege Antitoxinserum an. Ohne das dringend benötigte Serum war das Leben der Kinder in höchster Gefahr.

In Alaska gab es jedoch nur zwei Flugzeuge, die den Winter über in Einzelteile zerlegt und in einem Hangar in Fairbanks eingelagert waren. Gouverneur Scott C. Bone entschied daher, das Serum per Hundeschlitten transportieren zu lassen. An dem 674 Meilen langen Stafettenlauf von Nenana nach Nome nahmen 20 Hundegespanne teil. Gunner Kaassen war schließlich derjenige, der mit seinen erschöpften Tieren die First Avenue von Nome befuhr, das Serum ablieferte und damit Hunderte junger Menschenleben rettete.

Beim Frühstück sprachen wir über den vielbeschworenen Geist des Iditarod. Hätten sich die Musher damals von Neinsagern abhalten lassen, dann wäre das Serum niemals in Nome eingetroffen.

»Wenn das ITC glaubt, dass meine beiden Schneemobile das Rennen verderben und dass ich mich wegen ihres Neins geschlagen gebe, dann sind sie aber schiefgewickelt. Liegt nicht gerade im Überwinden von Hindernissen der Geist des Iditarod?«, sagte ich. Ich fühlte mich sehr zuversichtlich und selbstsicher.

Dan und Gwen unterhielten sich über einige Musher, bei denen sie mit eigenen Augen gesehen hatten, wie sie Hilfe von außen angenommen hatten. Sie erzählten von einem Teilnehmer, der eine Raststation inmitten eines Schneesturmes verließ. Jemand nahm ihn mit einer Videokamera auf. Dabei wurde auch dokumentiert, wie er mit seinem Schneemobil eine Piste spurte. Sie berichteten noch von einem anderen Vorfall, bei dem einem Musher zwischen den Raststationen per Hubschrauber Nachschub geliefert wurde. Ein anderer Musher bekam unterwegs auf mysteriöse Weise einen neuen Schlitten. Ich fragte mich, weshalb das Komitee sich über meine beiden Schneemobile derart ereiferte.

Die Eingangshalle des Millenium-Hotels von Anchorage und ihre Ausstattung würde ich als luxuriös beschreiben, wobei trotzdem ein gewisser rustikaler Charakter mitschwingt, wie er für Alaska typisch ist. Überall sah ich ausgestopfte Tiere: Polarbär, Grizzlybär, Elch, Dickhornschaf, Vielfraß und einen Wolf. Es gab reich verzierte Kronleuchter und eine eindrucksvolle Treppe. Der Teppich war entweder braun oder grau mit einem asymmetrisch-verschnörkelten Linienmuster.

Wir gingen eine Treppe hinauf und betraten durch eine zweiflügelige Tür einen großen Raum, in dem die Tische in Hufeisenform angeordnet waren. Wir nahmen an, dass der Vorstand an den Tischen Platz nehmen würde, und setzten uns nach hinten, wo mehrere Stuhlreihen standen. Einige Zuschauer sowie sieben Fernsehteams waren bereits anwesend.

Kurz nachdem wir uns hingesetzt hatten, kam Rick Koch herein. Er ging direkt auf uns zu. Ich stand auf, schüttelte ihm die Hand und bedankte mich für seine Unterstützung bei der Einberufung dieser Sitzung. Er vertraute uns an, dass er nach der Zusammenkunft im Juni heimgefahren war und sein Rücktrittsgesuch verfasst hatte, mit dem er den Vorsitz des Iditarod-Vorstandes niederlegte. Doch er überlegte es sich noch einmal anders. Er sagte: »Ich beschloss, nicht zurückzutreten und diese Sache zu Ende zu bringen.«

Ich dankte ihm erneut, diesmal dafür, dass er nicht zurückgetreten war. Er begab sich an die Stirnseite der Tische, und wir setzten uns. Mitglieder des ADA-Kontrollgremiums kamen auf mich zu und stellten sich vor. Andere Zuschauer wünschten mir Glück. Es war gut zu wissen, dass ich Leute auf meiner Seite hatte.

Die Sitzung begann mit einer kurzen Einführung von Rick Koch und der Information, dass diese Zusammenkunft aus zwei Gründen einberufen wurde: erstens, um die Gültigkeit des amerikanischen Behindertengesetzes (ADA) für das *Iditarod Trail International Sled Dog Race* zu prüfen, und zweitens, um über meinen Antrag auf Gewährung von Sonderbedingungen für meine geplante Teilnahme am Rennen zu beraten.

Es wurde der Antrag eingebracht, die Anwendbarkeit des Behindertengesetzes zu bestätigen. Zu meiner allergrößten Überraschung wurde er ohne viel Aufheben angenommen. Ich dachte bei mir: *Aha, meine Chancen stehen gar nicht so schlecht*. Ich hatte mich zu früh gefreut. Schon im nächsten Moment machte der Vorstand einen Rückzieher vom soeben angenommenen Antrag.

Rick Koch forderte Vorstandsmitglied Mark Moderow auf, die letzte Besprechung, an der ich per Konferenzschaltung teilgenommen hatte, kurz zusammenzufassen. Mark Moderow berichtete, dass es in erster Linie um meinen Antrag auf Sonderbedingungen gegangen sei, wobei er diese Diskussion für verfrüht halte. Seiner Ansicht nach müsse der Vorstand zunächst ermitteln, ob die im US-Behindertengesetz (ADA) festgelegten Bestimmungen für das Iditarod gelten.

»Die eigentliche Frage besteht darin, ob wir uns an die ADA-Vorschriften zu halten haben. Sollte dies nicht der Fall sein, gilt es, eine gesonderte Entscheidung zu fällen und die Frage zu beantworten: Sind wir gewillt, für Miss Scdoris eine Ausnahme zu machen?«, merkte Mark Moderow an.

Offensichtlich war ich nicht die Einzige, die nicht nachvollziehen konnte, weshalb ein Thema diskutiert werden sollte, das bereits einvernehmlich geklärt war. Rick Koch sagte: »Ich schlage vor, unseren Rechtsberater mit seiner Stellungnahme zum ADA anzuhören. Er ist heute anwesend und hat sich darauf vorbereitet.«

»Jetzt noch nicht«, wandte Mark Moderow ein. »Vielleicht sollten wir erst darüber diskutieren und Meinungen der Anwesenden einholen, bevor sich der Rechtsberater äußert.«

Rick Koch bat Mona McAleese, Mitglied der ADA Watch Group Alaska, dem Vorstand Rede und Antwort zu stehen. Sehr redegewandt erläuterte sie, dass das Behindertengesetz mit hoher Wahrscheinlichkeit für das Iditarod gelte. Diese Aussage untermauerte sie mit Parallelen zum Boston Marathon, an dem behinderte Sportler teilnehmen können. Zudem verwies sie darauf, dass der Oberste Gerichtshof im Fall von Casey Martin gegen den Profi-Golfverband entschieden hatte. Casey Martin hatte als Sonderbedingung beantragt, den Golfplatz mit einem Golfmobil zu befahren, was vom Gericht nicht als schwerwiegende Veränderung des Golfspiels gewertet wurde. Sie fuhr fort mit dem Hinweis, dass mein Antrag auf Hilfsmittel keine Veränderung des Schlittenhundesports darstelle und man in 20 Jahren wohl mit Verwunderung an diese Zusammenkunft zurückdenken und sich über die damit einhergehende Aufregung sicher sehr wundern würde.

Die weitere Diskussion bezog sich auf spezielle Bestimmungen des Behindertengesetzes. Don LaVonne vom Alaska-Sportprogramm für behinderte Veteranen ergriff das Wort: »Die von Miss Scdoris beantragten Sonderbedingungen sind weder unangemessen, noch gehen sie über den rechtlich zulässigen Rahmen des ADA hinaus. Ermöglichen Sie ihr, die hochgesteckten Ziele zu erreichen, wird sie zur Vorreiterin einer ganzen Generation behinderter Jugendlicher werden. Davon bin ich überzeugt. Sie sollten sehen, wozu eine blinde Sportlerin in der Lage ist, und erkennen, dass sie ungeachtet der Einschränkungen ihrer körperlichen oder geistigen Fähigkeiten auch in ihrem Leben persönliche Ziele umsetzen können.«

An dieser Stelle beantragte Mark Moderow eine viertelstündige Pause, damit der Vorstand sich zur internen Beratung zurückziehen und die Stellungnahme des Rechtsberaters anhören konnte. Reporter und Kamerateams versuchten, mich zu umzingeln, doch Dan hielt sie zurück. »Sie braucht etwas frische Luft. Kann ich Ihre Fragen beantworten?«

Ein Reporter fragte: »Halten Sie den Einsatz von Schneemobilen für einen ungerechtfertigten Vorteil?«

Dan erwiderte: »Beschönigen Sie es, wie Sie wollen, aber Blindheit ist nie von Vorteil.«

Ich musste lächeln. *Gute Antwort, Dan,* dachte ich bei mir und ging hinaus in den Flur. Ich rief Dad an und erklärte ihm in aller Kürze, was bislang geschehen war. Er wollte wissen, wie es meiner Meinung nach lief. »Ich habe keine Ahnung, was hier gespielt wird. Es ist, als würde ich versuchen, ein Tischtennisspiel zu verfolgen. Der Ball springt mal in die eine, mal in die andere Richtung, und ich weiß nicht, wer die Punkte macht.«

»Ruf mich in der nächsten Pause wieder an.«

Ich versprach es ihm.

Aus der viertelstündigen Pause waren inzwischen schon 45 Minuten geworden. Als man uns endlich einließ, stand Rick Koch hinter einem Stuhl am Ende des Hufeisens und bat mich, darauf Platz zu nehmen. Ich sah mich um. Hinter mir saßen die Zuschauer und vor mir der Vorstand. Ich fühlte mich hilflos und ausgeliefert, so als müsste ich vor diesem Tribunal um mein Leben flehen. Und in gewisser Weise traf das durchaus zu. Ich versuchte, meine Angst nicht zu zeigen.

Beim Frühstück hatte mir Gwen eingeschärft: »Spiel nicht mit deinen Haaren.« Ich habe die Angewohnheit, immer, wenn ich nervös bin, Strähnen zu drehen. »Fummel nicht an deiner Sonnenbrille herum. Kau nicht auf den Fingernägeln. Sei stark. Zeig nicht die geringsten Anzeichen von Schwäche.«

Ich begann mit meinen Händen zu spielen, hörte jedoch sofort wieder auf. Ich wartete, dass jemand etwas sagte. Meine Hände wollten schon wieder anfangen zu spielen, und ich hatte das Gefühl, mich daraufsetzen zu müssen.

»Miss Scdoris, Sie haben jetzt Gelegenheit, zum Vorstand zu sprechen«, sagte Rick Koch.

Ich lächelte. Ich finde, ein Lächeln ist immer ein guter Anfang. Es wirkt entwaffnend und verschafft ein gutes Gefühl. »Vielen Dank, dass Sie sich trotz Ihrer vollen Terminkalender Zeit für diese Zusammenkunft mit mir genommen haben. Ich weiß, dass Sie alle sicher viel lieber draußen Ihre Hunde trainieren würden, als hier in diesem Raum zu sitzen. Mir geht es zumindest so. Sie sollen wissen, dass ich den professionellen Hundeschlittensport mit großer Ernsthaftigkeit betreibe. Ich bin quasi auf dem Schlitten aufgewachsen und habe schon Tausende von Meilen damit zurückgelegt. Beim Iditarod zu starten ist immer mein großes Ziel gewesen, ist dieses Rennen doch die Krönung unseres Sports. Die von mir beantragten beiden Schneemobile und der sehende Begleiter werden das Rennen nicht beeinträchtigen. Vielmehr glaube ich, dass meine Teilnahme das öffentliche Interesse daran wesentlich erhöhen wird. Stimmen Sie meinem Antrag auf Sonderbedingungen zu, möchte ich nicht, dass Sie sich durch gesetzliche Bestimmungen unter Druck gesetzt fühlen. Ich möchte, dass Sie mich als Sportkameradin und als Profi ansehen, und ich hoffe, dass Sie die Rennen, die ich mit sehender Begleitung per Schneemobil absolviert habe, als Qualifikationsrennen akzeptieren. Ich möchte, dass Sie mich zum Iditarod nicht einfach nur zulassen, sondern dass Sie es aus Überzeugung tun.«

Ich merkte, wie ich schon wieder anfing, an meiner Brille herumzufummeln, und hörte sofort auf damit.

»Haben Sie jemals ein Hundegespann über unbekanntes Gelände gelenkt?«, fragte Rick Swenson.

»Ja, schon sehr oft«, antwortete ich. »Die Trainingspisten sind mir natürlich vertraut, aber bei den meisten Rennen kenne ich die Strecke noch nicht.«

»Würden Sie eine Ihnen unbekannte Strecke allein befahren?«, wollte er wissen.

»Niemals.«

»Warum?«

»Das wäre zu riskant. Auf einer neuen Piste brauche ich eine zweite Person, die mir das Augenlicht ersetzt. Sobald ich das Gelände kenne, sieht die Sache ganz anders aus«, erwiderte ich.

Rick Koch schickte seiner Frage die Bemerkung voraus, dass einige Vorstandsmitglieder ihre Besorgnis über die Sicherheit der Hunde geäußert hätten. »Es kommt immer wieder vor, dass blitzschnelle Entscheidungen vonnöten sind, um einem Hund zu Hilfe zu kommen. Ich erkenne an, dass Ihr Plan so viel Hilfe vorsieht wie möglich. Unsere größte Sorge gilt der Sicherheit der Hunde. Halten Sie das Verletzungsrisiko für die Hunde Ihres Gespanns für vergleichbar mit dem Ihrer sehenden Kontrahenten?«

»Wie bei jedem anderen Musher gilt auch meine größte Sorge der Sicherheit meiner Hunde«, erklärte ich. »Niemand von uns würde bewusst Verletzungen der Hunde in Kauf nehmen, um besser abzuschneiden. Dennoch besteht jedes Mal, wenn wir Hunde für ein Rennen anschirren, ein gewisses Risiko. Ich bin nicht vollständig blind. Ich kann sehen. Mag das, was ich sehe, auch eindimensional, leicht unscharf oder begrenzt sein. Aber ich kann meine Hunde erkennen und nehme oftmals Dinge wahr, die manche von Ihnen vielleicht nicht bemerken: wenn ein Hund nicht richtig zieht, wenn ein Hund erschöpft ist oder kurz davor zu kapitulieren. Meine sehenden Begleiter warnen mich vor Hindernissen auf der Piste. Doch für mein Gespann bin ganz allein ich verantwortlich.«

Anschließend wurde ich mit Fragen bombardiert, dass ich kaum Luft holen konnte. »Welche Sonderbedingungen wurden Ihnen in den Rennen gewährt, an denen Sie teilgenommen haben? Wäre ein Tandemschlitten mit einem sehenden Begleiter für Sie praktikabel? Sind Sie jemals nachts gefahren? Geben Ihnen Ihre sehenden Begleiter Ratschläge? Sind Ihre Hunde darauf trainiert, einem Schneemobil zu folgen? Ist das Funkgerät, das Sie verwenden, mit Wechselsprechfunktion ausgestattet oder nur einseitig zu benutzen? Was tun Sie, wenn Ihr sehender Begleiter abhandenkommt? Wie groß ist die Reichweite Ihrer Funkgeräte? Was geschieht, wenn Sie das Spiegeleis bei Unalakleet erreichen? Wurden bei dem Rennen in Wyoming reflektierende Hinweisschilder verwendet wie bei uns? Fordern Sie unter anderem deshalb zwei Schneemobile, damit Ihnen ein Kamerateam folgen kann? Soll ein Film über Sie gedreht werden? Beschreiben Sie, wie Sie die Gangart eines Hundes erkennen. Sind Ihre Hunde in der Lage, 60 Meilen pro Tag zu laufen? Wie kommen Sie mit dem Schlafmangel zurecht?«

Die Fragerei nahm kein Ende. Eine Frage von einer

Seite des Hufeisens, eine von weiter drüben – mir wurde ganz schwindelig davon. Ich versuchte stets, ohne Zögern zu antworten, und achtete auf meine Hände. Meist lagen sie auf meinem Schoß.

Dan und Gwen wurden gebeten, in der ersten Reihe, direkt hinter mir, Platz zu nehmen. Gelegentlich wurden auch Fragen an sie gerichtet. »Angenommen, Sie kommen in die Dalzell-Schlucht und stellen fest, dass sie knapp einen Meter hoch überflutet ist. Die Hunde kommen hindurch, das Schneemobil jedoch nicht. Was tun Sie? Sind die Funkgeräte zuverlässig? Tragen Sie Headsets, damit Sie die Hände frei haben? Fahren Sie nachts mit Stirnlampe oder nutzen Sie das Licht des Schneemobils?«

Eine zweite Vorstandssitzung wurde einberufen. Aus den beantragten 30 Minuten wurden schließlich eine volle Stunde und 15 Minuten. Danach musste ich wieder Unmengen von Fragen beantworten. Es nahm einfach kein Ende – die gleichen Fragen in leicht abgewandelter Formulierung. Irgendwann fühlte ich mich wie ein Bauer, der dasselbe Feld immer wieder von Neuem pflügt. Ja, ich traute mir das Unterfangen zu und konnte meine Hunde und mich selbst versorgen. Nein, die sehenden Begleiter verschafften mir keinen unlauteren Vorteil. Nein, sie würden andere Musher nicht behindern. Und sie würden mir auch keine andere Hilfe gewähren, als mir das Augenlicht zu ersetzen.

Hunde, Schneemobile, sehende Begleiter, ADA, das Brechen, Festlegen und Abschaffen von Vorschriften. Ich hätte sie am liebsten angeschrien: »Stopp! Lasst mich doch einfach an euerm Rennen teilnehmen. Dort werde ich unter Beweis stellen, was ich kann.« Stattdessen saß ich da und beantwortete geduldig sämtliche Fragen, versuchte, die Fassung zu bewahren, ernsthaft zu bleiben, lächelte bei jeder Gelegenheit und versuchte, die Atmosphäre ein wenig aufzulockern, ohne jedoch mit meinen Antworten respektlos zu wirken.

Richard Burmeister wollte wissen, was ich tun würde, wenn ich auf einen Elch träfe. Dazu sagte er: »Sie sehen nicht gerade aus, als würden Sie permanent eine Waffe bei sich tragen.«

Das war eine ausgezeichnete Gelegenheit, einen kleinen Scherz über mich anzubringen. So sagte ich: »Ich weiß durchaus mit Schusswaffen umzugehen, wenn Sie das meinen. Nur zielen kann ich nicht so gut. Allerdings ist ein Elch, wie Sie ja sicher wissen, ein ziemlich stattliches Ziel. Wenn man nahe genug herangeht, dürfte es schwierig sein, einen Elch zu verfehlen, selbst für ein blindes Mädchen.«

Alle lachten, was die Spannung ein wenig zu lockern schien. Allmählich ließ die Feindseligkeit etwas nach, und die Fragen wurden ernsthafter. Die Vorstandsmitglieder wollten wissen, wie ich auf bestimmte Situationen reagieren würde. Wie ich mit der Kälte zurechtkäme oder wie meine Hunde mit den Unbilden der Natur fertig würden. Obwohl keine ihrer Fragen irgendetwas mit meinem Antrag zu tun hatte, beantwortete ich jede einzelne so gewissenhaft wie möglich.

Gwen unterbrach das Geschehen mit einem Hinweis, der meiner Ansicht nach den Tag rettete. »Ich finde es traurig.« Sie hielt kurz inne, damit jedermann zuhörte. »Es ist traurig, dass Rachael dieses Rennen nie so wird bestreiten können wie wir anderen Teilnehmer. Sie würde viel lieber allein mit ihren Hunden da draußen in der Wildnis sein. Doch das ist ihr nicht möglich. Sie muss von jemandem begleitet werden, der sehen kann.

Es gibt Regeln, und es gibt den Geist des Iditarod. Hätte jemand zu Joe Redington senior gesagt, er könne dieses Rennen nicht bewältigen, er hätte nur gelacht. Er war ein zuversichtlicher Mann. Und genau um diese Zuversicht geht es in diesem Rennen. Es geht darum, mit Widrigkeiten fertig zu werden. Und Rachael ist hier, weil sie versucht, dies trotz der Einschränkungen zu tun, mit denen sie geboren wurde. Sie erbittet von Ihnen lediglich eine Chance. Nichts weiter als eine Chance.«

Einen Augenblick später ergriff Rick Koch das Wort: »Haben Sie schon einmal daran gedacht, das Rennen mit zwei Hundegespannen zu bestreiten?«

»Das würde ich liebend gern tun«, gab ich zurück, »aber in der Praxis dürfte sich die Ausrüstung für zwei Gespanne als viel zu teuer erweisen.«

»Ist es ausschließlich eine wirtschaftliche Frage? Oder gibt es einen technischen Grund, weshalb Ihrer Ansicht nach ein Schneemobil besser geeignet ist?«, fragte er.

Ich erwiderte: »Einerseits hat es wirtschaftliche Gründe, und andererseits liegt es daran, dass ich zwei vollständige Hundegespanne ausgewogen besetzen müsste. Statt meine besten Hunde einzusetzen, müsste ich mit zwei mittelmäßigen Teams vorliebnehmen.«

Der Vorstand zog sich erneut zur internen Beratung zurück, und das Publikum verließ wiederum den Raum. Unverzüglich rief ich Dad an.

»Wie läuft es? Wie schlägst du dich?«, erkundigte er sich.

»Nicht so schlecht«, antwortete ich. »Abgesehen davon, dass ich mich fühle, als hätte ich gerade fünf Stunden ununterbrochen bergab Purzelbaum geschlagen. Rick Koch hat mich gefragt, ob ich mit zwei Hundegespannen am Rennen teilnehmen würde.«

»Was hast du geantwortet?«

»Ich habe gesagt, dass es unsere Kosten verdoppeln würde und wir keine zwei Gespanne hätten, die für das Iditarod geeignet wären.«

»Ausgezeichnete Antwort. Also, was denkst du? Werden sie einlenken und dich mit den Schneemobilen zulassen?«

»Ich weiß es nicht, Dad. Ich weiß es wirklich nicht. Mir schwirrt der Kopf. Das geht nun schon seit Stunden so. Ich kann kaum noch denken. Was meinst du?«

»Ich glaube, sie werden nachgeben. Wenn ihr Anwalt sie vernünftig beraten hat, dann hat er sie darauf hingewiesen, dass das Rennen zu mehr als 90 Prozent auf öffentlichem Grund und Boden ausgetragen wird. Wenn sie wollen, dass ihr Rennen den ADA-Bestimmungen entspricht, dann haben sie keine Wahl. Sie werden einlenken.«

»Und wenn nicht?«

»Sie werden es tun.«

»Aber was, wenn nicht?«

»Dann werden wir die Sache forcieren und vor Gericht bringen.«

Ich wollte das ITC nicht verklagen. Ich wollte, dass es zu einer Einigung kam. Es war doch nicht meine Absicht, ihnen das Rennen zu verderben.

Nach einer Stunde hatte ich mich wieder gesammelt

und war jetzt recht zuversichtlich. Bereits als ich den Raum betrat, spürte ich, dass sich etwas verändert hatte. Die feindselige Stimmung zwischen dem Vorstand und mir hatte sich gelegt. Wir waren keine unversöhnlichen, kampfbereiten Gegner mehr, sondern saßen jetzt in einem Boot. Ich fragte mich, ob ich mir das alles nur einbildete. War vielleicht eher der Wunsch der Vater des Gedankens?

Meine Selbstzweifel wurden schnell zerstreut, als Rick Swenson den Antrag einbrachte, mir den Einsatz von Funkgeräten mit Wechselsprechfunktion zu gestatten. Die beiden Schneemobile sollten durch einen qualifizierten Musher und ein zusätzliches Hundegespann ersetzt werden. Dafür würde uns die Teilnahmegebühr für das zweite Gespann erlassen, und jedes Rennen, das ich unter diesen Bedingungen bestritt, würde mir angerechnet werden. Sobald ich die Qualifikationsrennen absolviert hatte, dürfte ich am Iditarod teilnehmen. Der Antrag wurde einstimmig angenommen.

Damit war ich drin. Ich hatte gewonnen.

Nun bestand die Herausforderung darin, die Qualifikationsrennen in Angriff zu nehmen. Die Iditarod-Regeln sehen Folgendes vor: Jeder Neuling »muss innerhalb der letzten fünf Rennsaisons zwei anerkannte Qualifikationsrennen über insgesamt mindestens 500 Meilen oder ein Rennen über mindestens 800 Meilen sowie ein Rennen über 300 Meilen in der aktuellen oder vorigen Rennsaison absolviert haben. Ein Musher muss jedes Qualifikationsrennen vollenden und unter den vorderen 75 Prozent des Starterfeldes ins Ziel kommen …«

Also, packen wir es an.

18

Das Race to the Sky

Ich begann mit den Vorbereitungen auf mein erstes Iditarod-Qualifikationsrennen, noch bevor der erste Sturm Schnee in die Berge brachte. Wir leben in der Hochwüste Zentral-Oregons. Das Training der Hunde nahm ich auf einer 17 Meilen langen Piste in den Badlands auf. Diese karge, mit Wüstensalbei, Lavagestein und Wacholder bewachsene Prärielandschaft grenzt direkt an unseren Wohnsitz an. Wir leben dort ziemlich abgelegen mit 100 Hunden, ohne Anschluss an das öffentliche Stromnetz; die nächsten Nachbarn sind meilenweit entfernt. Das Wasser kommt aus dem Tank, wir nutzen Solarenergie, betreiben Generatoren und halten Kontakt zur Außenwelt mit Handys, die nicht immer funktionieren. Durch eine gehörige Portion Einsamkeit bekommt man einen engen Draht zur Natur und weiß den kleinen Luxus des Alltags sehr zu schätzen.

Mein Ziel war es, 24 Hunde, also zwei komplette Gespanne, auf das in der zweiten Februarwoche 2004 in Montana stattfindende *Race to the Sky* vorzubereiten. Zunächst bestand das Training darin, dass die Hunde mich auf einem Quad über die 17-Meilen-Schleife zogen. Ähnlich wie ein Marathonläufer erhöhte ich die Strecke pro Woche um etwa zehn Prozent. Das Lauftempo der Hunde sollte gleichmäßig bei elf Meilen pro Stunde (circa 18 Stundenkilometer) liegen.

Schließlich hatte ich die Hunde so weit, dass sie drei bis vier Runden am Stück liefen, danach ein paar Stunden pausierten und dann weiterliefen. Ob es Tag oder Nacht war, spielte keine Rolle – wir machten einfach weiter, als würden wir ein Rennen fahren. Nachts machte das Training immer besonderen Spaß. Das einzige Geräusch waren das Summen der Räder, das leise Getrappel der Hundefüße auf dem Sand und ihre hechelnde Atmung. Manchmal heulte der Wind in den Salbeibüschen über den Felskuppen. Doch meistens herrschte absolute, scheinbar unendliche Stille.

In Nächten, in denen nur die Sterne am Himmel leuchteten oder eine schmale Mondsichel schwache Schatten auf die Landschaft warf, konnte ich wesentlich besser sehen. War der Mond sehr hell, dann leuchtete das Reflexband am Geschirr der Hunde zu stark, während sich die Umrisse der Hunde beim Laufen ständig veränderten. Die magischsten Augenblicke erlebte ich jedoch stets, kurz bevor der Mond unterging. In diesen vergänglichen

Momenten sah ich plötzlich alles in vollkommener Klarheit und Schärfe. Ich weiß nicht, ob es am Einfallswinkel oder an der geringer werdenden Intensität des Mondlichtes lag. Ich weiß nur, dass ich alles klar erkennen konnte. Das war wunderbar.

Die Nächte sind kühler und generell besser geeignet für die Hunde. Sie werden weniger abgelenkt und können sich voll und ganz auf das Laufen konzentrieren. Von anderen Mushern habe ich gehört, dass ihre Hunde nachts Jagd auf Hirsche, Rehe, Elche, Kaninchen oder sogar Stinktiere machen. Mir ist so etwas jedoch noch nie passiert. Ab und an flitzt vielleicht einmal eine Känguruhratte oder eine Maus zwischen meinen Hunden hindurch, was ich als ein schnelles Huschen wahrnehme.

Immer wieder dieselbe Strecke zu befahren wird mit der Zeit langweilig, so dass meine Fantasie mir dabei gelegentlich Streiche spielt. Einmal klingelte etwa mein Handy, obwohl ich es gar nicht dabeihatte, oder ich sah einen Baum, wo gar keiner stand. Ein andermal fühlte ich mich beobachtet, so dass ich mich sicherheitshalber umschaute, ob auch wirklich niemand hinter mir war. Wegen solcher Randerscheinungen hoffte ich inständig auf Schnee in den Bergen, damit wir endlich neue Strecken befahren konnten.

Im Training geht es darum, Routine zu erzeugen und die tatsächlichen Bedingungen der beiden Iditarod-Qualifikationsrennen zu simulieren. Ich hatte mich für das *Race to the Sky* und das *Beargrease* entschieden. Beide sind keine Etappenrennen, sondern werden vom Start bis zum Ziel ausgetragen, einschließlich Biwak-Übernachtungen und Pflichtpausen.

Bei großer Kälte zog ich zusätzliche Kleidungsschichten sowie meine Polarhandschuhe an. Je kälter, desto besser. Der Himmel klarte meist auf, und die Sterne leuchteten heller und intensiver. Bei Regen oder Schnee legt sich der Staub, der in der Wüste immer ein Problem darstellt, da er in die Augen und Lungen der Hunde dringt. Staub mögen sie überhaupt nicht. Pfützen dafür umso lieber. Begeistert patschen sie hindurch und dürfen manchmal in den Pausen aus einer harmlos aussehenden trinken.

In der Regel bin ich allein mit meinen Hunden in der Wüste. Gelegentlich lenkt Dad ein zweites Gespann, doch unser Abstand beträgt dann meist mehrere Meilen. Abgesehen von der Teilnahme an Rennen ist mir das Training der liebste Aspekt der Schlittenhundezucht. Doch ein herzhaftes Essen und eine heiße Dusche nach einer langen Tour sind nicht zu verachten.

Ich nahm am *Race to the Sky* als Iditarod-Qualifikationsrennen gemäß den Regeln und Bedingungen teil, die vom Iditarod-Vorstand festgelegt worden waren. Ich durfte Funkgeräte mit Wechselsprechfunktion verwenden, und mein sehender Begleiter Dan McEachen würde ein zweites Gespann lenken. Mein Hundeführer würde Dad sein, und Becki Timson, eine Freundin der Familie, sollte Dan assistieren.

Noch vor Tagesanbruch luden wir 24 Hunde, also zwei komplette Gespanne, in die Hundebox auf dem Truck. Um fünf Uhr rollten wir vom Hof in Richtung Osten. Ich hatte die Rückbank ganz für mich allein und streckte mich aus. Eine Zeitlang hörte ich zu, wie sich Dad und Becki über Politik unterhielten. Dad ist gemäßigt, Becki hingegen eine Erzkonservative. Ich bewege mich irgendwo in der Mitte und bin ein wenig konservativer als Dad, aber längst nicht so extrem wie Becki. Nach einer Weile wurde es mir zu langweilig, und ich setzte die Kopfhörer meines CD-Players auf. Ich mag Musiker wie Jewell, Evanescence und Verticle Worship. Mir gefällt alles, was rockig klingt.

Die Sonne schob sich gerade über die Blue Mountains. Wir machten Rast, damit sich die Hunde strecken, Wasser trinken und eine Kleinigkeit fressen konnten. Auf langen Fahrten haben sie dadurch einen Grund zur Vorfreude, und ihre Muskeln bleiben locker. So durchquerten wir etappenweise ein gutes Stück des Staates Washington und den nördlichen Zipfel Idahos, bis wir schließlich Montana erreichten. Unterwegs sahen wir etliche Elche. Tatsächlich gesehen habe ich sie zwar nicht, aber da Dad und Becki es steif und fest behaupteten, musste ich ihnen glauben.

In Montana war es deutlich kälter als in Oregon. Wir mieteten eine Hütte und fuhren zum Flughafen, um Dan abzuholen. Ich stellte ihm die Hunde vor und erläuterte zu jedem einzelnen seine Eigenheiten und Schrullen. Ich zeigte ihm eine wunde Stelle bei Tinker und erklärte, dass Joe manchmal schlecht fraß und gelegentlich lieber faulenzte als lief. Außerdem wies ich Dan auf eine Stelle an Kings Schulter hin, die etwas empfindlich war. So gingen wir jeden einzelnen Hund durch und teilten sie in zwei ausgewogene Gespanne auf.

Der nächste Tag war für diverse Festlichkeiten und die Vorstellung der 22 angemeldeten Teilnehmer samt ihren Gespannen reserviert. Ich nahm mit Duchess an einem

Wettbewerb für Leithunde teil. Sie war einer meiner Lieblingshunde, obwohl sie mir beim Atta Boy so viele Scherereien bereitet hatte und sich mit allen drei Baseball Brothers paarte. Sie schenkte uns einen herrlichen Wurf Welpen. Duchess und ich absolvierten einen Hindernislauf und belegten den dritten Platz. Der Preis für mich war ein Schokoriegel, und Duchess erhielt einen Hundesnack.

Beim abendlichen Bankett konnten die Besucher eine Fahrt mit ihrem Lieblings-Musher zur feierlichen Eröffnung ersteigern. Wer den Zuschlag bekam, durfte die ersten fünf Meilen des Rennens in einem Tandemschlitten mitfahren, der an den Schlitten des Mushers angekoppelt war. Ein Rodeobullenreiter sicherte sich eine Fahrt mit mir, auf die ich mich durchaus freute, denn er war nicht unsympathisch. Wahrscheinlich hatte er jedoch am Abend gar zu heftig gefeiert, da am nächsten Morgen von ihm keine Spur zu sehen war.

Stattdessen begleitete mich Dad im Tandemschlitten, während Becki bei Dan mitfuhr. Keiner von uns bemerkte die Stelle, wo die Passagiere abgesetzt werden sollten, weshalb Dan und ich unsere Mitfahrer etliche Meilen zu weit beförderten. Irgendwann tauchte ein Schneemobilfahrer auf, der uns zurief, dass sie schon viel weiter vorn hätten absteigen sollen. Er bot an, die Tandemschlitten mit den Passagieren zurück zur Absetzstelle zu ziehen.

Das *Race to the Sky* schlängelt sich über 350 Meilen durch die zerklüfteten Gipfel des Osthanges der Rocky Mountains. Die Strecke klettert über die Baumgrenze hinaus und stürzt steile Abhänge hinab. Durch die großen Höhen und das unwegsame Gelände sind Musher und Hundegespanne bei diesem Rennen den wohl anspruchsvollsten Bedingungen ausgesetzt, wie sie die USA außerhalb Alaskas zu bieten haben.

Die ersten 40 Meilen waren technisch zwar ein Albtraum, aber durchaus unterhaltsam. Es ging über schmale Pfade und enge Kurven, durchsetzt mit nur spärlich schneebedecktem Bruchholz und Geröll. An einer Straßenkreuzung ließen sich meine beiden Leithunde nicht davon abbringen, auf die offene Straße zu laufen, statt auf der Rennstrecke zu bleiben, die über einen schmalen Pfad eine steile Böschung erklomm. Sie waren schon ein gutes Stück gelaufen, bevor ich sie stoppen und das Gespann wenden konnte. Als ich sie endlich wieder auf den richtigen Weg gebracht hatte, waren sie kaum zu bremsen. Sie schlugen ein rasantes Tempo an und versuchten, Dans Gespann einzuholen. Ich stand auf der Bremse, die jedoch kaum etwas bewirkte. Beim Passieren einer Bodenwelle verlor ich das Gleichgewicht, wobei mein Fuß sich in der Bremse verklemmte. Ich war vollkommen hilflos. Wären wir in dieser Situation gegen einen unter dem Schnee verborgenen Stein oder Baumstamm geprallt, dann hätte es meinen Beinknochen zerknickt wie einen morschen Ast. Es gelang mir schließlich, mein Bein zu befreien und meine Füße wieder auf die Kufen zu stellen, wo sie hingehörten.

Bei Dan angekommen, waren zwei seiner Hunde, Eddy und Jovi, gerade dabei, einen alten Streit auszutragen. Ich kam gerade im richtigen Moment zu der Rauferei, so dass ich die beiden voneinander trennen konnte und streng verwarnte. Wir setzten unsere Fahrt fort. Nach wenigen Meilen weigerte sich Dans Gespann unvermittelt weiterzulaufen. Andere Musher zogen an uns vorbei. Nichts ging mehr.

Irgendwann besannen sich die Hunde wieder darauf, dass sie Schlittenhunde waren, und wir erreichten mehr schlecht als recht 40 Meilen nach dem Start die erste Raststation bei Cain Ridge West. Wir waren bis dahin von einer Katastrophe in die nächste gestolpert, und zu allem Überfluss hinkte nun Eddy infolge seiner Auseinandersetzung mit Jovi. Dan befürchtete, Eddy ausmustern zu müssen, doch der Tierarzt untersuchte das verletzte Fußgelenk und erklärte ihn für einsatzfähig. Ich ging in die Aufwärmhütte, und eine sehr leckere Suppe weckte meine Lebensgeister. Wieder draußen in der Kälte, lief ich zu Dan und sagte zu ihm: »Lass uns keine Zeit verschwenden und gleich wieder auf die Piste gehen.«

Bei der nächstbesten Gelegenheit schwenkten meine Leithunde Angel und Lisa – die ich aufgrund einer Verkettung von Widrigkeiten alsbald in Brain-dead (Hirntot) und Wrong-way (Irrweg) umbenennen würde – vom Wege ab und folgten einer Straße.

»Stopp! Du bist auf dem falschen Weg«, ertönte Dans Stimme über Funk.

Die Straße war zwar vor kurzem geräumt worden, aber glücklicherweise fand ich eine Eisscholle, in die ich meinen Schneeanker rammen konnte. Ich sprang vom Schlitten, sprintete nach vorn und wendete die Leithunde. Ich wusste: Sobald sich die Leine des Schneeankers straffte, würde sich der Haken automatisch lösen, woraufhin die Hunde nicht mehr zu halten waren. Ich warf mich auf die Hauptzugleine, und die Hunde wirbelten mich herum wie eine Ladung Wäsche im Schleudergang. Ich bekam einige Schrammen ab, aber wenn ich lockergelassen hätte, wären die Hunde mit meinem Schlitten auf und davon geprescht. So arbeitete ich mich durch das Gespann hindurch zum Schlitten voran und packte Zugleine, Hauptzugleine, Geschirr, Zugleine, Hauptzugleine … und schließlich den Schlitten. Mit einem mehr oder weniger plumpen Satz schwang ich mich auf die Kufen. Hätte jemand diesen peinlichen Moment auf Video gebannt und dem Fernsehen zugespielt, hätten die Zuschauer von Sendungen wie *Verstehen Sie Spaß* sich sicher ausgeschüttet vor Lachen. Mir war in diesem Moment allerdings ganz und gar nicht danach zumute.

Dan war irgendwo vor mir. Er funkte, dass er mich sehen könne und oben am Kamm auf mich wartete. Wrongway und Brain-dead erspähten ihn und befanden, dass die kürzeste Verbindung zwischen zwei Punkten die Gerade war. Dabei war ihnen egal, dass diese Gerade nahezu senkrecht zum Bergkamm hinaufführte. Der Schnee war so pulverig, dass es aussichtslos war, das Tempo mit der Bremse drosseln zu wollen, und der Schneeanker fand keinen Halt. Wir mussten also diese Bergflanke hinauf, komme, was da wolle.

Die Hunde verfingen sich an einem Baumstumpf. Ich stapfte durch den hüfthohen Schnee und befreite sie. Sie dankten es mir, indem sie mich einfach umrannten. Ich versuchte, wieder die Oberhand zu gewinnen, was jedoch nicht so einfach war. Die Hunde waren leicht genug, dass sie auf der obersten Schneeschicht blieben, während ich darauf einbrach. Später berichtete mir Dan, dass meine kleine Einlage von seinem Standort aus gewirkt habe wie ein verhinderter Ringkampf.

Ich erreichte endlich den Kamm, hatte aber so viel Energie verbraucht, dass ich mich kaum noch bewegen konnte. Mir war übel, und ich erbrach die Suppe. Es fühlte sich an, als krempelte sich mein gesamter Magen um.

»Alles in Ordnung?«, fragte Dan und kam auf mich zu.

Ich würgte noch ein paarmal, wischte mir mit dem Handrücken über den Mund und log: »Ist schon O. K., kein Problem. Lass uns weiterfahren.«

Wir überholten ein paar andere Musher, die ihr Lager aufgeschlagen hatten. Nachdem wir einen langen Anstieg hinter uns gebracht hatten, machten wir schließlich Rast. Wir legten Stroh für die Hunde aus, fütterten und tränkten sie. Da wir lediglich ein bis zwei Stunden pausieren würden, hielt ich es für überflüssig, in meinen Schlafsack zu kriechen. Ich zog Dads weite Daunenjacke aus, kuschelte mich mit Zack ins Stroh und deckte die Jacke über uns beide. Zack entstammt zu Teilen der Rasse English Pointer und besitzt daher kein sonderlich dichtes Fell. Es gefiel ihm, sich an mich zu schmiegen, und ich wollte ihn auch ein Stück weit belohnen, da er wirklich brav gewesen war und an jenem Tag die meiste Arbeit in meinem Gespann geleistet hatte.

Ich schlief unruhig und wachte schlotternd auf, weil Zack sich meiner Jacke bemächtigt hatte. Dan war bereits aufgestanden. Ich wollte mich aufwärmen und sagte: »Dann brechen wir doch am besten gleich auf!« Nachdem ich meine Hunde mit ein paar besonderen Leckereien erfreut hatte, fuhren wir los. Da es dunkel war, benutzten wir unsere Stirnlampen. Wir fuhren die ganze

Nacht hindurch und erreichten die Raststation White Tail Ranch bei Meile 112 um sechs Uhr morgens. Damit hatten wir die Zeit wiedergutgemacht, die wir auf dem ersten Abschnitt verloren hatten. Wir banden unsere Hunde fest, wärmten ihr Futter auf dem Spirituskocher an und sorgten dafür, dass sie versorgt und gebettet waren, bevor wir in die Hütte zum Frühstück gingen. Ich versuchte zu schlafen, doch angesichts des Sonnenscheins und ständig neu eintreffender Gespanne fand ich keine Ruhe.

Der Abschnitt zwischen White Tail Ranch und Seeley Lake beträgt 55 Meilen. Nach etwa der Hälfte der Strecke ging bei mir gar nichts mehr. Ich hatte nichts gegessen und mehr als 30 Stunden nicht geschlafen. Ich erlebte etwas höchst Merkwürdiges. Ich sah ein Mädchen etwa in meinem Alter. Sie trug Levi's Jeans und eine hübsche Sommerbluse und tauchte plötzlich auf der Strecke unmittelbar vor meinen Hunden auf. Ich konnte sie klar und deutlich erkennen. Sie war wirklich da. Als die Leithunde jedoch die Stelle erreichten, an der sie stand, kippte sie rückwärts um wie ein Aufsteller aus Pappe. Ich befürchtete, wir hätten das Mädchen womöglich überfahren, doch es war nichts zu sehen als leuchtend weißer Schnee.

Das Gleiche wiederholte sich noch ein paarmal. Leute, die ich nicht kannte, standen auf der Strecke und fielen nach hinten um, wenn wir sie erreichten. Aus eigener Erfahrung und Berichten anderer Musher wusste ich, dass ich halluzinierte. Ich dachte, dass es vielleicht besser wurde, wenn ich etwas aß. Ich verschlang Schokoriegel und Gummibärchen. Vom Lauftraining wusste ich, dass beide Sorten ausgezeichnete Energiequellen sind. Außerdem trank ich etwas Wasser, was offensichtlich prima funktionierte. Die Halluzinationen hörten bald auf.

Am Seeley Lake musterte ich Spud aus, während Dan auf Eddy verzichtete. Beide Hundegespanne waren genauso müde wie Dan und ich. Wir beschlossen, eine Pause von zwölf Stunden einzulegen. Unser Ziel war es, das Rennen zu vollenden und unter den vorderen 75 Prozent ins Ziel zu kommen. Es bestand keine Notwendigkeit, uns im Kampf um den Sieg völlig zu verausgaben.

Ich schlief ausgezeichnet, allerdings gerieten wir durch unsere lange Rast ins Hintertreffen. Ich war entschlossen, die verlorene Zeit auf der nächsten Etappe bis zur Wendestelle an der Holland Lake Lodge wieder einzufahren. Wir erreichten Holland Lake, legten die obligatorische sechsstündige Rast ein und machten uns wieder auf den Weg, um das Starterfeld einzuholen. Bevor wir aufbrachen, kam der Streckenverantwortliche auf uns zu und sagte: »Ich wollte euch nur eine Warnung mit auf den Weg geben.«

Dan entgegnete: »Es gibt nichts, was dieses Mädchen schrecken könnte. Sie ist eine höllisch gute Musherin.«

»Moment mal«, schaltete ich mich ein. »Du wirfst hier mit Komplimenten um dich. Erinnerst du dich an das Mädchen, das ihre Hunde nicht auf der Piste halten konnte? Das Mädchen, das auf allen vieren den Berg hinaufkroch und dann niederkniete und kotzen musste? Das Mädchen, das durchdrehte und Dinge sah, die es gar nicht gab? Meinst du dieses Mädchen?«

Dan lachte. »Genau das Mädchen meine ich.«

»Ich wollte euch darauf hinweisen, dass ihr den Abzweig zum Owl Creek nicht verpassen dürft«, legte uns der Streckenverantwortliche eindringlich ans Herz. »Andernfalls landet ihr auf einem vielbefahrenen Highway, und wo das enden kann, wollen wir uns lieber nicht ausmalen.«

Als wir an der beschriebenen Stelle ankamen, war es Nacht, und ich fuhr an der Spitze. Prompt verpasste ich den Abzweig. Dan brüllte, dass ich anhalten solle. Doch meine Hunde schossen eine geräumte Straße entlang, wo es keine Möglichkeit gab, den Schneeanker zu setzen. Ich lehnte mich so weit wie möglich seitwärts und versuchte, den Haken in die Böschung zu rammen, doch das Seil war nicht lang genug. Nach wenigen Minuten erkannte ich bereits die ersten Scheinwerferlichter auf dem Highway.

Um Himmels willen, dachte ich. *Jetzt ist die Lage aber mehr als ernst.*

Ich sah mein Gespann schon auf den Highway schießen und stellte mir vor, wie PKWs und Sattelschlepper eine Vollbremsung machten, um einen Zusammenstoß mit einem Hundegespann und einer kreischenden Musherin zu verhindern, und dabei eine Massenkarambolage verursachten. Unterdessen setzte ich meine Versuche fort, mit dem Schneeanker auf der Straße Halt zu finden, doch der Asphalt war lediglich von einer dünnen Eisschicht bedeckt. Es gelang mir einfach nicht. Ich versuchte sogar, den Schlitten zur Seite zu kippen, in der Hoffnung, dass die Reibung des Schlittens auf dem Eis das Tempo drosseln würde. Doch unsere Geschwindigkeit war derart hoch, dass ich die nötige Hebelkraft nicht aufbrachte. Wir rasten direkt auf die Katastrophe zu, und ich konnte nicht das Geringste dagegen tun.

Mich überkam eine hilflose Verzweiflung, die mich förmlich zu verschlingen drohte. Gesteigert wurde sie noch durch den unheilvollen Anblick der Scheinwerfer, der rot leuchtenden Rücklichter und die bedrohliche Geräuschkulisse aus herunterschaltenden LKWs, heulenden Motoren und dem leisen Surren der Räder auf der vereisten Straße. Ich hatte panische Angst. Wie viele von meinen Hunden würden sterben? In mir schrie die Vernunft, vom Schlitten abzuspringen und wenigstens mich selbst zu retten. Doch meine Hunde könnte ich niemals im Stich lassen. Würde ich sterben oder schwere Verletzungen erleiden? »Gott, es liegt allein in deiner Hand«, rief ich in den Wind. Trotzdem versuchte ich weiterhin, den Schneeanker ins Eis zu treiben.

Und dann geschah ein Wunder. Der Schneeanker fand doch noch Halt und stoppte die Hunde im letzten Moment vor dem Highway. Ich sprang vom Schlitten, eilte zu den Leithunden, wendete sie, der Haken löste sich, und ich arbeitete mich an den Hunden entlang zum Schlitten vor. Wenn ich dieses Manöver üben würde, dann gingen sicher 99 Prozent der Versuche daneben. Doch diesmal funktionierte es. Wir kehrten der Gefahr den Rücken, und der Furcht einflößende Lärm des Verkehrs nahm allmählich ab. Leise sprach ich ein Dankgebet.

Ich hatte großes Glück gehabt, überhaupt noch am Leben zu sein. Auf der Fahrt zum Seeley Lake nahm ich beglückt die Schönheit der Natur tief in mir auf – üppige Nadelwälder und darüber der Mond, der ab und zu hinter den Wolken verschwand. Vom Gipfel schaute ich hinab auf die leuchtend weiße Oberfläche des Sees, die in helles Mondlicht getaucht war.

An der Raststation erwartete mich Dad. Ich sträubte mich dagegen, schon wieder eine obligatorische Pause von sechs Stunden einlegen zu müssen. »Ich muss weiter. Wenn ich nicht unter den vorderen 75 Prozent ins Ziel komme, wird das Rennen nicht für das Iditarod angerechnet«, maulte ich. »Und dann war alles umsonst.«

»Nein, deine Form ist großartig«, versicherte er mir, »die Strecke ist so anspruchsvoll, dass schon sieben Gespanne ausgeschieden sind. Du musst somit nichts weiter tun, als das Ziel zu erreichen. Dann qualifizierst du dich ganz automatisch.«

Diese Nachricht gab mir neuen Auftrieb. Es gelang mir sogar, ein paar Stunden Schlaf zu tanken, bevor wir die letzten 70 Meilen in Angriff nahmen. Nachdem ich Zack und Pat am Seeley Lake ausgemustert hatte, war mein Gespann auf neun Hunde zusammengeschrumpft. Obwohl die Hunde genauso müde waren wie ich, brachen wir wieder auf. Um nicht einzuschlafen, aß ich Schoko- und Energieriegel und trank reichlich Wasser.

18 Meilen vor dem Ziel verschwand die Sonne hinter dem Horizont, woraufhin sich die Hunde nur noch im Schneckentempo vorwärtsbewegten. Ich hielt an, und wir legten eine einstündige Pause ein. Danach brachen wir wieder auf, weil ich befürchtete, überholt zu werden. Es wurde dunkel, so dass wir unsere Stirnlampen aufsetzten. Der Schnee war aalglatt, einfach perfekt. Der Mond ging auf und ließ die Eiskristalle glitzern. Ein Sternschnuppenregen zeichnete dünne Linien auf den dunklen Himmel, berichtete Dan.

An der Zehn-Meilen-Marke begann der Weg langsam, aber stetig anzusteigen. Es ging immer weiter hinauf.

Ich sprang vom Schlitten und rannte. Doch unvermittelt spürte ich einen stechenden Schmerz im unteren Rückenbereich – derart heftig, dass mir kurzzeitig der Atem stockte und ich auf die Kufen steigen musste, um nicht zu stürzen. *Na wunderbar, nur noch zehn Meilen bis ins Ziel, und jetzt bin ich das schwächste Kettenglied,* dachte ich bei mir. Ich biss die Zähne zusammen, blieb auf den Kufen stehen und stieß mich so kräftig ab, wie ich konnte.

Auf dem Gipfel zogen Wolken am Nachthimmel auf, und heftiger Schneefall setzte ein. Seitlich ging es etwa 100 Meter steil bergab, und ich hoffte inständig, dass Brain-dead und Wrong-way jetzt nicht einen Anfall von Selbstzerstörung bekamen. Aber sie taten nichts dergleichen; vielleicht waren sie auch einfach nur zu müde für derlei Unfug. Ich sprach ihnen Mut zu, lobte sie über den grünen Klee und schwärmte, wie toll sie aussahen, wenn sie so durch den Schnee liefen.

Dann ging es bergab und kurz danach wieder bergauf. Aus dem Schnee wurde Regen, woraufhin sich die Piste in einen Morast aus Schneematsch verwandelte. In der Ferne erkannte ich die Lichter von Lincoln; es konnte also nicht mehr weit sein. Der Weg mündete auf eine Straße, die mit tiefem, matschigem Schnee bedeckt war. Die Lichter verschwanden, da ein neuerlicher Anstieg folgte. Doch inzwischen hatten wir uns der Stadt so weit genähert, dass die Wolken seltsam grell beleuchtet waren. Wieder ging es bergauf.

Auf der letzten Bergkuppe hatte Dan angehalten. »Fahr los.«

»Wo muss ich denn lang?«

»Immer geradeaus.«

Als ich die Ziellinie überquerte, kam Dad auf mich zugeeilt und verkündete aufgeregt: »Du bist Elfte geworden – von zweiundzwanzig Gespannen. Gut gemacht, Mädchen. Weiter so. Eine Qualifikation ist geschafft, eine liegt noch vor dir.«

19

Das John-Beargrease-Rennen

Der sogenannte *John Beargrease Mid-Distance Marathon* wurde von John Patten, Dads früherem Kompagnon aus Bend, Oregon, ins Leben gerufen. Dieses Hundeschlittenrennen über 400 Meilen führt die Uferlinie entlang und über die Eisdecke des Lake Superior. Benannt ist es nach John Bergrease, einem legendären Chippewa-Indianer, der per Hundeschlitten am Nordufer des Lake Superior Post auslieferte. Er war bekannt für seine absolute Zuverlässigkeit und die Glöckchen am Geschirr seiner Hunde, die sowohl dazu dienten, die Wölfe abzuschrecken, als auch den Bewohnern der verstreut liegenden Höfe und Siedlungen anzuzeigen, dass die Post da war. Für viele der abgeschieden lebenden Bewohner des

Nordufers bildete John Beargrease den einzigen Kontakt zur Außenwelt.

Das Beargrease gilt als eines der schwierigsten Qualifikationsrennen für das Iditarod. Genau aus diesem Grund entschloss ich mich, dort zu starten. So konnte mir niemand vorwerfen, ich hätte mich mit leichten Rennen durch die Hintertür eingeschlichen. Ich zog es vor, lieber gleich mit der Tür ins Haus zu fallen und nicht nur das *Race to the Sky*, sondern obendrein noch das John Beargrease zu meistern.

Mark Stamm aus Riverside, Washington, erklärte sich bereit, mein sehender Begleiter zu sein. Mark, ein langjähriger Freund der Familie, ist ein erfahrener Musher, der schon seit über 30 Jahren Rennen fährt. An folgenden Rennen hatte er erfolgreich teilgenommen: Yukon Quest, UP 200, Wyoming Stage Stop, Seeley Lake 100, Atta Boy 300. Das *Race to the Sky* absolvierte er zehnmal erfolgreich. Er lebt für den Hundeschlittensport, und ich fühlte mich zutiefst geehrt, als er zustimmte, mich beim Beargrease zu begleiten.

Mark verfügt über ein ausgezeichnetes Hundegespann – arbeitsam und diszipliniert. Da Mark über ein eigenes Gespann verfügte, konnte ich ausschließlich meine allerbesten Hunde einsetzen, statt sie wie beim *Race to the Sky* auf zwei Teams verteilen zu müssen.

Mark und ich haben neben den Hunden viele gemeinsame Interessen. Dazu gehört unter anderem die Liebe zur Musik. Mark benennt sämtliche seiner Welpen nach berühmten Musikern. Wenn er mit dem Schlitten unterwegs ist, konzentriert er sich voll und ganz aufs Geschehen und redet nur das Nötigste. Das finde ich gut. Wenn ich draußen auf der Piste bin, will ich meine Hunde und den Klang der Natur hören und kein überflüssiges Gerede.

In der ersten Märzwoche 2004 brachen wir gemeinsam von zu Hause nach Duluth, Minnesota, auf. Beide Hundeteams befanden sich in der Transportbox auf der Ladefläche unseres Doppelkabinen-Pick-ups. Jedes Abteil war mit zwei Hunden besetzt, da sie es auf diese Weise wärmer hatten. Dad hatte im Gang zwischen den Hundeboxen ein Bett installiert, wo wir abwechselnd schlafen konnten. Das war herrlich; man konnte sich ein paar Stunden lang ausstrecken, bis wir wieder anhielten, damit die Hunde Auslauf bekamen. Danach durfte jemand anders ein Nickerchen machen. Unterwegs hörten wir Marks Lieblingsmusik, zumeist Rockklassiker von den Stones, Led Zeppelin, Styx, Lynyrd Skynyrd, den Eagles, Dire Straits und Pink Floyd.

Das Beargrease startet am Lester Park in Duluth und führt am Nordufer des Lake Superior entlang über sanfte, durch Gletscher geformte Hügel. Bei der Stadt Tofte befindet sich die Wendestelle; die Strecke führt anschließend auf demselben Weg wieder zurück. Mark, der an diesem Rennen bereits teilgenommen hatte, erläuterte mir, was mich erwartete, und wir arbeiteten gemeinsam unsere Rennstrategie aus. Wir würden unser Tempo konstant halten und auf den ersten 100 Meilen so wenige Pausen einlegen wie möglich. Bergauf würden wir rennen und bergab bremsen. Die meisten Verletzungen an den Schultern und Fußgelenken der Hunde treten an abschüssigen Strecken auf, wenn das Gewicht von Schlitten und Musher sie zu schnell werden lässt. Durch

Bremsen konnten wir das Verletzungsrisiko minimieren. Es waren zwei Pflichtpausen von jeweils sechs Stunden vorgesehen. Darüber hinaus mussten Musher und ihre Hunde unterwegs zusätzlich 20 Stunden nach Ermessen des Mushers rasten. Solange unsere Hunde noch frisch waren, würden wir Strecke machen und erst später Erholungspausen einlegen, wenn sie es am meisten brauchten. Das war unsere Rennstrategie.

In letzter Minute trafen wir noch eine weitere Entscheidung. Ich würde Marley, einen von Marks Leithunden, in mein Gespann aufnehmen. Marley war natürlich nach dem legendären jamaikanischen Reggae-Sänger Bob Marley benannt. »Er ist ein großartiger Hund, der mir überallhin folgen würde«, versicherte mir Mark.

Zum Start des Rennens war die Sonne hinter einer dichten Wolkenfront verborgen, so dass für mich perfekte Lichtverhältnisse herrschten. Schaulustige säumten die Straßen von Duluth und jubelten uns zu, als wir vorbeikamen. Kurz darauf umfing uns die Stille der hügeligen Landschaft, die nur kurz unterbrochen wurde, wenn uns andere Musher mit ihren energiegeladenen Gespannen überholten. Immer, wenn jemand an uns vorbeizog, meldete sich mein Kampfgeist, und ich musste mir jedes Mal in Erinnerung rufen, dass am Ende derjenige gewinnt, der ein gleichmäßiges Tempo beibehält. Schildkröte war besser als Hase.

Wir passierten die erste Raststation bei Billy's Supper Club, wo uns ein paar Sympathisanten empfingen. Kurz darauf waren wir schon wieder allein. Wir fuhren vorbei an Birken- und Ahornhainen, wo die nackten Äste wie lange, dürre Finger in den grauen Himmel ragten. Auf

Lichtungen schauten die dunklen Äste kleiner Fichten aus dem Schnee hervor. Unsere Geschwindigkeit lag bei elf Meilen pro Stunde (etwa 18 Stundenkilometer) – ein solides Lauftempo.

An diesem Tag machten wir nur wenige kurze Pausen. Nach Sonnenuntergang schalteten wir unsere Stirnlampen ein und versahen unsere Hunde mit Licht, damit sie von Schneemobilfahrern gesehen wurden, die gelegentlich die Piste befuhren. Meine Hunde trugen kleine Blinklichter, wie sie bei Dunkelheit auch von Radfahrern verwendet werden. Einmal zog jedoch ein Hundegespann an uns vorbei, das derart grell beleuchtet war, dass man meinte, von einem Weihnachtsbaum überholt zu werden.

Die zweite Raststation lag 60 Meilen nach dem Start am Highway No. 2. Wir machten dort ein paar Stunden Pause, damit sich die Hunde ausruhen und wir uns ein kurzes Nickerchen gönnen konnten. Danach ging es Richtung Finland, wo sich die dritte Raststation befand. Nachts war es wesentlich kälter, wodurch der Schnee fester war und die Kufen besser über die Piste glitten, als wenn Sonnenschein den Schnee zum Schmelzen brachte. Wir kontrollierten die Füße unserer Hunde sorgfältig und wachsten sie regelmäßig, damit der Schnee nicht zwischen ihren Zehen haften blieb und Beschwerden verursachte. Einige Hunde benötigten zusätzlichen Schutz in Form von Füßlingen, den sogenannten Booties.

Als wir Finland erreichten, war es bereits helllichter Tag. Wir versorgten die Hunde, und ich massierte das Fußgelenk des linken Vorderlaufes von Seth. Er begann, das Bein ein wenig zu schonen. Mark zeigte mir, wie man einen wiederverschließbaren Gefrierbeutel um das Gelenk wickelt und darüber einen Gelenkwärmer zieht. Das war eine geschickte Maßnahme, um zu verhindern, dass der Gelenkwärmer die Blutzirkulation behinderte, während die betroffene Stelle trotzdem warm blieb. Jeder Musher verfügt über eine kleine Trickkiste, und ich nahm neue Anregungen dankbar auf. Nachdem die Hunde gebettet waren, stärkten wir uns mit einer heißen Schokolade und einem Hamburger. Anschließend genehmigten wir uns ein kurzes Nickerchen.

An der vierten Raststation bei Sawbill, 133 Meilen nach dem Start, musste eine sechsstündige Pflichtpause eingelegt werden. Ich warf den Spirituskocher an, um Hundefutter zu erwärmen. Die Sonne schien hell, und es dauerte eine halbe Ewigkeit, den Brennstoff zu öffnen, einzufüllen und anzuzünden. Der Kocher brennt mit einer heißen blauen Flamme, die ich jedoch nicht sehen kann. Ob er funktioniert, merke ich einzig und allein an der Hitze, die er verströmt. Ich stand neben dem Kocher und genoss die Wärme. Als der Schnee im Topf geschmolzen war, gab ich mehr davon hinein. Da ich nicht sehen konnte, wie groß die Flamme war, setzte ich dabei versehentlich meinen Jackenärmel in Brand. Ich löschte das Feuer mit meinem Handschuh, glücklicherweise ohne mich dabei zu verbrennen.

Später ging ich in die Aufwärmhütte, um mit anderen Mushern etwas zu essen. Ich schaute mir meinen Ärmel genauer an und schimpfte gerade über mein Missgeschick, als Blake Freking herüberkam und witzelte: »Wohl zu nahe am Kocher gestanden, was? Glück gehabt. Ist mir letztes Jahr beim Iditarod passiert. Bin an den Kocher gekommen und hab mir dabei die Hosen verbrannt.«

Wir lachten beide herzhaft, und ich antwortete: »Besten Dank, jetzt fühle ich mich nicht mehr ganz so blondinenhaft.«

Die Stadt Tofte lag exakt in der Mitte der Strecke. Auf dem Weg dorthin überquerten wir ein Stück Eisfläche des Lake Superior. Der Wind frischte auf, und es wurde kalt. Auf dem glatten Untergrund kamen wir mühelos und flott voran. Dad erwartete uns. Er meinte, dass ich vermutlich auf dem sechsten Rang läge, wobei eine exakte Ermittlung aufgrund der uneinheitlichen Zwischenstopps schwierig sei.

Nachdem ich ein paar Stunden geschlafen hatte, begab ich mich zur Startlinie, musste auf dem Weg dorthin jedoch feststellen, dass ich meine Weste mit der Startnummer im Truck vergessen hatte. Ich bat Dad, sich auf die Bremse zu stellen, während ich den Berg hinaufeilte, um die Weste zu holen. Ich streifte sie über und rannte zurück zu meinem Schlitten. Unterwegs haderte ich sehr mit mir, dass mir ein solch banaler Anfängerfehler unterlaufen war.

Direkt hinter uns ging ein gigantischer Vollmond auf, der die Landschaft in grellweißes Licht tauchte und die Schatten der Hunde, des Schlittens und meiner selbst zu sonderbar geisterhaften Gestalten verformte. Ich winkte, und mein langgezogener Schatten winkte zurück. Ich duckte mich, und plötzlich waren nur noch die Schatten der Hunde und des Schlitten zu sehen. Es wirkte, als sei ich von der Erdoberfläche verschwunden.

Die Hunde liefen jetzt ein wenig langsamer, doch das

Rennen war ja auch schon zur Hälfte geschafft; jetzt ging es bergab. Ich genoss mit allen Sinnen die Schönheit dieses Abends – die Weite der Wildnis, die Einsamkeit und Idylle dieses Ortes – und dankte Gott dafür aus tiefstem Herzen.

In Sawbill legten wir eine Pause ein. Auf dem Weg zurück nach Finland schlichen sich Langeweile, Monotonie und Ermüdung ein, und die berauschenden Aspekte des Rennens traten gänzlich in den Hintergrund. Auch die Hunde waren erschöpft. Bei der Raststation in Finland redete mir Dad ins Gewissen. »Du hast die Wahl zwischen zwei Möglichkeiten« – »Es ist ganz allein deine Entscheidung. Tu das, was du für richtig hältst. Meine volle Unterstützung hast du in beiden Fällen.« – »Das sind die Alternativen: Bis zum Ziel liegen noch hundertacht Meilen vor dir. Du kannst hier sechs Stunden Rast machen. Wenn du dich dazu entschließt, werden deine Hunde ausgeruht sein, so dass du mit ziemlicher Sicherheit das Ziel erreichen und dich für das Iditarod qualifizieren wirst. Oder du legst nur eine kurze Pause ein und fährst danach gleich weiter. Dann stehen deine Chancen gut, unter den ersten Sechs ins Ziel zu kommen. Aber wenn du vorschnell wieder startest, gehst du gleichzeitig das Risiko ein, dass deine Hunde kapitulieren und du aufgeben musst. Du weißt ja selbst, was das für ein Gefühl ist. Auch ich habe es erlebt. Denk darüber nach. Die Entscheidung liegt bei dir.«

Ich fütterte meine Hunde, doch ihr Interesse am Fressen hielt sich in Grenzen. Als ich rohes Fleisch in ihr Wasser legte, gefiel ihnen das schon besser. So bekamen sie wenigstens etwas Substanzielles. Ich untersuchte jeden Hund und hob die Haut am Hals kurz an. Wenn sie gleich wieder zurückschnappte, war dies ein Zeichen dafür, dass ihr Wasserhaushalt in Ordnung war. Mit drei Ausnahmen waren alle Hunde gut in Form. Mandy hatte ein Problem mit ihrem linken Hinterbein. Angel ebenfalls. King machten seine Schultern und ein Fußgelenk zu schaffen. Ich beschloss, alle drei auszumustern. Mein Gespann war jetzt auf neun Hunde geschrumpft.

Nachdem die Hunde versorgt waren, zog ich mich zurück und ging in mich. Ich betete viel und überlegte hin und her, ob ich es mir leicht machen oder auf volles Risiko setzen sollte. Ich dachte daran, wie mich meine Hunde beim Atta Boy 300 im Stich gelassen hatten, und an Wyoming, wo Dad sich vor den Schlitten gespannt und das Gespann 30 Meilen weit gezogen hatte, bis er nicht mehr konnte und einfach zusammenklappte. Ich vergegenwärtigte mir jeden Hund, was er bis hierher gegeben hatte, und versuchte abzuschätzen, wie viel er leisten konnte. Ich stellte mir vor, wie sie entscheiden würden, wenn sie könnten.

»Was wirst du tun?«, fragte Dad, als ich wiederkam.

Ich holte tief Luft. Mit erhobenem Kopf schaute ich ihm in die Augen und sagte: »Ich bin nicht zu einer Schlittenpartie hergekommen, sondern zu einem Rennen. Also gehen wir aufs Ganze.«

Auf dem Weg zum Schlitten sprach ich ein kurzes Gebet: »Gott, lass es die richtige Entscheidung sein.«

John Patten war schon dort und machte mir Mut: »Denk nicht an die Entfernung. Teil dir die Strecke in kleinere Abschnitte von fünf oder zehn Meilen ein, und ehe du dich's versiehst, bist du im Ziel. Viel Glück.«

Als wir in die Dunkelheit hineinfuhren, musste ich an

jene Nächte denken, in denen ich als Achtjährige neben John saß und seinen fantastischen Geschichten über Schlittenhunde und das Iditarod lauschte. Damals hatte ich begonnen, meinen Traum zu träumen – durch Johns Geschichten. Und jetzt trennte mich nichts weiter von meiner ersehnten Teilnahme am Iditarod als 108 Meilen.

»Du schaffst es«, sagte ich mir. »Noch zehn Meilen, und es sind nicht einmal mehr hundert. Fahr einfach los und lass sie hinter dir.«

Nach etwa 20 Meilen beschloss Marley, der Mark bis dahin treu und brav gefolgt war, einmal eine andere Strecke auszuprobieren. Ehe ich es bemerkte, überquerten wir auch schon eine Bahnstrecke, und als der Schlitten auf die Gleise fuhr, kippte er um. Ich stoppte die Hunde, hievte den Schlitten wieder auf die Kufen, wendete das Gespann und brachte es wieder auf den richtigen Weg. Das kostete Zeit und raubte uns allen wertvolle Energie.

An der Raststation am Highway No. 2 schätzte ich die verbleibende Strecke auf etwa 55 Meilen. Die Sonne begann, Tageslicht zu spenden, und aus den dichten Regenwolken begann es wie aus Kannen zu schütten. In der Nacht war eine Warmfront herangezogen, woraufhin die milden Temperaturen in Verbindung mit sintflutartigen Regenfällen den Schnee in eine breiige Masse verwandelten. Auf der Rennstrecke traten Schotter und Schlamm zutage. Ich rannte jeden Anstieg hinauf und stieß mich an abschüssigen Strecken mit einem Bein ab. Die Hunde waren erschöpft. Sie schlurften nur noch müde dahin.

Wir passierten eine Straße, an der ein Mann neben seinem Pick-up stand und rief: »Noch achtzehn Meilen.«

»Bis wohin?«, fragte ich zurück.

»Bis ins Ziel. Es sind nur noch achtzehn Meilen bis ins Ziel. Tolle Leistung!«

Ich hatte Marley ziemlich unter Druck gesetzt und mich auf ihn verlassen, dass er das Gespann führte. Doch als nur noch 15 Meilen übrig waren, schwenkte Marley vom Weg ab in einen kleinen Hain hinein und ließ sich nieder.

»Nein, nein!«, schrie ich ihn an. »Wir müssen weiter. Steh auf, Marley. Komm schon!«

Aber Marley ließ sich nicht beeindrucken. Er forderte eine Pause ein, und die anderen Hunde beteiligten sich nur allzu gern an seiner kleinen Meuterei, indem sie es sich ebenfalls im Schnee bequem machten. Mir blieb nichts anderes übrig, als es mit Bestechung zu versuchen. Ich holte also Hühner- und Rindfleischstücke nebst Würstchen hervor, die ich ohne strenge Worte an sie austeilte. Ich lobte die Hunde überschwänglich für die harte Arbeit, die sie mir zuliebe geleistet hatten. Ich sagte ihnen, wie stolz ich auf sie sei, und machte ihnen Mut für die verbleibende, lächerlich kurze Strecke von 15 Meilen.

»Das ist weniger als einmal rund um die heimische Trainingsschleife.« Doch in diesem Moment schienen die Badlands so weit entfernt wie nie zuvor.

Nachdem ich mich 20 Minuten lang als Cheerleader betätigt hatte, zog ich die Hunde herum, ging nach hinten zum Schlitten und legte meinen ganzen Enthusiasmus in den Ruf: »Lauft!« Und zu meinem großen Erstaunen erhoben sich die Hunde und setzten sich tatsächlich in Bewegung. Zwar nicht sonderlich schnell, aber immerhin ging es vorwärts. Wir schlossen zu Mark auf, der ebenfalls angehalten und seinen müden Hunden eine Pause gegönnt hatte.

»Ich hatte mir schon Sorgen gemacht«, sagte er.

»Kein Problem«, versicherte ich ihm. »Wir haben nur eine kurze Siesta eingelegt.«

Mark fuhr voran bis zu einer Straßenkreuzung. Offensichtlich hatte ein anderes Gespann an dieser Stelle gerastet, denn meine Hunde rochen Fleisch, hielten an und forderten erneut Belohnungen ein. Ich holte alles hervor, was ich noch zu bieten hatte, und verfütterte es. Inzwischen war der Regen stärker geworden, und ich wurde nass bis auf die Knochen.

Ein Mann kam auf dem Schneemobil heran und teilte uns mit: »Ich komme gerade vom Highway No. 2. Vier Gespanne schließen zu dir auf, ihr Rückstand beträgt noch etwa eine halbe Stunde.«

Ich versuchte, mich von dieser Nachricht nicht beirren zu lassen und massierte ungerührt die Hunde, die es nötig hatten, streichelte jeden einzelnen, gab ihnen reichlich Zuwendung und motivierte sie, mich jetzt nicht im Stich zu lassen. Ich versprach ihnen ein Dach über dem Kopf, sobald wir zum Truck zurückkamen. Ich versicherte ihnen, sie mit dem Handtuch trocken zu reiben. Ich stellte ihnen besondere Leckereien in Aussicht.

Ich stellte Marley als zweiten Leithund Cletus zur Seite. Als ich sie aufforderte loszulaufen, gehorchten sie. Ich lief noch eine Zeitlang neben dem Schlitten her und lobte die Hunde, wie toll sie ihre Sache machten, und bat sie eindringlich, nicht nachzulassen.

Ich sang ihnen jeden Gospel und Spiritual vor, den ich je in der Kirche gelernt hatte. Besonders passend fand ich in dieser Situation das Lied »He Never Failed Me Yet« (Er hat mich noch nie im Stich gelassen), weshalb es die Hunde gleich mehrfach zu hören bekamen. Sie bewegten sich zwar im Schneckentempo, doch zumindest vorwärts. Das taten sie jedoch höchstwahrscheinlich nicht des Laufens wegen, sondern schlichtweg um endlich meinem Gesang zu entkommen.

Ich erkannte einen Hügel, den wir beim Aufbruch aus Duluth erklommen hatten, sowie einen Maschendrahtzaun, an dem sich jubelnde Zuschauer versammelt hatten. Wir überquerten eine Kreuzung. Ich wusste, dass die Ziellinie im Lester Park nicht mehr weit sein konnte. Ich war durchnässt, erschöpft und fror erbärmlich. Trotzdem lief ich weiter neben meinem Schlitten her.

Mark hielt an, damit ich vor ihm ins Ziel fahren konnte. Dad erwartete uns. Das Rennen war vorüber. Von 28 gestarteten Gespannen hatte ich den sechsten Platz belegt und die 400 Meilen in 75 Stunden bewältigt. Ich war begeistert, dass ich nicht zu hoch gepokert und meine Hunde tatsächlich mitgespielt hatten.

Wenige Minuten, nachdem ich die Ziellinie überquert hatte, trafen unmittelbar hintereinander vier weitere Gespanne ein. Ich wandte mich meinen Hunden zu und machte mich an die Arbeit, um jedes meiner unterwegs gegebenen Versprechen einzulösen.

20

Das Iditarod im Visier

Das *Iditarod Trail Sled Dog Race* erstreckt sich über eine Distanz von 1.100 Meilen über die Alaska Range hinweg und durch die enormen Weiten des 49. US-Bundesstaates. Das Rennen selbst ist für den Musher jedoch nur die Spitze des Eisbergs. Vor dem eigentlichen Start zum sogenannten »letzten großen Rennen« ist eine Menge Arbeit in Form von Vorbereitung, Planung, Training und Sponsorengewinnung vonnöten. Für mich begannen die Vorarbeiten für meinen großen Traum schon vor Jahren. Dad und ich entwickelten mit großem Aufwand in unserer Schlittenhundezucht eine spezielle Zuchtlinie, aus der Hunde mit einem Höchstmaß an Schnelligkeit, Ausdauer, Laufwillen und Leistungsbereitschaft hervorgehen. Bekommt der Züchter aus einem Wurf ein bis zwei Welpen mit diesen Eigenschaften, kann er sich außerordentlich glücklich schätzen. Hunde, die den Vorgaben nicht entsprechen, werden ausgemustert und als Haustiere in liebevolle Hände gegeben.

Mit dem Training meines Gespanns für das Iditarod 2005 begann ich in einem eingezäunten Bereich auf unserem Grundstück, den wir als Spielplatz bezeichnen. Der Spielplatz ist mit circa 100 mal 50 Metern in etwa so groß wie ein Fußballfeld und ein für die Hochwüste typisches Gelände mit Lavagestein, Wüstensalbei und Wacholder. Dort können sich die Hunde richtig austoben. Ich laufe und spiele mit ihnen, wobei ich recht schnell erkenne, welche Hunde sportliche Ambitionen zeigen. Mein Augenmerk gilt stets jenen Tieren, die beim Spielen großen Eifer an den Tag legen, übermütig Luftsprünge vollführen und scheinbar nie müde werden. Genau solche Hunde brauche ich für mein Gespann.

Unser Spiel trägt dazu bei, bei meinen Hunden die körperliche Leistungsfähigkeit zu trainieren. Sobald eine Gruppe des gegenseitigen Jagens überdrüssig wird, bringe ich einfach einen neuen Hund ins Spiel, hinter dem dann alle anderen herflitzen. Meine eigene Kondition beziehe ich ebenfalls zum Teil aus dem Spiel mit den Hunden. Darüber hinaus laufe ich regelmäßig und gehe so oft wie möglich ins Fitnessstudio. Das ist jedoch oftmals nicht so einfach, weil ich auf Dad angewiesen bin, der mich die 35 Kilometer in die Stadt fährt.

Die erste offizielle Veranstaltung im Iditarod-Kalender bildet das Iditarod Volunteer Picnic and Sign-Up, das im Juni in Wasilla, Alaska, dem Hauptquartier des Rennens, abgehalten wird. Dad und ich beschlossen, daran teilzunehmen, damit ich mich persönlich für das Iditarod 2005 anmelden, die Teilnehmergebühr entrichten und damit den Ball endgültig ins Rollen bringen konnte. Durch die Anwesenheit bei dieser Veranstaltung sicherte ich mir bei der Auslosung der Startpositionen einen Platz im vorderen Drittel und hatte zudem Gelegenheit, einige der anderen Musher kennen zu lernen.

Die Zeitung *Anchorage Daily News* hatte mehrere kritische Artikel über meine Teilnahme am Rennen veröffentlicht, und in den einschlägigen Internetforen gab es heiße Diskussionen über dieses blinde Mädchen aus Oregon, das angeblich versuchte, den Laden aufzumischen. Darin ging es vor allem um die Frage, ob ich tatsächlich die Nerven haben würde, die Sache durchzuziehen. Durch meine Teilnahme am Picknick konnte ich jedermann beweisen, dass ich es ernst meinte mit meinem Vorhaben, beim Iditarod zu starten.

Wir flogen nach Anchorage, mieteten dort ein Auto und fuhren damit nach Wasilla. Während der Fahrt spekulierten Dad und ich, wie man mich vor Ort wohl empfangen würde. Ich befürchtete, dass einige meiner schärfsten Kritiker die Gelegenheit für einen öffentlichen Schlagabtausch nutzen würden. Doch Dad versuchte, mich zu beruhigen und meinte: »Ich glaube wirklich nicht, dass es so schlimm wird, wie du erwartest. Sicher werden dich nicht alle mit offenen Armen empfangen, aber ich rechne nicht damit, dass sie dich brüskieren werden. Du hast dich mit zwei wirklich anspruchsvollen Rennen ordnungsgemäß qualifiziert. Du hast dich an ihre Regeln gehalten. Du bist eine von ihnen, eine Musherin. Sei einfach offen und freundlich, wie es auch sonst deine Art ist, dann wirst du keinerlei Probleme haben.«

Das beruhigte mich ein wenig. Trotzdem war mir etwas mulmig zumute. Vielleicht fürchtete ich mich vor einer Konfrontation, vielleicht wurde mir erst in diesem Moment die eigentliche Tragweite meines Unterfangens bewusst. Dad traf gleich bei unserer Ankunft ein paar alte Freunde und gesellte sich zu ihnen. Ich blieb allein zurück, was mir jedoch nichts ausmachte. Ich hatte vor, mir das Iditarod-Hauptquartier anzusehen. Es war ein Blockhaus, in dem unter anderem die Geschichte des Rennens dargestellt war. Ich ging in Richtung der Ausstellung, machte unterwegs jedoch noch einmal Halt, um eine Gedenktafel für Joe Redington zu lesen. Aufgrund des strahlenden Sonnenscheins trug ich meine Sonnenbrille. Natürlich musste ich so dicht an die Tafel herangehen, dass ich mit meiner Nase fast anstieß, um die Schrift entziffern zu können.

»So schlechte Augen kann man doch gar nicht haben«, vernahm ich hinter mir eine Männerstimme. Ich drehte mich um. Der Mann erschrak. »Oh nein, Sie sind Rachael Scdoris, oder? Es tut mir wirklich leid.«

»Machen Sie sich keine Gedanken«, entgegnete ich lachend. »So etwas passiert mir andauernd.«

Ich habe festgestellt, dass solche taktlosen Bemerkungen meist nicht böse gemeint sind, und nehme sie daher nicht persönlich. Dieser Mann konnte sich jedoch gar nicht wieder beruhigen. »Ich bitte vielmals um Entschuldigung. Ich bin ein solcher Dummkopf. Ich weiß nicht, was ich mir dabei gedacht habe; wahrscheinlich gar nichts.«

»Kein Problem«, antwortete ich und streckte meine Hand aus. Der Mann stellte sich vor, und ich erkannte ihn als Musher. Er war keiner der langjährigen Sieger, sondern fuhr immer im Mittelfeld mit, so wie ich es bei meinem ersten Rennen vermutlich auch tun würde. Wir unterhielten uns noch ein paar Minuten, und er empfahl mir, nach meinem Besuch im Hauptquartier auch das kleine, auf Stelzen errichtete Lagerhaus zu besichtigen. Er erklärte mir, dass solche Gebäude in der Wildnis dazu dienten, Lebensmittel vor Bären zu schützen.

Mit dieser Begegnung war für mich das Eis gebrochen. Im Anschluss an meinen Rundgang durch das Hauptquartier schlenderte ich zur Picknickwiese, wo Ramie Redington, der Sohn des legendären Iditarod-Begründers Joe Redington senior, sogleich auf mich zukam. Wir kannten uns bereits. Er wünschte mir alles Gute für das Rennen und fügte hinzu: »Du wirst das locker hinbekommen. Wahrscheinlich passierst du die kritischen Stellen und fragst dich hinterher, wo sie gewesen sind. So schlimm kann das Rennen nicht sein, immerhin hat Dad noch im Alter von 80 Jahren daran teilgenommen.«

Ich traf noch etliche andere Bekannte: die Musher Mike Williams, Ken Anderson, Ramy Brooks, Aliy Zirkle, Jessie Royer und John Baker. Alle waren sehr nett zu mir. Sie wünschten mir Glück und versicherten, welch großartiges Erlebnis das Iditarod sei. Später saß ich unter anderem mit John Baker am Tisch. Wer die anderen Leute waren, konnte ich nicht erkennen, bis John sich zu mir herüberbeugte und fragte: »Möchtest du die Seavey-Jungs kennen lernen?«

John stellte mich den Seaveys vor. Ich fühlte mich ein

wenig unsicher und hatte großen Respekt vor ihnen; immerhin gehörten sie zu den bekanntesten Vertretern des Schlittenhundesports. Dan Seavey senior nahm erstmals 1973 am Iditarod teil. Sein Sohn Mitch war der amtierende Gewinner des Jahres 2004. Als ich Mitch vorgestellt wurde, sagte ich: »Wahrscheinlich können Sie es schon nicht mehr hören, trotzdem herzlichen Glückwunsch zu Ihrem Sieg.«

»Davon kann ich nicht genug bekommen, danke«, antwortete er.

Mitch und seine Frau Jeanine haben vier Söhne. Drei sind ungefähr in meinem Alter und ebenfalls gestandene Musher. Der älteste, Danny, ist zwei Jahre älter als ich. Danach kommt Tyrell. Beide haben bereits am Iditarod teilgenommen. Der Dritte im Bunde ist Dallas. Er würde am Tag vor dem Rennen seinen 18. Geburtstag feiern und durfte somit 2005 als sogenannter Rookie starten. Der Jüngste war zu dieser Zeit der achtjährige Conway.

Ich wusste nicht, wie die Seaveys zu mir standen. Anfangs hatte sich Dan senior massiv gegen mein Ansinnen ausgesprochen, einen sehenden Begleiter per Schneemobil einzusetzen. Das hatte er während der Iditarod-Vorstandssitzungen unmissverständlich kundgetan. Doch zugleich hatte er sich bemüht, mir bei meiner Zusammenkunft mit dem Vorstand in Anchorage freundlich gegenüberzutreten. Ich hatte das Gefühl, dass er möglicherweise den Kompromiss vorangetrieben hatte, der mir die Teilnahme mit einem sehenden Begleiter samt zweitem Hundegespann ermöglichte.

Kurz darauf standen Mitch, Jeanine und Dan senior auf und gingen ihrer Wege, während die Seavey-Jungs und ich sitzen blieben und weiterplauderten. Sie waren die einzigen Picknick-Teilnehmer in meinem Alter. Wir verstanden uns prächtig.

Tyrell sagte, als er das erste Mal von meiner Bewerbung für das Iditarod hörte, dachte er, blind sei eben blind und ich könne überhaupt nichts sehen. Doch seit er mich gesehen habe, verstehe er, dass es verschiedene Grade von Blindheit gebe. Wir sprachen über eingeschränktes Sehvermögen, und ich beschrieb ihm, was ich sehen konnte und was nicht. Er schien sehr interessiert an dem, was ich zu sagen hatte.

Als die Verlosung des Hauptpreises – die Nutzung eines Pick-ups der Marke Dodge während des Iditarod – anstand, erklärte ich den Seavey-Brüdern, dass ich immerzu Glück im Spiel hatte und bestimmt den Hauptpreis gewann. Sie lachten. Doch als das Siegerlos gezogen wurde, druckste der Ansager merkwürdig herum und verkündete schließlich, dass ein zweiter Name gezogen werden müsse. Ich wusste, dass ich die Gewinnerin war. Ich nahm an, dass sie mir den Wagen deshalb nicht geben wollten, weil ich blind war und demzufolge nicht fahren konnte. Es stellte sich schließlich heraus, dass ich tatsächlich gewonnen hatte. Sie hatten mich jedoch deshalb nicht zur Gewinnerin erklärt, weil das Fahrzeug aus Versicherungsgründen Alaska nicht verlassen durfte. Ich erklärte, dass wir bereits sechs Wochen vor dem Rennen nach Alaska kommen würden und somit den Pick-up durchaus nutzen konnten. Daraufhin bekam ich ihn zugesprochen.

Nach der Verlosung blieben etliche Trostpreise übrig, mit denen die Seavey-Jungs und ich das Iditarod nachstellten. Die Plüschtiere waren unsere Leithunde, und Wasserflaschen stellten unsere Schlitten dar. Wir spielten wie ausgelassene Kinder.

Dad und ich kehrten heim nach Oregon. Etliche Wochen später rief Tyrell eines Tages an. Dad sprach ein paar Minuten mit ihm und reichte das Telefon an mich weiter: »Ist für dich.« Er erwähnte nicht, wer dran war.

»Hallo, Rachael, hier ist Tyrell Seavey.«

Ich war verblüfft, dass er mich anrief, schaffte es jedoch, ein Gespräch mit ihm zu führen. Er fragte nach meinem Gespann, und ich erzählte, dass sie allmählich zueinanderfanden. Tyrell berichtete von seinen Hunden. Sein Vater würde das A-Team der Seaveys lenken und Tyrell das B-Team. Hauptsächlich sprachen wir über Hunde und das Training. Ich erwähnte, dass ich Mitte Januar nach Alaska kommen würde, damit sich meine Hunde an die niedrigen Temperaturen gewöhnen konnten.

»Nimmst du an einer der Qualifikationen teil?«, fragte er.

Und dann hatte ich einen völligen Blackout. Ich hatte mich für das Tustumena 200 angemeldet. Doch mein Kopf war leer. Ich stotterte: »Ich nehme am … an diesem Rennen auf der Halbinsel Kenai teil … über zweihundert Meilen … äh, es fängt mit T an …«

»Tustumena 200?«

»Genau das ist es«, bestätigte ich und fühlte mich wie ein Idiot.

»Ja, ich überlege auch, dort zu starten«, sagte Tyrell. »Ich will meine Hunde keiner Wettkampfsituation aussetzen. Es wäre nur ein Trainingslauf.«

»Verstehe ich vollkommen«, antwortete ich.

Er berichtete von seinem Training am Lake Louise, nordöstlich von Anchorage, und lud mich auf ein paar Trainingseinheiten ein, wenn ich in Alaska sei. Er fügte hinzu: »Falls du noch niemanden aufgestellt hast, würde ich beim Tustumena 200 gern als dein sehender Begleiter fungieren. Natürlich nur, wenn du Interesse hast.«

Unsinnigerweise lehnte ich ab. Doch wir tauschten Telefonnummern und E-Mail-Adressen aus, und in den nächsten Tagen überdachte ich sein Angebot noch einmal. Schließlich rief ich ihn an und sagte: »Ich würde wirklich gern mit dir beim Tustumena 200 antreten, aber um ganz ehrlich zu sein, sind nicht alle begeistert von meiner Teilnahme. Du wirst dafür unter Umständen viel Kritik zu hören bekommen.«

Er lachte. »Ich denke, damit komme ich klar. Das Angebot steht.«

»Also gut, dann ist es abgemacht«, erwiderte ich, ohne zu zögern. Ich würde also beim Tustumena 200 in Begleitung von Tyrell Seavey starten. Ich war außer mir vor Freude.

Ende August begann das Herbsttraining. Wir hatten 60 Hunde mit dem nötigen Potenzial für das Iditarod-Gespann zur Verfügung. Die anderen waren zu jung oder zu alt, um dafür in Betracht zu kommen. Innerhalb von zwei Wochen reduzierte sich diese Anzahl auf 40. Ein Iditarod-Gespann besteht aus 16 Hunden, wobei man jedoch üblicherweise mehr als 20 Tiere zum Rennen mitbringt.

Ich hatte sehr klare Vorstellungen davon, welche Art von Hunden ich suchte. Ich wollte Hunde mit großer Leistungsbereitschaft, ausgeprägtem Laufwillen, selbst wenn sie müde waren, geringer Anfälligkeit für Verletzungen, reichlich Mumm in den Knochen. Wenn ein Hund zwar körperlich fit, jedoch dreimal schlecht gelaufen war, fiel er durch das Raster. Zu diesen Hunden gehörte Dugan, der in der Vergangenheit allerdings so gute Leistungen gezeigt hatte, dass ich ihm noch eine Chance geben wollte. Diesmal riss er sich am Riemen und strengte sich enorm an, um ins Gespann aufgenommen zu werden.

Wir begannen mit dem Training der Hunde auf einer Drei-Meilen-Schleife, die wir vorab mit Wasser besprengten, damit der Staub gebunden wurde. Ende September setzte endlich Regen ein, so dass wir auf die 15-Meilen-Schleife in der Wüste wechseln konnten. Die Hunde zogen mich in einem geländetauglichen Quad über unbefestigte Straßen. Schließlich dehnten wir die Strecke auf 21 Meilen aus. Sobald ich eine Lösung für das Passieren von Viehsperren – in die Erde eingelassene Metallstreben mit Zwischenräumen, die das Vieh nicht überqueren kann – gefunden hatte, fuhren wir die große Runde über 55 Meilen. Sobald wir eine Viehsperre erreichten, legte ich ein Stück Teppich aus, damit meine Hunde sicher darüberlaufen konnten. Anschließend rollte ich den Teppich wieder zusammen und nahm ihn mit zur nächsten Sperre. Unterwegs legte ich häufig Pausen ein, damit die Hunde trinken konnten und ihr Wasserhaushalt ausgeglichen war. Ich trainierte bei einem konstanten Tempo von zehn Meilen pro Stunde (16 Stundenkilometer). Wenn sich ein Hund hängen ließ, schimpfte ich mit ihm. Sobald sie jedoch gute Teamarbeit leisteten, überschüttete ich sie reichlich mit Lob. Das ist meine Trainingsphilosophie: Lobt man die Hunde, wenn sie gute Arbeit leisten, werden sie sich alle Mühe geben, ihren Musher zufrieden zu stellen.

An manchen Tagen wachte ich morgens auf und fragte mich, weshalb ich immerzu diese entsetzlich langweiligen Runden mit den Hunden drehte, anstatt einfach im Bett zu bleiben. Doch meine Hunde sollten mich 1.100 Meilen weit durch das Hinterland Alaskas ziehen und zu diesem Zweck in exzellenter Verfassung sein. Dies ließ sich nur durch harte Arbeit erreichen. Mit dieser Motivation kroch ich unter meiner Bettdecke hervor. Wenn mich die Hunde sahen, vollführten sie vor Freude Luftsprünge, wussten sie doch, dass sie jetzt spielen durften. »Nimm mich! Nimm mich!«, schienen sie mir zuzurufen.

Im Dezember reiste ich nach Anchorage, wo ich am Iditarod-Anfängertreffen, dem Rookie-Meeting, teilnehmen wollte. Meine Freundin, Hundeführerin und in diesem Fall auch Protokollantin Becki Timson begleitete mich. Jeder Iditarod-Neuling (im Fachjargon »Rookie« genannt) muss an dieser Zusammenkunft teilnehmen, bei der Iditarod-Veteranen den Rookies ihre Erfahrungen weitergeben. Jeff King referierte beispielsweise über die Notwendigkeit, an den Raststationen professionell zu agieren. Es sei wichtig, ein System zu entwickeln und sich daran zu halten: Zunächst seien stets die Hunde zu versorgen; die Bedürfnisse des Mushers kämen immer erst an zweiter Stelle. Außerdem müsse man versuchen zu schlafen, wo immer es geht – und seien es auch nur hin und wieder ein paar Minuten. Vermeiden solle man das Fahren in der Mittagshitze sowie zwischen Mitternacht und sechs Uhr morgens, da dies der natürliche Schlafzyklus der Hunde sei. Besonders hob er die Bedeutung des

Wasserhaushalts hervor und legte uns nahe, stets frisches Wasser bei uns zu führen. Sobald der Vorrat zur Neige ging, sollten wir anhalten und mit dem Kocher für die Hunde und uns selbst Schnee schmelzen.

Mitch Seavey gab uns Tipps für Training und Hundepflege. Er schloss seinen Vortrag mit der Bemerkung, dass die beste Vorbereitung auf das Iditarod die Teilnahme am Iditarod sei. »Jedes Mal, wenn man das Iditarod fährt, kommen einem Hunderte von Ideen, wie man sich und sein Gespann verbessern und die Zeiten verbessern könnte. Wartet ab, wenn ihr das Rennen hinter euch habt, dann werdet ihr verstehen, was ich meine.«

Wir Rookies besichtigten Martin Busers Hundehof. Er hatte das Iditarod viermal gewonnen und hält den Rekord von acht Tagen und 23 Stunden. Ich war unsicher, wie er auf meine Anwesenheit reagieren würde, da er eine Reihe recht unfreundlicher Kommentare über mich in die Welt gesetzt hatte. Er fand jegliche Sonderbedingungen für mich vollkommen überflüssig, schließlich würde man seine Kinder ja auch nicht in den Schulbus steigen lassen, wenn der Fahrer blind wäre, so sein Argument. Eine solche Aussage kam mir völlig absurd vor, wenngleich jeder das Recht hat, seine Meinung zu äußern. Nach diesem Nachmittag dankte ich Mr. Buser für seine zahlreichen Ratschläge und dafür, dass wir seinen Hundehof besichtigen durften. Er wünschte mir viel Glück.

In der Woche nach dem Rookie-Meeting flog ich allein nach New York, um die Schauspielerin Emmy Rossum zu besuchen. Ich hatte sie kennen gelernt, als ich in New York als eine der besten 100 Sportlerinnen Amerikas geehrt wurde. Wir verstanden uns auf Anhieb hervorragend, und sie lud mich zur Premiere ihres Filmes *Das Phantom der Oper* ein, was ich nur allzu gern annahm.

Mom hatte mir bei der Auswahl der Garderobe für diesen Abend geholfen. Am Flughafen in New York wurde ich von Emmys Mutter Cheryl abgeholt. Eine Limousine brachte uns ins Regency, eines der nobelsten Hotels der Stadt. Mein Zimmer befand sich in der 14. Etage, Emmy und ihre Mutter bewohnten eine Suite im 20. Stock. Emmys Haar-Stylist frisierte mich, und ihre Visagistin schminkte mich perfekt. Ich zog mein neues Outfit an und fand das Ergebnis diesem besonderen Abend durchaus angemessen.

Bei der Premiere flanierte Emmy über den roten Teppich. Sie sah wirklich umwerfend aus. Ich beobachtete aus angemessener Entfernung, wie sie für die Fotografen posierte und mit der TV-Prominenz plauderte. Wir wurden zu unseren Plätzen geleitet – Emmy saß direkt am Gang zu meiner Linken und Cheryl zu meiner Rechten. Ich wurde dem Darsteller des Phantoms, Gerald Butler, vorgestellt. Als ich ihm die Hand schüttelte, senkte ich den Kopf, da ich noch nie sonderlich gut Blickkontakt halten konnte und zudem tief beeindruckt war, dem Phantom persönlich zu begegnen. Ich bin ungefähr seit meinem sechsten Lebensjahr ein großer Fan des *Phantoms der Oper.* Gerald Butlers Hand zu berühren war für mich ein unbeschreibliches Erlebnis. Mit seinem wundervollen schottischen Akzent sagte er schließlich: »Haben Sie denn gar nicht vor, einmal Ihre schönen Augen zu heben, meine Liebe?«

Da erst wurde mir meine Kopfhaltung bewusst, ich hob schnell meinen Blick und sah ihn an. Er lächelte.

Nach dieser New Yorker Premierengala mit Nobelhotel, Zimmerservice, Limousine und großem Bahnhof am roten Teppich flog ich wieder heim, wo mich Dad am nächsten Morgen mit den Worten weckte: »Aufstehen, Prinzessin. Die Arbeit wartet.« Und weniger als eine Stunde später fand ich mich im Hundezwinger wieder und kratzte Hundedreck zusammen – Lichtjahre entfernt vom glamourösen Leben, das der Filmstar Emmy in New York City führte.

21

Mein Gespann

Der Stammbaum der Hunde in unserer Zucht *Oregon Trail of Dreams* geht im Wesentlichen auf drei Hunderassen zurück. Eine davon ist der Alaskan Malamute, der nach dem Eskimostamm der Malamuten an der Nordwestküste Alaskas benannt wurde. Diese großen Hunde wiegen bis zu 45 Kilogramm und können schwere Frachtschlitten über weite Strecken ziehen. Sie sind groß und schwerfällig, wovon bei unseren Hunden nur noch wenig erkennbar ist.

Ihr zweiter Vorfahre ist der Siberian Husky, der bereits im 18. Jahrhundert von russischen Händlern nach Alaska gebracht wurde. Diese Rasse ist kleiner als der Malamute und hat meist mehrfarbiges Fell und blaue Augen. Berühmt wurde der Siberian Husky durch Leonhard Seppala, der sich 1925 an der Stafette zum Transport des Diphtherieserums nach Nome beteiligte. Zeitungen auf der ganzen Welt veröffentlichten Fotos seiner Siberians, wodurch sie zum Vorbild für den Schlittenhund Alaskas wurden. Als Dad in den 70er Jahren mit dem Hundeschlittensport begann, bestand sein Gespann ausschließlich aus Alaskan und Siberian Huskies.

Der dritte Urahn unserer Zuchtlinie ist ein Mischling aus dem Indianerhund des Alaska-Binnenlandes und einem Rassenmix aus Jagdhund, Hühnerhund sowie ausgesetzten, streunenden Straßenkötern. Selbst Wölfe spielten dabei irgendwann einmal eine Rolle. Unsere Hunde wiegen durchschnittlich 18 bis 22 Kilogramm. Ihre Augenfarbe ist braun, blau oder hell. Die Färbung ihres Felles reicht von Schwarz und Weiß über Braun und Rot bis hin zu allen denkbaren Schattierungen oder Kombinationen. Wir suchen nach Welpen, die von Geburt an über eine robuste Konstitution, widerstandsfähige Füße, gute Anlagen wie Sportlichkeit, Schnelligkeit, Ausdauer, Entschlossenheit und die Bereitschaft zur Umsetzung von Kommandos verfügen. Unsere Hunde sollen Vollblutpferden ähneln: kräftige Oberkörper und Schultern, schmale Hüften und muskulöse Lenden.

Abgesehen von wenigen Tieren, die wir für ein bestimmtes Rennen zukaufen oder mieten, züchten wir unsere Hunde so, dass sie von ihrer Persönlichkeit zu uns passen. Dad und ich wollen Hunde mit einer positiven Einstellung, denen wir vertrauen können. Mit Unruhestiftern und Raufbolden können wir nichts anfangen. Wir brauchen gute Sportler mit ausgeprägtem Laufwillen.

Um das Training kümmern wir uns ausschließlich selbst. Auf diese Weise können wir die weniger geeigneten Welpen ausmustern und die wahren Kämpfernaturen fördern. Wenn ich mit einem Welpen spiele, der mir vielversprechend erscheint, kann ich jedoch zunächst noch nicht absehen, was für einen Schlittenhund er abgeben wird. Das kann ich erst feststellen, wenn ich ihm im Alter von etwa sechs Monaten erstmals das Zuggeschirr anlege. Kombiniert man mehrere Welpen mit einem erfahrenen Gespann, erkennt das geschulte Auge sehr schnell, welche der Welpen ins Team passen.

Ein Welpe muss von Natur aus einen Laufstil besitzen, der sich harmonisch ins Gespann einfügt. Es ist unmöglich, den natürlichen Gang eines Hundes durch Training zu verändern. Entweder er passt, oder er passt nicht. Wenn sich ein Gespann auf mein Kommando hin in Bewegung setzt und die Zugleine eines Welpen weder zu straff noch zu locker ist, hat er seinen natürlichen Gang gefunden, der in diesem Fall zu Gangart und Rhythmus des Teams passt. Wettkampftaugliche Hunde müssen die Mentalität eines Champions besitzen. Ein Champion ist ein Hund, der verborgene Reserven besitzt und als sichere Bank für einen Sieg gilt.

Auf der Strecke achte ich genau auf Hunde, die permanent zur Seite schauen, die Zugleine zu locker lassen oder sich ständig zu ihrem Nachbarhund beugen. Dies alles sind sichere Anzeichen dafür, dass ein Hund das Interesse oder die Motivation verloren hat. Bei einem Rennen wie dem Iditarod ist jedoch kein Platz für Demotivation, Schwäche oder Pessimismus. Ich brauche Hunde in meinem Gespann, die wirklich laufen wollen. Tiere mit physischen oder psychischen Schwächen gebe ich weg, damit sie den Rest ihrer Tage bei jemandem als Haustier verbringen können.

Dreh- und Angelpunkt jedes Hundegespanns sind die Leithunde. Die vierfache Iditarod-Gewinnerin Susan Butcher weiß eine eindrucksvolle Geschichte über ihre großartige Leithündin Tekla zu erzählen. Susan war mit ihrem Team zu einem Trainingslauf unterwegs und unternahm dabei dreimal den Versuch, einen Fluss über eine Eisbrücke zu überqueren. Obwohl sie sicher und stabil wirkte, weigerte sich Tekla standhaft, sie zu betreten. Als Susan gerade überlegte, was sie jetzt tun sollte, brach die Eisbrücke plötzlich zusammen und stürzte in den Fluss. Eine Überquerung hätte für Susan und ihr Gespann möglicherweise tödlich geendet, wenn sie unter das Eis gespült worden wären. Doch Tekla besaß einen eindrucksvollen sechsten Sinn für Gefahren.

Genau solche Tiere brauche ich als Leithunde. Der Leithund gibt das Tempo vor, dient quasi als Motor für das Gespann und führt meine Kommandos aus. Und manchmal, wie im Fall von Tekla, muss der Leithund weitsichtiger sein als der Musher selbst.

Bei der Zusammenstellung meines Iditarod-Gespanns begann ich zunächst, die Hauptleithunde auszusuchen, und entschied mich für erfahrene Tiere, mit denen ich schon andere große Rennen gefahren war und denen ich mein Leben anvertrauen konnte. Mein bester Hund ist Angel. Duchess ist ihr fast ebenbürtig. Brick war damals erst zwei Jahre alt, weshalb ich ihr Leistungsvermögen noch nicht vollständig einschätzen konnte, doch ihr Potenzial war in jedem Falle beträchtlich. Zudem wusste ich, dass ich jederzeit auf Lisa, Jovi, Ned, Cletus, Walker, McGraw, Otter, Seth und Willie zählen konnte. Sie sind echte Champions und tun alles, was ich von ihnen verlange. So baute ich sozusagen Hund für Hund mein Iditarod-Team auf.

22

Aufbruch nach Alaska

Der Monat vor unserer Abreise nach Alaska brachte eine Menge von Aktivitäten und Ablenkungen mit sich. Ich hatte das Gefühl, permanent von meinem wichtigsten Ziel abgehalten zu werden, das natürlich darin bestand, mein Gespann fit zu machen für das Iditarod. Jeden Tag gingen viele neue Interviewanfragen ein. Der einfachste und angenehmste Bestandteil meines Terminkalenders waren die Stunden, in denen ich meinen öffentlichen Verpflichtungen entfloh und meine Hunde trainierte.

Das Atta Boy 300 hielt in diesem Jahr einige zusätzliche Belastungen und Unwegsamkeiten bereit, da im Rahmen dieser Veranstaltung zwei separate Weltmeisterschaftsrennen über mittlere Distanzen ausgetragen wurden. Die ersten beiden Tage waren für die Sechs-Hunde-Gespannklasse reserviert. Sechs ausländische Musher hatten bei uns Quartier bezogen, und wir stellten ihnen Hundegespanne und Schlitten zur Verfügung, damit sie ihr Land bei der Weltmeisterschaft vertreten konnten.

Ich hatte so viel damit zu tun, unsere Gäste mit allem zu versorgen, was sie brauchten, dass ich erst in letzter Minute zu meinem eigenen Rennen in der Zwölf-Hunde-Gespannklasse aufbrach. Ich musste sogar auf das abendliche Bankett verzichten, um den Truck sowie den Schlitten zu beladen und alles Nötige für das Etappenrennen über 300 Meilen zusammenzutragen.

Ich hatte mein Gespann – teilweise dieselben Hunde, mit denen ich beim Iditarod antreten würde – darauf trainiert, ein konstantes Tempo von zehn Meilen pro Stunde (16 Stundenkilometer) beizubehalten. Diese Geschwindigkeit ist zwar ausgezeichnet für ein Langstreckenrennen wie das Iditarod, doch um bei Etappenrennen wie dem Atta Boy 300 ernsthaft mithalten zu können, ist sie viel zu gering. Etappenrennen sind Wettkämpfe, die in Einzeletappen ausgetragen werden. An jedem Renntag gibt es erneut Start und Ziel. Im Gegensatz dazu werden Rennen wie das Iditarod kontinuierlich fortgesetzt. Wir belegten am Ende Rang 18 im Mittelfeld. Drei Tage liefen für uns hervorragend; die Hunde hielten ihr Tempo und gaben Vollgas. Ein paar Tage waren mittelmäßig und einer absolut grauenhaft, weil die Hunde nicht das geringste Interesse am Rennen zeigten. Mit der Gesamtleistung war ich durchaus zufrieden. Obwohl meine Hunde bei Weitem noch nicht in Iditarod-Form waren, ging es doch in die richtige Richtung. Ich war fest davon überzeugt, dass wir für das große Rennen rechtzeitig fit sein würden.

Am Tag nach dem Abschluss des Atta Boy flog ich nach Denver und hielt einen Vortrag vor Vertriebsleitern der Versicherung Standard Insurance, einer meiner Sponsoren. Danach kehrte ich nach Hause zurück, wo ich den Medien eine letzte Runde Interviews gab, bevor ich meine Sachen für Alaska packte, unseren neuen Hundeanhänger beladen half und mich von Freunden und Verwandten verabschiedete. Dann war es Zeit aufzubrechen.

Wir rollten vom Hof mit 25 Hunden im Anhänger, auf den oben fünf Schlitten geschnallt waren. Die beiden Rücksitze des Chevrolet Suburban waren in ein riesiges Bett umfunktioniert: mit einer bequemen Matratze, Schlafsäcken, Kissen, Kühlbehältern und einer Menge Junk-Food. Während wir gen Norden fuhren, aalte ich mich hinten, unterhielt mich mit meiner Freundin Becki, gönnte mir ein Nickerchen, hörte Musik und ließ die Meilen an mir vorbeiziehen. Ausnahmsweise war meine Blindheit diesmal von Vorteil, da ich nie ans Lenkrad beordert werden konnte.

An der kanadischen Grenze erkundigte sich die Zollbeamtin, was das für Gegenstände auf dem Dach des Anhängers seien. Dad antwortete: »Hundeschlitten.« Als Nächstes fragte sie nach, was wir in all diesen kleinen Abteilen beförderten. Dad teilte ihr mit: »Hunde.«

»Wollen Sie damit sagen, dass sich in sämtlichen Abteilen Hunde befinden? Das sind ziemlich viele. Was tun Sie mit den Hunden?«

»Meine Tochter nimmt am Iditarod teil«, erklärte ihr Dad.

»Keine Ahnung, wovon Sie reden, fahren Sie weiter«, ordnete die Dame an.

Nach dem Medienrummel der letzten Zeit hatte ich angenommen, die ganze Welt müsse inzwischen meine Geschichte kennen. Doch hier trafen wir tatsächlich auf jemanden, der mit dem Hundeschlittensport nicht das Geringste zu tun hatte. Willkommen in Kanada.

Beim Durchqueren der Provinz British Columbia war ich erstaunt über die riesigen Entfernungen zwischen den einzelnen Orten. Wenn man in 10.000 Meter Höhe nach Alaska fliegt, ahnt man nichts von der enormen Weite des Landes. Am Boden hingegen sahen wir, wie viele Wildtiere die Landschaft bevölkern: Wölfe, Luchse, Karibus, Elche und Bisons. Zugegebenermaßen erblickte *ich* lediglich die Bisons. Sie standen mitten auf der Straße, so dass wir laut hupen mussten, bis sie schließlich zögernd auseinandergingen und wir uns an ihnen vorbeischlängeln konnten. Sie waren in der Tat riesig! Ich sprach umgehend ein kurzes Stoßgebet, dass mir während des Iditarod keiner von ihnen begegnen möge.

Nach fünf langen Fahrtagen bogen wir endlich vom vereisten Highway ab auf die Straße, die zum Lake Louise führte, wo wir Tyrell Seavey treffen würden. Wir wollten gemeinsam ein paar Trainingsläufe absolvieren, bevor wir zum Tustumena 200 aufbrachen. An jenem Morgen schien die Sonne besonders hell. Die Bäume waren dick mit Raureif bedeckt. Der Anblick glich einer Postkarten-Idylle.

Als wir an der Hütte ankamen und Tyrell ausfindig gemacht hatten, war ich plötzlich ein wenig verlegen. Tyrell fühlte sich vermutlich ähnlich unbehaglich. Ich weiß gar nicht, warum – wir hatten doch seit etlichen Monaten regelmäßig Kontakt per Telefon und E-Mail. Sein Haar war länger als in meiner Erinnerung, und ich machte ihm ein Kompliment. Manchen Männern stehen längere Haare, manchen hingegen überhaupt nicht. Tyrell meinte, wir sollten mit dem Start noch ein paar Stunden warten, bis es etwas wärmer wurde. Ich hatte ganz und gar nichts dagegen einzuwenden. Die Temperatur betrug minus 37 Grad Celsius. Wir frühstückten und plauderten ebenso ausgelassen wie damals beim Picknick, so dass meine Verlegenheit allmählich verflog.

Für die Tour zog ich zum Schutz gegen die Kälte mehrere Lagen warme Kleidung an. Ich fettete die Füße meiner Hunde und stattete das gesamte Gespann mit Füßlingen aus. In Alaska müssen die Hunde fast immer Füßlinge tragen, da andernfalls verharschter Schnee und Eis Risse an den Füßen verursachen und der Schnee zwischen den Zehen klumpt. Ich wollte keinesfalls Verletzungen riskieren.

Auf der Fahrt nach Norden hatten wir alle paar Stunden angehalten und die Hunde herausgelassen. Trotzdem war ihr Auslauf natürlich begrenzt gewesen. Als wir endlich starteten, waren sie demzufolge kaum zu halten. Ich stand auf der Bremse, was jedoch auf dem vereisten See wenig ausrichten konnte. Wir sausten nur so dahin. Es war ein herrliches Gefühl, endlich wieder auf dem Schlitten zu stehen. Meine Begeisterung war genauso groß wie die meiner Hunde: Ich war mit einem Hundegespann in Alaska unterwegs, noch dazu mit dem Enkel eines Mitbegründers des Iditarod. Das war kaum zu überbieten!

Zwei Tage später waren Tyrell und ich bereit für den Start beim Tustumena 200. Ich sagte zu ihm: »Ich wollte dich nur warnen. Irgendwann im Verlaufe des Rennens werde ich vermutlich einmal in Tränen ausbrechen. Wenn das passiert, hat es nichts mit dir zu tun. So bin ich einfach. Manchmal werde ich unterwegs ein wenig emotional.«

»Du machst das schon. Es ist doch nur ein Trainingslauf, nichts weiter«, erwiderte Tyrell. Er schlug vor, mit niedrigem Tempo zu starten. Dann haben wir bei Problemen genügend Zeit zu reagieren, so seine Strategie. Also stand ich vom Start weg auf der Bremse, was mein wild losstürmendes Gespann allerdings ignorierte. Tyrell rief mir zu: »Langsamer!«

»Das ist mein langsames Tempo!«, rief ich zurück. Wir rasten den Trail hinauf, und ich meisterte eine rasante 90-Grad-Linkskurve auf den Sterling Highway, dicht gefolgt von einer Rechtskurve und einer abrupten Senke. Keine Pannen. Es war berauschend. Fantastisch, wenn alles glattgeht.

Der feste, kompakte Trail wurde alsbald durch weicheren Schnee mit tiefen Löchern und reichlich Unebenheiten abgelöst, womit ich jedoch ebenfalls gut zurechtkam. Wir fuhren ununterbrochen bergauf und schlängelten uns an Bäumen vorbei. Bei Dunkelheit packten wir unsere Stirnlampen aus und fuhren weiter. Der Weg führte jetzt zu einem gefrorenen See hinab und auf das glänzende Eis hinaus. Ich war unsicher, wie meine Hunde auf Spiegeleis laufen würden, da es die meisten von ihnen noch nicht kannten. Aber sie kamen ausgezeichnet damit zurecht. Merkwürdig fand ich, wie das Licht meiner Stirnlampe durch das Eis reflektiert wurde und in den Bäumen am Seeufer tanzte. Am Himmel funkelten unzählige Sterne. Es war eine überwältigende Nacht, und ich ertappte mich dabei, wie ich mir das Iditarod als Aneinanderreihung solcher Nächte vorstellte. Wir machten an den Raststationen nur kurz Halt, um uns einzutragen, und fuhren sogleich weiter. Unsere vierstündige Pflichtpause legten wir in Lost Creek ein.

Nach der Raststation Lost Creek Lodge ging es mehrere Hügel hinauf. Tyrell rief mir zu: »Scharfe Linkskurve, so großzügig wie möglich nehmen.«

Ich war dicht genug hinter ihm, dass ich sah, wie er vom Schlitten sprang, nach außen lief und seinen Schlitten aus der engen Kurve zog. Dann war er verschwunden.

»Das wird spannend«, dachte ich und versuchte, die Kurve weit zu nehmen, doch die Leine war zu straff, so dass sich die Hunde in der Innenkurve drängten. Zack, mein Steuerhund, streifte einen Baum, woraufhin mein Schlitten ebenfalls gegen diesen Baum prallte und sich davor verkeilte. Um den Schlitten frei zu bekommen, musste ich abspringen, ihn zur Seite kippen und vom Baum wegziehen. Sobald die Hunde eine Lockerung der Hauptzugleine spürten, sprinteten sie los. Mir blieb nichts anderes übrig, als auf den Schlitten zu springen und mit den Füßen zu bremsen.

Tyrell wartete am Fuß des Hügels auf mich. Mein Schlitten prallte derart heftig gegen den seinen, dass er sich einmal um die eigene Achse drehte und unsere Hunde sich mit ihren Geschirren völlig verknoteten. Während wir sie wieder entwirrten, lachten wir viel.

An der Raststation Clam Shell, der Wendestelle auf der Streckenmitte, waren Tyrell und ich ziemlich geschafft. Wir waren derart übermüdet, dass wir beinahe im Stehen auf dem Schlitten einschliefen.

In der Hütte wurden wir von Dan senior, Danny Seavey sowie Dad und Becki erwartet. Nach der Begrüßung fütterten Tyrell und ich unsere Hunde und betteten sie. Die Hütte war voll mit anderen Mushern. DeeDee Jonrowe und Jeff King stellten sich höflich vor, und ich war schwer beeindruckt, zwei solchen Legenden unseres Sports persönlich zu begegnen. Das Abendessen stand für uns bereit, doch Tyrell und ich waren viel zu müde zum Essen. So stocherten wir lustlos auf unseren Tellern herum. Schließlich suchten wir uns einen Raum, in dem wir uns auf den Fußboden legten und ein paar Stunden schliefen.

Immer wieder weckten uns Leute, die uns sagten, dass es nebenan auch Betten gäbe, aber das war mir egal. Ich war zu müde, um hinüberzugehen. Der Fußboden reichte mir völlig aus. Zuerst benutzte ich meine Daunenjacke als Kopfkissen und meine dünne Jacke als Decke. Doch der Raum war recht kalt, und ich deckte mich nach einer Weile mit der Daunenjacke zu und bettete meinen Kopf auf dem Unterarm. Ich schlief unruhig. Ich wachte auf, weil Tyrell zum Aufbruch drängte. Wir versorgten die Hunde. Ich irrte eine Zeitlang herum und suchte den Waschraum, wo ich am Abend zuvor heißes Wasser gefunden hatte, doch bei Tageslicht sah alles ganz anders aus. Schließlich erspähte ich Tyrell mit einem Eimer in der Hand und folgte ihm.

Es war vorgeschrieben, in Clam Shell eine sechsstündige Pflichtpause einzulegen. Wir hielten uns exakt sechs Stunden dort auf. Bevor wir wieder aufbrachen, musterte ich Cletus aus, der Beschwerden im Fußgelenk hatte. Unterwegs strauchelte Hank. Ich hoffte, dass er lediglich fehlgetreten war. Ich half ihm wieder auf die Beine, und wir fuhren weiter. Doch bald darauf wiederholte sich der Vorfall, und mir fiel ein, dass so etwas schon einmal ein paar Jahre zuvor beim Atta Boy vorgekommen war, als seine Füße wund waren. Ich kontrollierte sie. Die Füße waren völlig in Ordnung. Er hatte einfach kapituliert. Einen solchen Hund konnte ich in meinem Gespann überhaupt nicht gebrauchen. Ich schirrte ihn aus und setzte ihn in den Schlitten. An der nächsten Raststation ließ ich Hank zurück, und Tyrell tat das Gleiche mit Attila.

Mein Gespann ließ sich offensichtlich von Hanks schlechtem Vorbild anstecken. Als die Tage sonniger wurden und die Temperaturen stiegen, machte sich wachsende Lustlosigkeit breit. Wenn ich den Hunden etwas vorsang, wurde ihre Laune allerdings etwas besser. Wir machten weiterhin Strecke und ließen die Meilen hinter uns, bis wir am späten Nachmittag an einen offenen Bach kamen. Die Leithunde Angel und Mandy weigerten sich, den Bach zu durchqueren. Schließlich konnte ich sie überreden, sich die Füße nass zu machen. Wenige 100 Meter stromabwärts hatte Tyrell angehalten und schlug vor, ein Lager aufzuschlagen und den Hunden eine ausgedehnte Rast zu gönnen.

Wir versuchten, ein Feuer zu entfachen, aber das Holz war nass. Erst als wir es mit dem Brennstoff für die Kocher versuchten, gelang es. Wir kauerten an unserem bescheidenen Feuerchen und versuchten, uns warm zu halten. Einige Gespanne kamen vorbei, und wir ließen sie ziehen. Die Nacht wurde immer kälter. Wir zogen unsere Parkas an und krochen schließlich in unsere Schlafsäcke. So lagen wir unter dem Sternenhimmel und unterhielten uns über unsere Familien, Hunde, Musik und Filme. Tyrell mochte so ziemlich alles, was auch mir gefiel. Er konnte sogar ganze Passagen aus meinem Lieblingsfilm *Best in Show* zitieren.

Nach drei Stunden beschlossen wir, noch eine Stunde zu bleiben, und redeten einfach weiter. Schließlich dehnten wir unsere Pause auf sechs Stunden aus und brachen schließlich unser Lager ab. Nach dieser ausgedehnten Unterbrechung waren meine Hunde wieder fit. Wir setzten unsere Stirnlampen auf und waren vielleicht seit einer Stunde unterwegs, da rief Tyrell plötzlich nach hinten: »Alles Gute zum Geburtstag!«

Es war gerade Mitternacht und mein Geburtstag soeben angebrochen. Jetzt war ich 20, also kein Teenager mehr. Ich war überrascht, dass Tyrell meinen Geburtstag wusste, und rief nach vorn: »Vielen Dank!« Ich dachte zurück an das Wyoming Stage Stop, als ich unterwegs meinen 16. Geburtstag feierte. Damals hatte ich mir keinen schöneren Geburtstag vorstellen können, aber der diesjährige war noch um Längen besser.

Auf dem Rückweg überholten wir zwei Gespanne, kamen um circa drei Uhr morgens ins Ziel und wurden dort von einer ganzen Schar TV- und Zeitungsjournalisten empfangen. Nach den Interviews fragte Dad: »Wo wart ihr denn abgeblieben? Wir hatten euch schon vor Stunden erwartet.«

Ich zuckte die Achseln. »Wir haben unterwegs gerastet.« Ich fragte ihn, weshalb er mir noch nicht zum Geburtstag gratuliert hätte. Er teilte mir mit, dass ich damit einen Tag zu früh sei. Mein Geburtstag war erst am Tag darauf. Tyrell und mir war wohl nicht bewusst gewesen, dass der Januar 31 Tage hat. Macht nichts.

Ich bedankte mich bei Tyrell und vertraute ihm an, dass dies das erste Rennen sei, bei dem ich nicht in Tränen ausgebrochen war. »Es hat mir eine Menge Spaß gemacht«, sagte ich zu ihm. »Mir auch. Haben wir nicht seltsam verquere Vorstellungen von Spaß?«, sagte er, und wir gingen jeder unserer Wege.

Im Motel gönnte ich mir als Allererstes eine heiße Dusche. Das Wasser war so angenehm und ich so müde, dass ich prompt dabei einschlief. Anschließend legte ich mich ins Bett und wachte erst am frühen Nachmittag wieder auf.

Beim abendlichen Bankett wurde Tyrell lobend erwähnt, dass er auf sein eigenes Rennen verzichtet hatte, um als mein sehender Begleiter zu fungieren. Dafür bekam er den *Sportsman Award* sowie 200 Dollar überreicht. In der Zeitung *Anchorage Daily News* wurde ich allerdings heftig kritisiert: »[Scdoris], die noch nie ein wichtiges Rennen gewonnen hat, stiehlt derzeit mit ihrer persönlichen Schicksalsstory den weltbesten Langstrecken-Mushern die Schau.«

Der Autor des Artikels mutmaßte weiterhin, dass ich aufgrund der rauen Bedingungen Alaskas beim Iditarod entweder frühzeitig gezwungen wäre aufzugeben oder mich von einer Raststation zur nächsten hangeln würde, bis das Medieninteresse an der Teilnahme eines blinden Mädchens am Rennen allmählich abflaute. Sein Fazit lautete: »Bis es jedoch so weit ist, werden sich die übrigen Starter vorerst mit einer Nebenrolle begnügen müssen … Halten Sie also am 5. März an der Fourth Avenue in Anchorage Ausschau nach der im Rampenlicht stehenden Scdoris, doch seien Sie gewiss, dass die Scheinwerfer alsbald wieder auf andere gerichtet sein werden.«

23

Der feierliche Iditarod-Eröffnungslauf

Nachdem mein Geburtstag und das Tustumena 200 hinter uns lagen, fuhren wir die Halbinsel Kenai hinauf, durch Anchorage hindurch und anschließend noch 145 Kilometer weiter bis zum Anwesen von John und Mari Wood in der Nähe von Willow. Sie sind befreundete Musher und waren so freundlich, uns einen Monat lang bei sich aufzunehmen, während wir für das Iditarod trainierten. Fast jeder in dieser Gegend besitzt einen Hundehof, so dass es kaum auffällt, wenn zusätzlich ein paar Dutzend Hunde in der Nachbarschaft auftauchen. Egal, ob nachts Elche oder andere Besucher erscheinen, mehrere 100 Hunde heben ihre Nasen, wittern den Eindringling und stimmen ein vielstimmiges Geheul an. Je kälter die Nacht, desto lauter erklingt das Hundekonzert mit Raumklangeffekt.

Der Buschfunk trommelte, dass der eine oder andere ortsansässige Musher nicht sonderlich begeistert davon war, seine Trails mit einer Auswärtigen zu teilen. Das beunruhigte mich jedoch nicht, da mein sehender Begleiter, der mit mir zusammen trainieren und auch das Iditarod bestreiten würde, kein Geringerer war als Paul Ellering. Der ehemalige Profiringer sowie US-Meister und Weltrekordhalter im Gewichtheben hatte alles fest im Griff. Nachdem er sich 20 Jahre lang mit Leib und Seele dem Ringsport verschrieben hatte, machte er in den frühen 90er Jahren während eines Ringkampfes in Alaska Bekanntschaft mit dem Hundeschlittensport. Er kaufte sich daraufhin 15 Hunde, nahm im Jahr 2000 am Iditarod teil und belegte Platz 54.

Ich lernte Paul 2002 beim Atta Boy 300 kennen. Im John-Beargrease-Rennen waren wir Kontrahenten. Er kam unmittelbar vor mir ins Ziel. In seiner Musher-Biografie schrieb er: »*Seltsam, welche Gaben wir so im Leben mitbekommen – manche werden reichlich bedacht, andere hingegen eher sparsam. Aber wirklich entscheidend ist nur, was wir aus unseren Talenten machen. Trotz ihrer Jugend besitzt Rachael die Gabe, das Unsichtbare zu sehen, an das Unglaubliche zu glauben und am Ende nie etwas für unmöglich zu halten. Als Sportler riskieren wir um einer Chance willen unseren Namen, wohl wissend, dass das Iditarod seine ganz eigenen Gesetze hat. Ich danke dir, Rachael, dem Iditarod und all jenen, die dieser Chance wegen auf dem Schlitten stehen. Ich habe mich noch nie lebendiger gefühlt als heute.*«

Paul war mein großes Vorbild. Einerseits hatte er seine Gefühle so treffend auf den Punkt gebracht und andererseits erkannt, dass er durch seinen Einsatz als mein sehender Begleiter sehr viel dazu beitrug, anderen klarzumachen, was ein Mensch mit einem Handicap erreichen konnte, wenn er die Chance dazu bekam. Ich freute mich auf Pauls Ankunft und den Beginn unseres Trainings.

Er war die gesamte Strecke vom heimatlichen Minnesota aus mit dem Hundeanhänger gefahren. Kaum bei den Woods eingetroffen, klatschte er schon in die Hände und rief: »Los ins Fitnessstudio und ein bisschen Sport treiben!«

Im Fitnessstudio von Wasilla wurde schnell klar, dass Paul gänzlich andere Vorstellungen von Sport hatte als ich. Ich habe durchaus Spaß daran, meine Herzfrequenz in die Höhe schnellen zu lassen und mich bis zur völligen Erschöpfung zu verausgaben. Paul dagegen hatte etwas von einem Einpeitscher und zog sämtliche Übungen mit Volldampf durch. Er schien den Schmerz zu lieben. Wir machten so viele Kniebeugen, dass meine Beine die Konsistenz von Wackelpudding annahmen. Ich hatte ernsthaft Sorge, dass meine Knie nach hinten wegknickten beim Versuch, sie durchzudrücken.

Am nächsten Tag war ich so gut wie bewegungsunfähig, doch Paul konnte es kaum erwarten, endlich richtig loszulegen. Wir spannten 24 Hunde vor den Pick-up, die uns sämtliche Nebenstraßen rund um Willow hinauf- und hinunterzogen. Wenn sich das Geschirr verhedderte, blieben Dad und Paul im Pick-up sitzen und ließen mich herausspringen und alles wieder in Ordnung bringen. Wahrscheinlich wollten sie sich darüber amüsieren, wie ich vor lauter Muskelkater wie ein Betrunkener hin und her taumelte, der verzweifelt versucht, ins Röhrchen zu pusten. Nachdem ich mir diesen Unsinn ungefähr sechs Stunden lang hatte gefallen lassen, verkündete ich schließlich: »Das mache ich nicht mehr mit. Morgen spannen wir die Hunde vor die Schlitten.« Und sicherheitshalber fügte ich noch hinzu: »Ich bin bereit, weiter mit dir ins Fitnessstudio zu gehen, Paul. Aber nur, wenn dort jeder sein eigenes Programm absolviert.«

Das sagte ich, weil ich müde war, Muskelkater hatte und außerdem ein für alle Mal klarstellen wollte, dass dies mein Rennen war. Ich hatte meine eigenen Pläne, wie ich die Sache angehen wollte. Doch wie sich im Vormonat des Iditarod herausstellen sollte, hatte ich immer weniger Einfluss auf meinen Alltag. Die Medien stürzten sich auf uns und stritten sich förmlich um Interviewtermine. Auch Paul bekam zahlreiche Anfragen. Wir hielten es beide für wichtig, die Medien mit einzubeziehen, was jedoch häufig unsere Trainingszeiten beschnitt.

Ein weiterer zeitraubender Faktor war die Vorbereitung der sogenannten Drop bags für das Iditarod. Da es unmöglich wäre, sämtliche Nahrungsmittel und sonstigen Vorräte für das gesamte Rennen auf dem Schlitten zu transportieren, teilt jeder Musher seinen Bedarf in Rationen ein. Das Iditarod verteilt diese Drop bags dann an die 19 Raststationen (Checkpoints) entlang der Rennstrecke. Da Paul das Rennen bereits gefahren war, verließ ich mich auf seinen fachkundigen Rat, als wir Hundefutter, Rindertalg und Lachs für das Rennen zusammenstellten. Jeder Hund benötigt am Tag zwischen 8.000 und 12.000 Kalorien.

Becki bezog dankenswerterweise in der Küche ihres Bruders und ihrer Schwägerin in Anchorage Stellung und bereitete sämtliche Mahlzeiten für Paul und mich vor, füllte sie portionsweise in wasserdichte, wiederverschließbare Gefrierbeutel und frostete sie ein. Unterwegs brauchten wir einen solchen Beutel nur in den Topf mit heißem Wasser zu legen und hatten so ganz unkompliziert eine warme Mahlzeit. An manchen Raststationen war heißes Wasser für die Musher vorbereitet, und an einigen gab es sogar Mikrowellen. Doch normalerweise musste man das Wasser aus einem Loch im Eis schöpfen oder Schnee schmelzen.

Drei Tage lang arbeiteten wir ununterbrochen an den Drop bags. Das Ergebnis waren 80 Säcke – fast eine Tonne an Lebensmitteln und Vorräten. Sie säumten die Einfahrt der Woods zu beiden Seiten. Wir brachten die Säcke nach Anchorage und übergaben sie an die zuständigen Iditarod-Mitarbeiter. Diese teilten alles den entsprechenden Raststationen zu, die in entlegenen Dörfern, Geisterstädten oder einfach in einem Zelt auf einem zugefrorenen See untergebracht waren.

Die Drops fertiggestellt zu haben, war eine große Erleichterung. Doch zu glauben, dass nun alles leichter würde, war eine Täuschung. Es kamen täglich mehr Interviewanfragen von lokalen wie überregionalen Fernsehsendern, Zeitungen und Zeitschriften. Ich versuchte, jeder einzelnen Anfrage nachzukommen, weil mir bewusst war, dass meine Teilnahme sich positiv auf den Hundeschlittensport auswirken und das Interesse daran durchaus neu entfachen konnte. Ich bin es zwar wirklich leid, permanent als »Rachael Scdoris, die blinde Hundeschlittensportlerin« dazustehen. Doch meine Blindheit ist zugegebenermaßen ein wichtiger Teil von mir.

Paul konnte ausgezeichnet mit den Medien umgehen. Da er jahrelang als Ringer und Sportveranstalter im Rampenlicht gestanden hatte, wusste er, wie man sich bei Interviews zu geben hat. Einmal beantwortete er die Frage, was er davon halte, als mein sehender Begleiter zu fungieren, indem er sich mit seinen großen, rauen Händen über den kahlen Schädel strich, den Blick des Profiringers aufsetzte und sagte: »Aha, Sie wollen also über *Die Schöne und das Biest* reden ...«

Paul brachte zwar sein eigenes Hundegespann aus Minnesota mit, das mit meinem jedoch nicht mithielt. Aus diesem Grund gab ich ihm sechs meiner besten Hunde: Gimpy, Cletus, Walker, McGraw, Otter und Willie. Bei der tierärztlichen Untersuchung im Vorfeld des Rennens stellten wir vierzig Hunde vor, die alle ausnahmslos das EKG und die Blutuntersuchung bestanden. Jeder Hund wurde daraufhin zur Identifikation mit einem Mikrochip versehen. Paul und ich hatten nun 16 Hunde auszuwählen, die unser jeweiliges Gespann bilden würden.

Zwei Tage vor dem feierlichen Eröffnungslauf nahmen 2.000 Gäste im Millenium Hotel von Anchorage am abendlichen Iditarod-Bankett teil, die sich die Chance nicht entgehen lassen wollten, ihre Favoriten unter den Mushern zu treffen. Ständig kamen Iditarod-Fans an unseren Tisch, wünschten mir Glück und baten mich um meine Unterschrift auf diversen Plakaten. Ich wurde auf die Bühne gerufen und sprach ins Mikrofon, welche Ehre es für mich sei, hier zu stehen, und wie sehr ich mich auf das Rennen freute. Schließlich dankte ich noch meinen

Sponsoren für ihre Unterstützung und zog dann meine Startnummer – es war die Nummer 10.

Später gab es eine Verlosung, vor der ich zu meinen Tischnachbarn sagte: »Ich bin schon gespannt, was ich gewinnen werde.« Einige am Tisch – die nicht wussten, welch ein Glückspilz ich bin – dachten, ich mache Witze. Einer sagte sogar: »Schauen Sie sich doch einmal um. Bei diesen Massen hier müssten Sie aber mächtiges Glück haben, etwas zu gewinnen.«

Der erste Preis war ein Gutschein über 1.000 Dollar für einen Einkauf bei einem Outdoor-Ausrüster, einem der größten Sponsoren des Iditarod. Mein Name wurde prompt gezogen, und unter Beifall stieg ich erneut auf die Bühne, um mein Geschenk in Empfang zu nehmen. Nach einer weiteren Autogrammrunde hatte ich Gelegenheit, die Witwe von Joe Redington senior, Vi Redington, kennen zu lernen sowie Norman Vaughn, einen quicklebendigen 90-Jährigen, der 1928 Mitglied der Antarktis-Expedition von Admiral Byrd gewesen war. Er hatte schlohweißes Haar und leuchtende Augen. Mit seinem Lächeln schien er den gesamten Saal zum Strahlen zu bringen.

Nach dem Bankett übernachteten wir im Hilton-Hotel. Die Hunde befanden sich draußen im Anhänger, den wir neben dem Hotel geparkt hatten. Dadurch war das nächtliche Ausführen für uns unkompliziert, und die Hunde konnten sich ohne Hektik ausgiebig strecken, Wasser trinken und ihr Geschäft machen. Am nächsten Tag umringten mich vom frühen Morgen an die Medien. Eigentlich wollte ich noch einiges erledigen und mich um meine Hunde kümmern, doch daran war nicht zu denken. Ich erreichte einen Punkt, an dem ich mich durch das öffentliche Interesse derart erschlagen fühlte, dass ich in mein Zimmer flüchtete und mich ausruhte, während Dad alles Nötige regelte.

Nach einem späten Abendessen ging ich zur Fourth Avenue und sah, wie die Arbeitstrupps Schnee anlieferten. Es wirkte sehr befremdlich, dass in Alaska Schnee mit dem LKW angefahren, auf die Straße gekippt und mit Planiermaschinen verteilt wurde. Eine andere Gruppe engagierter und tüchtiger Arbeiter errichtete zwischen den Parkuhren einen Schneezaun, der den Gehweg von der Straße trennte.

Der Anblick dieser Arbeiten führte mir die Realität wieder vor Augen. Viele kleine Ängste tauchten auf, die sich von denen anderer Musher vermutlich kaum unterschieden. Jeder Neuling fragt sich besorgt, ob er allem Unbekannten gewachsen ist, das ihm unterwegs begegnen kann. Fragen gehen einem durch den Kopf: Wie komme ich mit ungünstigem Wetter zurecht und wenn die Temperatur auf 45 oder gar 55 Grad unter den Gefrierpunkt sinkt? Was mache ich, wenn ich auf einen Elch oder einen Bison treffe? Was passiert, wenn eine Eisbrücke zusammenbricht, ein Sturm das Vorankommen verhindert oder mich ein Schneesturm tagelang gefangen hält? Doch am Ende sind es genau diese Unbekannten, die dieses Rennen zu einem großen Abenteuer machen. Es ist genau so, wie Mitch Seavey sagte: »Man weiß nichts über das Iditarod, bis man das Iditarod gefahren ist.«

Meine größte Furcht war die Begegnung mit einem wütenden Elch oder Bison. Ich hatte gelesen, dass ein Elch Susan Butchers Gespann angegriffen und dabei zwei ihrer Hunde getötet und elf weitere verletzt hatte.

Außerdem werde ich nie die Geschichte vergessen, die Dad von Jeffery Mann zu erzählen wusste, der beim Yukon Quest einen Elch mit seinem Beil tötete.

Ein Angriff durch einen Elch ist eine durchaus reale Gefahr in der Wildnis Alaskas. Paul würde deshalb ein Gewehr bei sich tragen, ich hingegen nicht. Da ich ein schrecklich schlechter Schütze bin, meinte Paul, eine geladene Waffe in meiner Hand sei das Allerletzte, was er in seinem Rücken haben wollte. Abgesehen von Paul – falls er zufällig in der Nähe sein sollte, wenn der Elch angriff – hatte ich keinen anderen Schutz als meine Axt. Daher nahm ich mir fest vor, sie stets griffbereit zu haben. Wenn es darum ging, mein Gespann zu verteidigen, würde ich, ohne zu zögern, meine Axt jedem angriffslustigen Schwergewicht entgegenschleudern. Ich sprach ein Gebet und bat Gott, mich bitte niemals einer solch unheilvollen Situation auszusetzen.

Meine zweite Sorge galt dem Umgang mit mangelndem Schlaf. Mehr als kurze Nickerchen waren unterwegs zumeist nicht möglich. Ich gehöre zu den Menschen, die ausreichend Schlaf brauchen. In früheren Rennen führte der Schlafentzug bei mir oftmals zu starker Erschöpfung und Halluzinationen sowie verzögertem Reaktionsvermögen. Wie würde ich über zwölf oder 13 Tage damit zurechtkommen?

Außerdem fürchtete ich mich natürlich wie die meisten Rookies vor den schwierigen Passagen des Rennens, wie etwa den Happy River Steps – einer gefährlichen Folge von drei steilen Abhängen, wo der Schlitten bei Stürzen zerschellen und der Musher schwere Verletzungen erleiden kann, die ihn zur Aufgabe zwingen. Darauf folgt die Überquerung des Rainy Pass und anschließend die wilde Fahrt durch die Dalzell Gorge, eine enge Schlucht, die auf acht Kilometer Länge um 300 Höhenmeter abfällt und zudem unangenehme Abhänge, einen offenen Wasserlauf und die reale Gefahr der Begegnung mit Elchen oder Büffeln bietet. Dieser Abschnitt ist technisch äußerst anspruchsvoll und ein Bereich, wo man Fehler tunlichst vermeiden sollte. Danach schließen sich die Buffalo Tunnels an, gefolgt von Farewell Burn, einer trostlosen, mit umgestürzten Bäumen bedeckten Gegend, wo der Schnee oftmals gänzlich von der Strecke geweht wird und die bloße Erde zutage tritt. Und all diese Gefahren lauern schon auf den ersten 200 Meilen. An zugefrorene Seen, die unendlichen Weiten der Tundra, das Eis des Yukon und die Überquerung des Bering-Meeres mochte ich jetzt noch gar nicht denken.

Ich holte tief Luft, atmete aus und beobachtete, wie eine Planierraupe Schnee auf die Straße schob. Ich spürte die Anspannung in meinen Schultern und versuchte, sie zu lockern. Schließlich musste ich lächeln, denn war morgen nicht der wichtigste Tag meines Lebens? Solange ich auf dem Iditarod-Trail unterwegs war, würde jeder dieser Tage der wichtigste Tag meines Lebens sein. Ich ging zurück ins Hotel, genoss ein ausgedehntes Bad und ging zu Bett. Gänzlich unbekümmert schlief ich ein.

Am nächsten Morgen herrschte auf der Straße reger Verkehr von Hundetrucks. Manche waren nagelneu und mit schicken Schriftzügen versehen, die den Namen des Mushers und seiner Sponsoren präsentierten. Andere Fahrzeuge hingegen hatten schon wesentlich bessere Tage gesehen, und ihre Besitzer hofften sicher auf einen lukrativen Ausgang des Iditarod, damit sie wieder ein Jahr lang über die Runden kamen. Hunde steckten ihre Nasen durch die runden Öffnungen in den Türen, witterten die anderen Hunde und spürten die Aufregung, die in der Luft lag.

Die Wintersonne kämpfte sich allmählich hinter der zerklüfteten Silhouette der Chugach Mountains hervor. Ich blinzelte in das helle Sonnenlicht, setzte meine Sonnenbrille auf und trat auf die Straße hinaus. Der Schnee, der am Abend zuvor herangekarrt worden war, hatte sich in tiefen Schneematsch verwandelt. Dad hatte unseren Truck an der Kreuzung Fourth Avenue und H Street geparkt, zog die Metallstreben heraus und brachte die schweren Ketten an, in die wir die Hundehalsbänder einhakten. Ich wollte ihm dabei helfen, wurde jedoch auf dem Weg von einem Fernsehteam abgefangen. Ein Mikrofon und etliche Videokameras waren auf mich gerichtet. Ich versuchte, so gut es ging, die Fragen zu beantworten und gleichzeitig die anstehenden Arbeiten zu erledigen.

Ich öffnete die Tür einer Hundebox und holte Duchess heraus. Sie ist mein zuverlässigster Leithund und war in jedem großen Rennen, das ich seit meinem 14. Lebensjahr bestritten hatte, an der Spitze des Gespanns gelaufen. Auf der Piste weiß sie instinktiv, was zu tun ist. Sie bleibt in der Spur und setzt meine Kommandos zuverlässig um. Sie ist ein sportliches und ausgesprochen lauffreudiges Tier, hat ein überwiegend schwarzes Fell mit wenigen weißen und – wie ich es nenne – leberfarbenen Stellen an Schnauze und Hals. Sobald ich unseren Hundehof betrete, wirft sich Duchess auf den Rücken und fordert mich eindringlich auf, ihr den Bauch zu kraulen. Das liebt sie über alles. Allerdings ist sie inzwischen schon acht Jahre alt und damit als Rennhund im vorgerückten Alter. Außerdem neigt eines ihrer Fußgelenke dazu, im Verlaufe eines Rennens Beschwerden zu verursachen. Obgleich es mir nie in den Sinn gekommen wäre, beim Iditarod ohne Duchess anzutreten, würde ich sie danach aufs Altenteil schicken. Das Iditarod sollte ihr letztes Rennen werden. Könnte es ein schöneres Karriereende geben als den Zieleinlauf in Nome?

Als Nächstes nahm ich Angel, meinen zweiten wichtigen Leithund, aus der Box. Sie hat sandfarbenes Fell mit einem weißen Fleck zwischen den Augen und ist ganz ohne Zweifel das hübscheste Tier in unserer Zucht. Als sie ein Jahr alt war, legte ich ihr erstmals das Zuggeschirr an und merkte sehr schnell, dass sie sich im Gespann nur auf einer einzigen Position wohl fühlte, nämlich an der Spitze. Sie ist ein geborener Leithund mit großer Leistungsbereitschaft. Obwohl ich sie während des *Race to the Sky* eine Zeitlang in Wrong-way (Irrweg) umbenannt hatte, setzt sie Kommandos normalerweise perfekt um und hat Mumm wie ein Löwe. Während des Tustumena 200 war es Angel, von der Tyrell am meisten beeindruckt war. Schon den Welpen hatte ich besonders ins Herz geschlossen.

Als Nächstes setzte ich Ned auf den Boden. Er ist ein ganz außergewöhnlicher Wheel dog. Ned bemüht sich stets nach Leibeskräften, den Schlitten zu schützen. Er lässt sich durch nichts davon abbringen und ist sehr ausdauernd. Wenn er strauchelt oder stürzt, schüttelt er sich nur kurz und läuft sofort weiter. Ned ist sieben Jahre alt.

Seth ist acht Jahre alt und ein echtes Arbeitstier – ein wirklich entzückender Hund. Seine Leine habe ich noch nie durchhängen sehen. Vor einiger Zeit wollte ich ihn schon in den Ruhestand schicken und erklärte ihm, dass er nun langsam zu alt sei und die jüngeren Hunde ihre Chance bekommen müssten. Doch er zeigte sich im Training derart engagiert und hielt mit den anderen so gut mit, dass ich ihn wieder ins aktive Geschehen integrierte. Ich plante ihn als Team dog ein, hatte mit ihm jedoch gleichzeitig noch einen Trumpf in der Hinterhand, falls ich einen weiteren starken, zuverlässigen Leithund brauchte.

Der nächste Hund war die achtjährige Eyes, die ich für dieses Rennen von Dean Osmar ausgeliehen hatte. Sie hatte das Iditarod bereits viermal absolviert, lediglich zehn Tage nach einem Sieg im 500 Meilen langen Yukon Quest mit Deans Sohn Tim.

Lisa ist vier Jahre alt, hat sandfarbenes Fell mit braunen Schattierungen, kecke Ohren und hübsche braune Augen. In vielerlei Hinsicht ist sie eine jüngere Duchess. Sie ist ein starker und entschlossener Leithund und ein ebenso guter Team dog. Gelegentlich mangelt es ihr zwar an Motivation, doch auf der Piste ist sie eine unermüdliche Läuferin.

Jovi ist drei Jahre alt. Während des Herbsttrainings versuchte er permanent, die Leithunde zu überholen, weshalb ich ihn an der Spitze einsetzte und dabei feststellte, dass sich der Kleine dort ganz hervorragend verhielt. Also begann ich, ihn zum Leithund auszubilden, und merkte, dass er erstaunlich schnell darauf ansprang. Er ist für Rennen bestens geeignet und erwies sich beim

Atta Boy als leistungsfähiger Leithund. Manchmal ist er allerdings ein ziemlicher Angsthase und fürchtet sich hin und wieder sogar vor seinem eigenen Schatten. Doch in einem Jahr könnte aus ihm ein ganz hervorragender Schlittenhund werden.

Der sechsjährige Dugan ist nach Libby Riddles berühmtem Leithund benannt. Zu seinen Spitzenzeiten ein ausgezeichneter Leithund, ist aus ihm inzwischen ein solider Team dog und echtes Arbeitstier geworden. Athens, die ich voriges Jahr von Mike Hutchins in Michigan erwarb, ist mit ihren fünf Jahren ein wahres Energiebündel. Sie läuft für ihr Leben gern Rennen und reagiert ausgezeichnet auf verbale Kommandos.

Dad hatte die Hunde auf der anderen Seite aus den Boxen genommen, und ich bedachte einen nach dem anderen mit Zuwendung: Kitty, Karelan, Possum, Pia und Mandy – allesamt zuverlässige Team dogs, die im Notfall auch als Leithunde einsetzbar waren. Bernard war der wahrscheinlich zäheste Arbeiter im Gespann, die zweijährige Brick das jüngste Tier. Sie besitzt eine hohe Leistungsbereitschaft, war noch nie verletzt und hat meiner Ansicht nach ein ganz enormes Potenzial.

Wir packten die Blechnäpfe aus und gaben allen Hunden Wasser. Ich achtete sorgsam darauf, dass jedes Tier auch wirklich trank. Als ich wieder aufblickte, waren noch mehr Fernsehkameras auf mich gerichtet, und das Galgenmikrofon verfolgte mich noch immer. Ich versuchte, meine Pflichten zu erledigen, wurde dabei jedoch permanent durch Fragen seitens der Medien und der Zuschauer unterbrochen.

»Wie fühlen Sie sich gerade?«

»Rechnen Sie sich Chancen aus, Nome zu erreichen?«

»Sind Sie aufgeregt?«

»Wie werden Sie sich fühlen, wenn Sie aufgeben müssen?«

»Haben Sie Angst?«

»Was können Sie sehen?«

Ich versuchte, selbst die unsinnigsten Fragen so freundlich und kompetent wie möglich zu beantworten. Mir war klar, dass ich nicht nur als Privatperson antwortete, sondern wie eine Sprecherin des Iditarod. Ich wollte niemanden vor den Kopf stoßen, sondern versuchte, sympathisch und freundlich zu sein, damit mich jedermann mochte.

Der Schneezaun am Straßenrand hielt die Zuschauer nur unzureichend zurück. Auf der Straße waren mindestens ebenso viele Leute unterwegs wie hinter der Abgrenzung. Menschenmassen, wohin ich schaute. Manche trugen Pelzmützen und -mäntel. Ein Mann sah aus, als hätte ihn ein Wolf verschluckt – nur sein Gesicht schaute aus dem Maul des Wolfes heraus. Es war das größte Spektakel in ganz Alaska, ein riesiges Volksfest, das die als »Final Frontier« bezeichnete Grenze der Zivilisation zum Mythos erhob. Vor lauter Rummel um mich bekam ich kaum noch Luft. Ich befand mich plötzlich im Zentrum eines riesigen Gewimmels aus Mikrofonen, Kameras, Fragen und Autogrammjägern, die mir alle so nahe kamen, dass ich nirgendwohin ausweichen konnte, ohne jemanden anzurempeln.

In diesem wilden Strudel tauchte plötzlich Tyrell auf, woraufhin die Medienvertreter dankenswerterweise ein

Stück zurücktraten und uns ein wenig Platz machten. Die Menge umringte uns. Ich fühlte mich wie ein Fisch im Aquarium. Tyrell schaute sich nervös um und fragte: »Wie geht's denn?«

»Gerade ein bisschen überwältigt.«

»Wirklich wahr. Das ist ein ganz schöner Zirkus. Wie schaffst du es, dabei immer noch zu lächeln?«

»Was bleibt mir denn anderes übrig?«

Kameras klickten. Uns war klar, dass jede unserer Bewegungen aufgezeichnet wurde und für Gerede sorgen würde. Tyrell flüsterte mir ins Ohr: »Keine Sorge, wenn du erst einmal auf der Piste bist, können sie dir nicht mehr folgen.«

»Super«, antwortete ich.

»Also, alles Gute und viel Spaß. Wir sehen uns morgen.« Tyrell verschwand, und die Menge wogte wieder heran. Ich konnte mich kaum bewegen, schaffte es jedoch, mich zu Angel vorzuarbeiten. Ich gab ihr einen Kuss auf die Stirn, hob ein Vorderbein an, zog ihr einen Füßling über die Pfote und befestigte ihn mit dem Klettverschluss. Nach Angel widmete ich mich Duchess, Ned und schließlich Lisa. Dabei war mir die Nähe der Menschenmassen mehr als bewusst. Langsam erdrückten sie mich mit ihrer Aufmerksamkeit. Als ich einmal aufblickte, sah ich, wie ausgebeult der Schneezaun war, weil sich unzählige Menschen bei dem Versuch, mich zu fotografieren, dagegenlehnten. Der Druck war immens – beängstigend und kaum noch auszuhalten. Ich konnte nicht mehr tief Luft holen, sondern nur noch nach Luft schnappen. Ich begann zu hyperventilieren.

Auf einmal war Libby Riddles an meiner Seite. Sie

legte ihren Arm um mich und schob die Leute beiseite. Laut und eindringlich rief sie: »Zurücktreten. Gehen Sie beiseite. Das ist meine Musherin. Machen Sie etwas Platz für uns.«

Sie brachte mich zum Auto, öffnete die Tür und schob mich hinein. Dann kroch sie hinterher und warf die Tür zu. Drinnen war es vergleichsweise ruhig. Allmählich konnte ich wieder normal atmen. Dann rollte die erste Träne meine Wange hinunter, gefolgt von einer kleinen Sintflut. Ich zerfloss in Tränen, aber mit Libby Riddles kann man im selben Moment lachen und weinen. Ich fiel ihr um den Hals und sagte: »Das kannst nur du schaffen.«

»Das habe ich nicht übel hinbekommen, was?«, verkündete Libby stolz.

Ich atmete mehrmals tief ein und aus und sagte dann: »Endlich Ruhe. Hab Dank.« Ich wusste, dass die erste Frau, die das Iditarod gewonnen hatte, besser nachempfinden konnte als jeder andere, wie es mir gerade ging. »So muss es bei deiner Ankunft in Nome gewesen sein«, sagte ich zu Libby. »Genauso schrecklich«, bestätigte sie. »Vielleicht sogar noch schlimmer, weil ich ja tagelang unterwegs gewesen war. Ich kam aus der Wildnis in die Stadt und sah all diese jubelnden und winkenden Menschen in den Straßen. Mein Herz schlug derart heftig, dass ich es an meinen Rippen hämmern spürte. Die Massen hefteten sich an meine Fersen und drängten uns die Front Street hinauf. Unter dem berühmten Iditarod-Bogen wurde ich gefragt: ›Wie fühlen Sie sich, Libby?‹ Und ich hatte keine Ahnung, was ich antworten sollte, denn für das, was ich gerade empfand, gab es keine Worte.«

»Das muss überwältigend gewesen sein.« Ich versuchte, mir diesen Moment und die tumultartigen Szenen vorzustellen. »Das hier ist nur das Auge des Orkans«, warnte mich Libby. »Sobald du hinausgehst, wird dich der Sturm wieder mit voller Wucht erfassen.«

»Ich komme schon damit klar«, versicherte ich ihr. »Ich brauchte nur eine kleine Pause, um dem Wirbel für ein paar Minuten zu entfliehen. Mehr nicht.«

Dad öffnete die Tür und nahm auf dem Sitz neben mir Platz. Er umarmte mich und fragte: »Na, amüsiert ihr euch?«

Ich wischte mir die letzten hartnäckigen Tränen ab und lächelte. »Und ob. Also los, wollen wir mal zeigen, was wir können, oder?«

Ich stieg aus und hörte schon die Namen der Musher und den Countdown bis zu ihrem Start aus dem Lautsprecher am anderen Ende der Straße. Gespanne fuhren an uns vorbei, Hunde bellten, jaulten und hechelten. Musher und Hundeführer versuchten, die Tiere zu zügeln, während sie sich durch den knöcheltiefen Schnee bis zur Startlinie vorkämpften. Der Lärmpegel erreichte irrsinnige Dimensionen.

Mein Schlitten, an den ein Tandemschlitten gekoppelt war, den Dad lenken würde, war am Anhänger befestigt. Ich gab meinen Hundeführern ein Zeichen, die Hunde vor den Schlitten zu bringen und an der Hauptzugleine einzuhaken. Ich zog meine Iditarod-Weste über und lächelte stolz in die Kameras, da ich sie heute zum allerersten Mal trug. Dad reichte mir eine Mütze mit aufgedruckter Werbung, die ich aufsetzte. Mein Iditarider, ein zwölfjähriges Mädchen namens Molly Murphy aus Solana Beach in Kalifornien, nahm auf meinem Schlitten Platz. Ihre Eltern, die für die elf Meilen lange Fahrt mit mir das Meistgebot von 2.200 Dollar abgegeben hatten, schossen Fotos. Im Rahmen des Iditarider-Programms können Fans beim feierlichen Eröffnungslauf eine Fahrt mit ihrem Lieblings-Musher ersteigern. Sämtliches Geld, das dabei zusammenkommt, fließt in den Preisgeld-Topf.

»Zum Start bitte«, forderte mich ein Verantwortlicher auf.

Die Anspannung war kaum noch auszuhalten. Meine Hunde drehten fast durch. Die Hundeführer, zumeist gute Freunde, hielten jedes Hundepaar einzeln an der Leine und bemühten sich redlich, die Tiere unter Kontrolle zu halten, damit das Geschirr sich nicht verhedderte oder jemand versehentlich auf eine Hundepfote trat. Ich bestieg meinen Schlitten, drehte mich noch einmal zu Dad auf dem angekoppelten Schlitten um und nickte. Er klinkte die Schnellsicherung aus, und los ging es zur Startlinie.

Meine Hundeführer manövrierten das Gespann durch den Tiefschnee die Fourth Avenue hinauf, wo ein großes Banner mit der Aufschrift IDITAROD TRAIL RACE – START prangte. Ich bat die Hundeführer zurückzutreten. Eine Stimme aus dem Lautsprecher verkündete meinen Namen und stellte mich als eine der 28 Rookies vor, die bei der 33. Austragung des Iditarod antraten. Dann begann der Countdown. »Zehn … neun …«

Wie beim Blättern in einem Fotoalbum tauchten Bilder und kurze Sequenzen vor meinem geistigen Auge auf – Gesichter von Leuten, die mir etwas verwehrten, weil ich ja nur ein kleines blindes Mädchen war. Mitschüler, die mich terrorisierten. Aber auch Freunde, die mir auf meinem Weg halfen. Ebenso Bilder von meinen Hunden im Training und bei Rennen, Dad und Mom, Dr. Weleber und Marla Runyan.

Jay Rowan machte mir Mut: »Du schaffst das.« Mich überkam ein unbändiger Stolz; es war das gleiche Gefühl, das ich an jenem Tag empfand, als Dad mich zum ersten Mal allein auf den Hundeschlitten gelassen hatte. Ich verspürte eine gewisse Genugtuung, dass ich die bittere Enttäuschung nach meinem ersten Gespräch mit dem Iditarod Trail Committee überwunden hatte. Dass ich jetzt hier stand, war dem Einsatz unzähliger Menschen zu verdanken. Und nun war ich ganz unsicher, was ich fühlen oder wie ich reagieren sollte.

»Fünf … vier … drei …« Die Sonne schob sich durch eine Wolkenlücke, so dass ich trotz meiner Sonnenbrille blinzeln musste. Ich nahm den Jubel der Menschenmassen um mich herum nur noch gedämpft wahr. Fotografen knieten im Schnee, um mich abzulichten. Fernsehkameras schwenkten zu mir herüber. Vor mir lag die Rennstrecke, und in der Ferne meinte ich die weißen Umrisse schneebedeckter Berge auszumachen. Ich stand nun direkt an der Startlinie des Iditarod und war drauf und dran, mich auf das größte Abenteuer meines Lebens einzulassen. Ich hatte eigentlich jetzt schon gewonnen.

»Zwei … eins … los!«

Meine Hunde drängten vorwärts, setzten den Schlitten in Bewegung und zogen uns in rasanter Fahrt die Fourth Avenue entlang. Die Zuschauer lehnten sich gegen den Schneezaun, klatschten, jubelten und feuerten uns an.

»Viel Glück!«

»Zeig's ihnen, Mädchen!«

»Beweis ihnen, was in dir steckt!«

»Wir lieben dich, Rachael!«

»Wir sehen uns im Ziel!«

»Go, Rachael, go!«

Ich stand auf der Bremse und versuchte, mit sämtlichen Sinnen alles in mich aufzunehmen, damit ich diese eindrucksvollen Sekunden niemals vergaß. Gleichzeitig behielt ich meine Hunde sorgfältig im Auge, denn ein Missgeschick wäre jetzt gänzlich fehl am Platze. Ich drehte mich zu Dad um und sah auf seinem Gesicht ein so breites Lächeln, das einen Gletscher hätte zum Schmelzen bringen können. Ich war mir sicher, dass es Freudentränen waren, die feucht auf seinen Wangen glänzten. Zweifellos hatte ihn die gleiche Gefühlswoge erfasst wie mich. Ich war überglücklich, dass wir gemeinsam diesen besonderen Augenblick erleben durften.

Ich nahm an, dass die Zuschauer irgendwann verschwinden würden, doch das war nicht der Fall. Die gesamten elf Meilen standen Schaulustige an der Strecke. Eine Gruppe jubelte mir besonders laut zu und rief meinen Namen. Als wir vorbeisausten, wandte ich mich ihnen zu und rief: »Wir sehen uns in Nome!« Das brachte sie völlig aus dem Häuschen.

24

Das große Rennen

Die Nacht vor dem Start verbrachten wir bei John und Mari Woods. Als es Zeit war, zu Bett zu gehen, überkam mich eine solche Nervosität, dass ich Ewigkeiten zum Einschlafen brauchte. Am nächsten Morgen duschte ich genüsslich – sehr heiß und sehr lange. Ich wusste, dass wir die mit Duschen ausgestattete Raststation Takotna erst in knapp einer Woche erreichen würden.

Wegen Schneemangels in Wasilla, wo normalerweise gestartet wurde, erfolgte der endgültige Start zum *Iditarod Trail Sled Dog Race* am 30 Meilen entfernten Willow Lake. Uns wurde auf dem zugefrorenen See ein Pfahl mit meiner Startnummer 10 zugewiesen. Dort begannen wir zügig, die Hunde aus ihren Boxen zu holen. Nachdem sie

Futter und Wasser bekommen hatten, hoben wir meinen Rennschlitten vom Anhänger. Dave Sims hatte ihn für mich gebaut und mir versichert, dass er absolut nicht zu zerstören sei und allem standhalten würde, was ihm das Iditarod abverlangte. Als Nächstes sortierte ich meine Ausrüstung. Die Regeln schreiben vor, dass ein Musher sämtliche Utensilien bei sich führen muss, die er für sich und seine Hunde zum Überleben unter harten Winterbedingungen braucht.

Ein Schlitten lässt sich am besten lenken, wenn das Gepäck leicht ist und möglichst weit hinten verstaut wird. Das Packen hatte ich schon so oft geübt, dass ich im Schlaf wusste, wo alles hingehörte. Ich begann, meinen roten, am Schlitten befestigten Packsack zu befüllen. Die schwere Kühlbox mit dem Hundefutter kam zuunterst ganz nach hinten. Der Kocher zum Erhitzen des Wassers, die Futterschüsseln für die Hunde und die Kelle zum Abmessen des Hundefutters haben ein geringes Gewicht, weshalb ich sie relativ weit vorn platzierte. Schließlich verstaute ich meinen warmen Polarschlafsack, Handschuhe, Snacks, Stirnlampen, Schutzbrille, Sonnenbrille und Gesichtsschutz, auf den niemand verzichtet, weil es so kalt wird, dass sämtliche Hautpartien zum Schutz vor Erfrierungen bedeckt sein müssen. Weitere Utensilien waren Packungen mit Hundefutter und Hundesnacks. Letztere in großen Mengen: Lachs, Würstchen und Rindertalg. Das Beil steckte ich griffbereit in das Lederetui und packte weiter ein: Füßlinge, Medikamente und Fußsalbe für die Hunde, Ersatzleinen und Zuggeschirr zum Wechseln, Seile zum Festbinden ausgemusterter Hunde, Werkzeug für Schlittenreparaturen, eine Kamera, einen

CD-Player, CDs mit meiner Lieblingsmusik sowie Ersatzbatterien. Ich trödelte, nahm mir viel Zeit für alles und unterbrach meine Tätigkeiten immer wieder für Interviews oder Streicheleinheiten für meine Hunde.

Der »Rennmarschall« des Iditarod, Mark Nordman, bat Paul und mich, auf unsere geloste Startposition zu verzichten und stattdessen an letzter Stelle zu starten, um Komplikationen und Kritik zu vermeiden. Das ist mit einer Reihe von Nachteilen verbunden. Zum einen ist der Zustand des Trails erbärmlich, nachdem ihn so viele Hundegespanne, Schlitten und Schneemobile passiert haben. Außerdem besteht die Gefahr, dass sich die Hunde mit Keimen und Viren weiter vorn laufender Tiere anstecken und an Magen-Darm-Infektionen erkranken. Obwohl ich erst aufbrechen konnte, sobald die anderen 78 Musher unterwegs waren, würde meine Zeit mit dem geplanten Start der Nummer 10 zu laufen beginnen. Auf diese Weise hatte ich bereits mehr als zwei Stunden verloren, noch ehe ich überhaupt die Startlinie überquert hatte.

Alles, was noch zu tun war, ließ sich innerhalb einer Stunde erledigen. Doch da ich nun ganze sechs Stunden totzuschlagen hatte, trödelte ich endlos herum. Ich machte Dehnübungen mit den Hunden, massierte sie, fettete ihre Füße und zog ihnen Füßlinge an. Ich testete die drahtlosen Funk-Headsets, die uns die Einheit K-9 der Polizeiwache in Anchorage geliehen hatte. Der Einsatz dieser drahtlosen Geräte war auf jeden Fall ein enormer Vorteil gegenüber dem Zurufsystem. Sie waren mit einem Drücker ausgestattet, den wir im Handschuh trugen. Immer wieder kamen Medienvertreter mit Interviewwünschen vorbei, und Freunde gaben mir mutmachende Worte mit auf den Weg. Ungeduldig wartete ich darauf, dass ich endlich aufgefordert wurde, an den Start zu gehen.

Insgesamt war ich überraschend ruhig, doch in der Magengrube kribbelte es wie vor jedem großen Rennen. Eigentlich konnte ich ganz gelassen sein, hatte ich doch alles in meinen Kräften Stehende getan, um mich und meine Hunde optimal vorzubereiten.

Die Lautsprecher-Ansage verkündete, dass der nächste Starter Tyrell Seavey sei – einer von fünf Seaveys, die am diesjährigen Iditarod teilnahmen. Ich rannte hinüber und erreichte ihn, als er gerade an der Startlinie Aufstellung nahm. Ich wünschte ihm Glück und küsste ihn aus einer Laune heraus auf die Wange. Dann trat ich beiseite, und er machte sich auf den Weg. Ich wusste, dass er ein ausgezeichnetes Gespann hatte und ganz vorn mitfahren würde. Das nächste Mal würde ich ihn in Nome sehen.

Von Willow nach Yentna – 45 Meilen

Einer nach dem anderen brachen die Musher in unserer Nähe auf, wobei meine Hunde jedes Mal unruhiger wurden und es kaum noch erwarten konnten, endlich loszulaufen. Ich wollte sie nicht zu früh vorbereiten, damit sie nicht unnütz Energie verbrauchten, und wartete deshalb bis zur letzten Minute, bevor ich meinen Leuten grünes Licht gab, das Gespann anzuschirren und in die Hauptzugleine einzuhaken. Von diesem Moment an war alles um mich herum nur noch Bewegung und Aktivität.

Paul und seine Leute waren ebenso geschäftig bei der Sache.

Paul fuhr zuerst los, und meine Hunde drehten vor Aufregung fast durch, ahnten sie doch, dass sie bald an der Reihe waren. Meine Hundeführer leisteten hervorragende Arbeit, streichelten die Hunde und versuchten, sie abzulenken. Wir fuhren an den Start, wo Paul auf mich zugerannt kam. Er umarmte mich kurz und versicherte mir, dass wir Nome erreichen würden. Dann rannte er zurück zu seinem Schlitten, sprang auf die Kufen, und schon ging es los. Ich schloss auf, bis der Vorderbogen meines Schlittens unter dem Iditarod-Banner stand. Vor mir lag der von Zuschauern gesäumte Startbereich, und dahinter führte der Iditarod-Trail ins Unbekannte. Ich sprach ein kurzes Stoßgebet, in dem ich Gott bat, meine Hunde und mich zu behüten, und fügte noch eine besondere Bitte hinzu: »Gott, lass mich bitte nicht gleich in der ersten Kurve einen Crash landen.«

Die Hundeführer traten zurück. Der Countdown war blitzschnell vorüber. Ich hatte kaum Zeit, Dad zu umarmen und Libby die Hände zu drücken. Sie schrie mir über das Getöse hinweg zu: »Zeig ihnen, was du draufhast, Mädchen!«

Schon waren wir unterwegs. Die Menge hinter dem mit Transparenten und Spruchbändern geschmückten Schneezaun jubelte mir zu, als meine 16 Huskys vorwärtsstürmten und kraftvoll in die großzügige Rechtskurve einbogen. Paul fuhr voran und war noch nicht zu sehen. Wir umrundeten den vereisten See. Ich holte ihn erst ein, als der Weg vom See abbog und den ersten Hügel hinaufführte.

Oben auf dem Kamm war der Tumult, der meinen Alltag tagein, tagaus begleitet hatte, auf einen Schlag verschwunden. Vor mir lagen 1.100 Meilen Wildnis. Ich war zutiefst dankbar, endlich alles hinter mir zu lassen: die Medien, das Gedränge, den Lärm, das Chaos und den vollen Terminkalender. Von nun an würde mein Leben schlicht und ursprünglich sein. Was jetzt noch zählte, waren die Hunde und unser Rennen nach Nome. Ich stieß einen tiefen Seufzer der Erleichterung aus.

Eine Gruppe am Lagerfeuer jubelte mir zu, und ich erkannte, dass ich alles andere als allein war. Wir sahen noch weitere Gruppen, die sich entlang der Strecke versammelt hatten. Freundliche Stimmen riefen meinen Namen und wünschten mir Glück. Als wir einen steilen Anstieg hinauffuhren, kam eine Frau angerannt, die mir eine Kette überreichte und dazu erklärte, dass sie aus Glücksperlen gefädelt war.

»Wie läuft's bei dir?«, erkundigte sich Paul per Funk.

Ich drückte die Sprechtaste. »Könnte nicht besser sein.«

Der Hubschrauber des Fernsehsenders *Outdoor Life Network* schwebte über uns und verfolgte jede unserer Bewegungen. Meine Hunde schlängelten sich zwischen Bäumen hindurch und über Hügel hinweg. Die Sonne verschwand hinter einer Wolkenfront, und der Hubschrauber drehte ab. Allmählich überzog Dunkelheit das Land, und ich nahm an, dass ich wenigstens in der Nacht nun endlich allein sein würde. Doch als wir die Flussebene des Susitna River erreichten, parkten dort alle paar Meilen Schneemobile im Kreis wie die Planwagen der Siedler. Lagerfeuer brannten, und die Leute feierten ausgelassen. Paul und ich fuhren mit Stirnlampen, und sobald uns die Partymacher sahen, feuerten sie uns lautstark an. Als wir vorbeifuhren, fragten sie, ob noch jemand hinter uns käme. Als wir verkündeten, dass wir die letzten Starter seien, johlten und schrien sie noch viel lauter und widmeten sich wieder dem Feiern.

Diese Geselligkeit hielt bis zur Raststation Yentna an. Wir trafen auf viele andere Gespanne, die dort bereits rasteten. Wir wurden zu einer freien Fläche dirigiert, wo Paul und ich nebeneinanderparkten. Der Schnee war so weich, dass der Schneeanker keinen Halt fand, um die Hunde auszuschirren. Deshalb benutzte ich mein Beil und legte zur Sicherheit noch einen Strohballen auf die Leine. Ich versorgte meine Hunde und versuchte, bei den Hunden auf dem Stroh zu schlafen. Doch meine Aufregung war viel zu groß, um schlafen zu können. Ich ging zu einem Haus hinüber, wo eine freundliche Frau mir einen Teller Spaghetti aufnötigte. Sie sagte, dass sie mir ganz fest die Daumen drücke.

»Sie können mein Bett haben«, bot sie an.

»Vielen Dank, aber das kann ich nicht annehmen«, erklärte ich ihr. »Ich darf keinerlei Extras annehmen. Wenn Sie mir Ihr Bett anbieten, müssen Sie das auch für jeden anderen Musher tun.«

Schließlich legte ich mich unter einem Tisch schlafen, wachte jedoch wieder auf, als die Frau eine Decke über mich legte. Als Nächstes weckte mich ein Mann, dessen Packsack ich als Kopfkissen benutzt hatte. Andere stiegen über mich hinweg und traten mich dabei. Ich gab auf, ging wieder hinaus in die Nacht und rüstete mich zum Aufbruch.

Von Yentna nach Skwentna – 34 Meilen

Wir verließen Yentna im Dunkeln und fuhren die ganze Nacht mit unseren Stirnlampen. Gelegentlich funkte mich Paul an, oder ich sah den Lichtschein seiner Lampe. Meist fühlte ich mich jedoch herrlich allein in den Weiten des nächtlichen Alaska. Der Trail verlief in Schlangenlinien und war uneben. Die Gespanne vor uns hatten ihn aufgewühlt durch die Bremsen, die auf abschüssigen Passagen tiefe Furchen hinterließen. Doch meine Hunde bewältigten den Pfad mit Leichtigkeit. Ich überholte einige Gespanne und arbeitete mich auf Rang 65 vor. Wenn alles lief wie geplant, rechnete ich mir durchaus Chancen aus, im Mittelfeld zu landen. Das käme schon fast einem Sieg gleich. Natürlich war mir klar, dass diese Einschätzung in dieser frühen Phase des Rennens voreiliger Optimismus war und sich auf dem Iditarod-Trail Gutes wie Schlechtes meist dann ereignete, wenn man am wenigsten damit rechnete.

Als die Sonne aufging, wurden die weißen Gipfel der Alaska Range in grelles Licht getaucht und türmten sich wie ein unüberwindliches Hindernis vor uns auf. Zwei meiner Hunde verhedderten sich im Zuggeschirr. Ich hielt an, um sie zu befreien. Lisas rechtes Hinterbein hatte sich in der Zugleine verfangen, doch es war nur eine Scheuerstelle entstanden. Als wir an der Raststation Skwentna eintrafen, behandelte ich die Verletzung mit einem entzündungshemmenden Mittel, strich etwas Antibiotika-Salbe darauf und massierte das Bein. Das Bein war nicht geschwollen, und sie schonte es nicht.

Paul und ich hatten vor, das Rennen konservativ anzugehen. Unser Zeitplan sah eine sechsstündige Pause in Skwentna vor. Wir fütterten die Hunde, und Paul eröffnete mir, dass die Tierärzte ihn aufgefordert hatten, Cletus aus dem Rennen zu nehmen. Er gehörte zu den Hunden, die ich ihm für das Iditarod gegeben hatte, um unsere Gespanne einander anzugleichen. Während des Tustumena-Rennens musste ich Cletus bereits aufgrund einer Sehnenentzündung im linken Bein ausmustern. Im Training für das Iditarod schien damit jedoch alles in Ordnung zu sein.

»Hat er Probleme mit seiner Sehne?«, fragte ich.

»Nein, sie beanstanden die Atmung«, antwortete Paul.

Als Welpe bekam Cletus Staub in die Lunge. Darum hustete er gelegentlich, wenn es zu warm war und er sich sehr verausgabte. Ich war davon ausgegangen, dass in Alaska günstige Bedingungen für ihn herrschten, doch die Temperaturen waren für die Jahreszeit viel zu warm und bewegten sich um den Gefrierpunkt beziehungsweise knapp darüber.

Das Veterinärteam nahm Cletus in seine Obhut, um ihn zurück nach Anchorage zu fliegen, wo Dad ihn abholen und versorgen würde. Eine halbe Stunde später kam ein Mann auf dem Schneemobil angebraust und erklärte: »Ihr Hund hat sich losgerissen und lässt sich nicht wieder einfangen. Steigen Sie auf den angehängten Schlitten, ich bringe Sie hin. Vielleicht kommt er ja zu Ihnen.«

Ich sprang auf den am Schneemobil befestigten Schlitten, und der Fahrer gab Gas. Ich klammerte mich mit beiden Händen fest, damit ich nicht herunterfiel. Wir erreichten den provisorischen Landeplatz. Einen Mann, der an einem Flugzeug lehnte, fragte ich: »Konnte der Hund schon eingefangen werden?« Er zuckte die Schultern. »Glaub nicht.«

»Wissen Sie, wo er ist?« Er wirkte völlig desinteressiert. »Er ist abgehauen. Ein paar Tierärzte sind ihm auf den Fersen.«

Ich dachte: *Na großartig, wo sich doch Cletus vor seinem eigenen Schatten fürchtet.* Eines war jedenfalls klar: Ein Schlittenhund ließ sich zu Fuß ganz gewiss nicht einfangen. »In welche Richtung sind sie denn gelaufen?« »Keine Ahnung. Hab nicht drauf geachtet.«

Der Mann mit dem Schneemobil durchquerte mit mir den Wald, bis wir die beiden Männer auf Hundejagd fanden. Ich stieg ab und rief nach Cletus. Er kam sofort zu mir gelaufen. Ich setzte Cletus vor mich auf den Schlitten, und wir fuhren zurück zum Landeplatz, wo ich Cletus ins Flugzeug brachte.

Anschließend stellte mir der Schneemobilfahrer viele mir wohl bekannte Fragen: was ich sah und was nicht, wie das Rennen lief und ob mir etwas mulmig war vor der anstehenden Überquerung der Alaska Range. Irgendwann stellte ich klar: »Ich nehme hier an einem Rennen teil. Ich muss jetzt zurück zu meinem Gespann.«

Wie sich später herausstellte, handelte es sich bei dem Mann auf dem Schneemobil um Craig Medred, den Outdoor-Redakteur der Zeitung *Anchorage Daily News*. Er hatte zuvor bereits eine Reihe von äußerst kritischen Artikeln über mich und meine angestrebte Teilnahme am Iditarod verfasst. In einem davon beschrieb er mich als: »18-jährige Musherin, die auf Drängen ihres überehrgeizigen Vaters in das Rennen gestolpert ist.« Zudem war er felsenfest davon überzeugt, dass ich es nie und nimmer schaffen würde, mit meinem Hundegespann die Alaska Range zu überwinden. In seinem jüngsten Artikel hob er dann hervor, dass meine Sehkraft durchaus genüge, um meinen Hund wieder einzufangen, nachdem er sich losgerissen hatte, ihn anzuleinen und eine Cessna 185 zu umrunden, ohne dabei gegen den Propeller oder eine Strebe unterhalb der Tragfläche zu prallen. Weiter schrieb er: »Doch als sie zur Raststation zurückkam, wo sie zuvor schon einmal gewesen war, verwechselte sie die Hütte von Joe und Norma Delia mit der Checkpoint-Hütte. Obgleich die beiden Gebäude eine Reihe von Ähnlichkeiten aufweisen, sind sie doch grundverschieden und befinden sich an völlig unterschiedlichen Standorten.«

Sollte ich Mr. Medred je noch einmal begegnen, werde ich ihn auf jeden Fall darauf hinweisen, dass er es versäumt hat, sich mir vorzustellen, bevor er mich interviewte. Wahrscheinlich sollte ich mich dafür entschuldigen, dass ich als Blinde so viel sehen kann.

Von Skwentna nach Finger Lake – 45 Meilen

Paul und ich brachen nachmittags um drei aus Skwentna auf und durchquerten zunächst einen kargen Fichtenwald. Der Weg mündete auf zugefrorene Seen und Sümpfe und schlängelte sich durch ein Dickicht von Cottonwood-Bäumen. Den Trail hatten die anderen Gespanne und ein Heer von Schneemobilen in eine aufgewühlte Buckelpiste verwandelt. Meine Hunde, die in der Wüste und auf gepflegten Wegen trainiert worden waren, hatten mit dem weichen Schnee und den tiefen Bodenwellen einige Schwierigkeiten. Anfangs warnte mich Paul über Funk noch vor den tiefsten Senken, doch es wurden so viele, dass er nur noch Bescheid gab, wenn eine besonders extrem war.

Fuhren wir in eine Senke hinein, versuchte ich, das Gespann anfangs immer möglichst weit an den Rand zu lenken, doch der Schlitten rutschte meist trotzdem ganz hinein. Im Laufe der Zeit fand ich heraus, dass man am besten einfach mitten hindurchfuhr. Die Musher vor mir hatten ihre Stahlbremsen betätigt und dabei eine Furche hinterlassen, der ich nur zu folgen brauchte. Wenn ich in ihrer Spur blieb, glitt ich einfach hinein und auf der anderen Seite wieder heraus, ohne meine Hunde zur Seite zu lenken. Dadurch musste ich ihr Zuggeschirr weniger stark strapazieren, was das Verletzungsrisiko erheblich reduzierte.

Die letzten Meilen nach Finger Lake fuhren wir mit Stirnlampen. Vor Ort war die einzige Wasserquelle ein ins Eis geschlagenes Loch. Ich schöpfte Wasser, warf meinen Kocher an und fütterte meine Hunde. Der Tierarzt begutachtete Lisas Bein und gab mir eine weiße Antibiotikasalbe sowie Zinkoxid, das dafür sorgen sollte, dass das Medikament in die Blutbahn gelangte. Ich verband die Verletzung, die jedoch nicht geschwollen war. Außerdem schonte sie das Bein nicht.

Der einzige Platz zum Schlafen war ein Trapperzelt ohne Wärmequelle. Etliche Musher hatten sich dort bereits ausgestreckt und schnarchten, was das Zeug hielt. Um ihrem Konzert zu entgehen, kroch ich neben meinen Hunden in den Schlafsack und verschaffte mir drei Stunden Schlaf, bevor ich wieder auf die Piste ging.

Vom Finger Lake zum Rainy Pass – 30 Meilen

Die nächsten 30 Meilen waren ein echter Härtetest, da es zunächst hinauf in die Berge ging und anschließend die berühmt-berüchtigten Happy River Steps hinab – ein gefährlicher Streckenabschnitt, vor dem mich andere Musher vielfach gewarnt hatten. Joe Runyan, ein guter Freund und früherer Iditarod-Gewinner, beschrieb die Steps einmal folgendermaßen: Es geht »eine halbe Meile bergab, mit drei steilen Abhängen, deren Überwindung einem unkontrollierten freien Fall gleichkommt«. Sollte ich die Steps bewältigen, würde dies mein Selbstvertrauen für die kommenden Schwierigkeiten in Form der Dalzell-Schlucht und des zerklüfteten Streckenabschnitts hinter Rohn enorm aufbauen.

Die Sonne kam heraus, und der Wind frischte auf. Der Zustand des Trails wurde immer katastrophaler. Die Löcher waren inzwischen so groß wie Sattelschlepper. Paul versuchte, mich über Funk zu warnen, hörte sich jedoch an, als hätte ihm jemand einen Schlag in die Magengegend verpasst. Ich machte mich also auf eine tiefe Bodenwelle gefasst. Ich versuchte, meine Knie zu beugen, um die Erschütterung wenigstens teilweise auffangen zu können. Mehrmals kippte der Schlitten um, doch ich hatte ihn fest im Griff und richtete ihn ohne größere Probleme wieder auf. Bruchlandungen gehören zu unserem Sport dazu. Entweder man gewöhnt sich daran, oder man sucht sich schleunigst einen weniger anstrengenden Sport wie Billard, Bowling oder Golf.

Wir befanden uns auf einem schmalen Pfad, der im Zickzack durch einen dichten Wald führte. Es ging steil bergauf, um kurz darauf ebenso steil wieder abzufallen. Unterwegs gab es erneut unzählige rasante Bodenwellen. Ich stand auf den Kufen des Schlittens und fühlte mich wie auf einem ungezähmten, sich wild aufbäumenden Mustang. Ich wusste, dass wir uns den Steps näherten, wollte vor Paul jedoch nicht wie ein Angsthase erscheinen und ihn anfunken: »Wo sind wir denn? Wie weit ist es noch bis zum Happy River?« Er fuhr etliche 100 Meter vor mir und befand sich gerade außer Sichtweite. Ich ging davon aus, dass er mich entweder kurz vor den Steps warnen würde oder mich ohne Vorwarnung hineinschicken würde. Ich hoffte auf Letzteres.

Manche Musher nennen das Gefälle am Happy River auch Kamikaze-Hügel. Was ich im Fernsehen davon gesehen hatte, ähnelte allerdings eher dem Suicide Race, dem Selbstmörder-Rennen von Omak Stampede, wo sich indianische Cowboys mit ihren Pferden von einer Bergkuppe eine beinahe senkrechte Wand hinunterstürzen. Ich dachte gerade über diese Verrücktheit nach, als Pauls Stimme energisch über Funk ertönte.

»Abhang, Abhang. Spitzkehre links. Mach dich bereit!«

Ich hatte kaum Zeit, auf die Stahlbremse zu springen und sie mit ganzer Kraft in den Schnee zu rammen. Meine Hunde entschwanden schon paarweise abwärts. Und dann war ich dran. Der Schlitten kippte hochkant, und hinab ging es. Ich fühlte mich schwerelos, wie im freien Fall. Ich stand auf der Bremse, um meine Hunde nicht zu überholen. Den Haltegriff hielt ich fest umklammert, damit wir in der Spur blieben und hoffte das Beste.

Die tiefen, von den anderen Schlitten verursachten Furchen waren dabei eine gewisse Hilfe, da ich nichts weiter tun musste, als dieser Rinne zu folgen. Das erste Steilstück war geschafft. Ich konnte kurz durchatmen, bevor das zweite und gleich darauf das dritte kam. Ned strauchelte, und ich musste die Bremse treten, um nicht über ihn hinwegzufegen. Mit getretener Bremse lässt sich ein Schlitten sehr schlecht steuern. Die innere Kufe blieb irgendwo hängen, woraufhin mein Schlitten einen wilden Salto schlug. Eben noch stand ich aufrecht auf dem gleitenden Schlitten, und im nächsten Augenblick lag ich der Länge nach rücklings im tiefen Pulverschnee. Wie durch ein Wunder war es mir gelungen, mich am Schlitten festzuhalten. Ich musste lachen, denn auf dem Rücken zu landen war für einen Iditarod-Musher doch recht ungewöhnlich. Ich hatte die Happy River Steps hinter mich gebracht und war unten nur deshalb gestürzt, weil ich auf der Bremse gestanden hatte, statt sie nur ein- oder zweimal kurz zu treten.

Zumindest nahm ich an, dass dies wohl die Steps gewesen sein mussten. Aber vielleicht waren sie es ja noch gar nicht, sondern ein ganz anderer schwieriger Streckenabschnitt? Vielleicht lagen sie noch vor uns? Wie schlimm würde es dann erst werden?

»Gratulation!«, vernahm ich Pauls Stimme über Funk.

»Sie haben soeben die erste Iditarod-Prüfung bestanden und die Happy River Steps erfolgreich passiert.«

Ich sprang auf und klopfte mir den Schnee ab, richtete meinen Schlitten wieder auf, drückte die Sprechtaste am Funkgerät und erwiderte: »Na Gott sei Dank. Wenn das nicht die Steps gewesen wären, dann hätte ich sie lieber nicht erleben wollen.«

Nach dieser wilden Fahrt ging der Trail wieder in einen anhaltend-gemächlichen Anstieg zur Alaska Range über. Meine Hunde waren guter Dinge, lehnten sich in ihr Zuggeschirr und trabten in gleichmäßigem Tempo. Mich hingegen überkamen Erschöpfung und ein leichtes Schwindelgefühl. Das hatte mehrere Ursachen: Schlafmangel, Dehydrierung, einseitige Ernährung und vielleicht auch die Erleichterung über die bestandene Einstiegsprüfung.

Kaum hatten wir die Raststation Puntilla Lake erreicht, ließen sich die Hunde auf dem verlassenen Strohlager eines anderen Mushers nieder. Ich stiefelte zu einem Loch in der einen Meter dicken Eisdecke und schöpfte Wasser in die Kühlbox und trug es zurück zum Lagerplatz. Nachdem ich Hundefutter erwärmt hatte, legte ich den Beutel mit dem von Becki zubereiteten saftigen Steak in das restliche Wasser und ließ es mir anschließend gut schmecken. Nach dem Essen hätte ich mich am liebsten, satt und zufrieden, zu meinen Hunden gelegt, aber es gab noch eine Menge zu tun. Außerdem ließen die Medien mal wieder nicht locker und fragten nach, wie ich mit den Steps klargekommen sei und was ich bisher über das Rennen dachte.

Die Raststation lag hinter einer kleinen Hügelkette, die

uns vor dem recht kräftigen Wind schützte. Der Rainy Pass war noch etliche Meilen entfernt. An diesem Checkpoint saßen Libby Riddles und die anderen Musher 1985 drei Tage lang wegen eines Schneesturms fest.

Ich schaute mir Lisa an und stellte fest, dass ihr Bein jetzt angeschwollen war. Der Tierarzt untersuchte sie und gab mir noch etwas von der weißen Salbe. Ich verband das Gelenk und hoffte darauf, dass die Schwellung auf wundersame Weise verschwinden würde und Lisa im Gespann verbleiben konnte.

Doch der schlechten Nachrichten nicht genug. Jacques Philip, ein Freund, der ebenfalls bei den Woods in Willow zu Gast war, zeigte mir seine Hand. Sie war geschwollen und mindestens ein Finger gebrochen. Er berichtete, dass er sich zwischen dem Haltebügel des Schlittens und einem Baum eingeklemmt hatte und deshalb ausstieg. Es tat mir unendlich leid, dass er aufgeben musste, da er mit seinem Gespann durchaus Chancen auf die vorderen zehn Ränge gehabt hätte.

Die Hiobsbotschaften nahmen einfach kein Ende. Ich stellte fest, dass Duchess und Karelan an Durchfall litten. Der Tierarzt gab mir Medikamente und empfahl mir, ihnen mehr Fett zukommen zu lassen. Ich hatte eine Flasche Sojaöl dabei, das ich beiden Hunden unter ihr Futter mischte, was sie auch komplett auffraßen. Ich ging davon aus, dass sie die Virusinfektion in ein bis zwei Tagen überwunden haben würden.

Während ich meine Pflichten erledigte, fragte das Team vom Fernsehsender Outdoor Life Network an, ob sie an meinem Schlitten eine Kamera montieren könnten. Sie sicherten mir zu, dass sie mit ihrem Hubschrauber auf dem Rainy Pass landen und Kamera nebst Akkupack wieder abbauen würden, bevor es den Westhang hinunter in die Dalzell-Schlucht ging. Ich war nicht gerade begeistert von der Aussicht auf zusätzliche Last für meine Hunde, aber es war ja nur für eine kurze Strecke. Ich hielt es zudem für wichtig, mich um des Schlittenhundesports willen kooperativ zu zeigen, da OLN eine Serie über das Iditarod plante. Ich wollte sie bei ihren Aufnahmen gern unterstützen. Die Kamera wurde am Vorderbogen meines Schlittens montiert und nach hinten gerichtet, so dass ich aus der Vogelperspektive aufgenommen wurde.

Ich kontrollierte Lisa noch ein letztes Mal und sah, dass die Schwellung nicht zurückgegangen war. Mit einem derart geschwollenen Bein hätte ich auch nicht laufen mögen. Daher fiel mir die Entscheidung nicht schwer, sie an der Raststation zurückzulassen. In Musherkreisen sagt man, dass Rennen auf dem Rücken der ausgemusterten Hunde gewonnen werden.

Unmittelbar bevor ich mich wieder auf den Weg machte, legte ich meinen – wie ich es nannte – Panzer an. Eigentlich als Motocross-Schutzkleidung gedacht, bestand er aus zwei großen Protektoren aus Plastik am Oberkörper, einem Protektor vor dem Bauch, zwei harten Schulterpolstern, Schützern für Ellenbogen und Unterarm sowie einer Plastikplatte für den Rücken. Obwohl ich mich kaum noch bewegen konnte, fühlte ich mich damit sicher für den Fall eines schweren Sturzes in der Dalzell-Schlucht. Ich kam mir vor wie eine Schildkröte, doch das war mir die Sache wert, wenn mein Leben dadurch geschützt war.

Vom Rainy Pass nach Rohn – 48 Meilen

Als wir das Tal verließen und den langen Anstieg zum Rainy Pass in Angriff nahmen, zog die Nachmittagssonne die Schatten in die Länge. Die in bläuliche Farbe getauchten Gipfel umschlossen uns, und es ging immer weiter bergauf. Schließlich kamen wir ganz oben am Rainy Pass an. Mit 963 Metern über dem Meeresspiegel bildet diese karge Landschaft den höchsten Punkt des Iditarod-Trails. Der Wind heulte und blies weiße Schleier von den Schneewehen herüber wie Gischt. Wetterunbilden können die Hunde unter Umständen sehr verunsichern, doch Duchess und Brick kämpften sich tapfer durch den Wind. Ich vertraute ihrem Instinkt. Eines jedoch stand fest: Bei solchen Wetterbedingungen konnte der OLN-Hubschrauber keinesfalls am Rainy Pass landen. Ich musste also wohl oder übel Kamera und Akkupack durch die Dalzell-Schlucht befördern, und sie würde alles Bild für Bild festhalten. Wenn ich einen Crash baute oder mir ein Missgeschick passierte – alles wurde aufgezeichnet.

Als wir die Abfahrt am Westhang der Alaska Range in Angriff nahmen, verschwand die Sonne gerade am Horizont. Ich hatte darauf bestanden, die Dalzell-Schlucht bei Dunkelheit zu durchqueren. Davon ließ ich mich nicht abbringen, da ich meinte, nachts besser sehen zu können. Zumindest hoffte ich, so dicht hinter Paul fahren zu können, dass ich dem Licht seiner Stirnlampe folgen konnte.

Ich setzte meinen Hockeyhelm mit dem Gesichtsschutz

auf, und wir machten uns auf den zunächst nur leicht abschüssigen Weg hinunter zur Dalzell-Schlucht. Das Gefälle nahm jedoch immer mehr zu, und ich dachte: »Oh nein, jetzt geht's los.« Aber jedes Mal wurde der Weg wieder ebener.

Ich hatte im Fernsehen gesehen, wie Gespanne sich der Schlucht näherten. Kurz bevor der Weg steil abfällt, ragt aus dem Schnee Gestrüpp heraus. Sobald ich das Gestrüpp erblickte, schaltete ich meine Stirnlampe an, obwohl ich sie noch gar nicht brauchte. Doch ich wusste, dass ich alsbald keine Zeit mehr dazu haben würde.

»Gott, bitte lass uns die nächsten Meilen heil überstehen«, rauschte Pauls Stimme im Funkgerät.

»Amen«, antwortete ich.

»Hilf mir durch diesen Abschnitt. Und hilf bitte auch Rachael.«

»Amen«, erwiderte ich erneut.

»Gott, wir legen unser Leben in deine Hände. Bitte bewahre uns vor aller Gefahr.«

Ich konnte gerade noch ein letztes »Amen« hervorbringen, da ging es schon steil bergab. Ich erkannte eine Felswand aus den Filmbeiträgen zu meiner Linken und eine weitere zu meiner Rechten. Diese Felsformationen markieren den Beginn der Schlucht. Von nun an nahm ich nichts mehr wahr außer dem Weg vor mir und dem gelegentlichen Aufleuchten von Pauls Stirnlampe in der düsteren Abendstimmung. Der Pfad wurde schmaler und fiel steil ab. Wir passierten einen Abhang, an dem ich mich auf die obere Kufe stellen musste, um den Schlitten in der Spur zu halten, damit er nicht das gefährlich steile Gefälle hinunterrutschte.

Die Dunkelheit brach herein. Ich konzentrierte mich voll und ganz auf den Lichtkegel und meine Hunde. Duchess und Brick machten ihre Sache ganz hervorragend. Sie nahmen die Kurven weiträumig und manövrierten das Gespann geschickt zwischen Bäumen und Felsbrocken hindurch. Ich spürte, wie mein Herz schneller schlug und meine Atemfrequenz sich erhöhte.

»Scharfe Rechtskurve. Pass auf, dass du nicht im Bach landest!«, ertönte laut Pauls Stimme.

Ich ging von der Bremse, doch es war bereits zu spät. Wir rasten in die Kurve und kamen ins Schleudern. Die linke Kufe stieß gegen etwas Hartes unter dem Schnee, woraufhin der Schlitten vollkommen außer Kontrolle geriet und das steile Ufer hinunterrutschte. Mir blieb nichts anderes übrig, als den Haltebügel zu umklammern, während wir unaufhaltsam in Richtung Wasser glitten. Als wir unten am Bach ankamen, schlug mein Helm mit einem dumpfen Knall gegen einen Stein. Wasser spritzte um mich herum.

Ohne diesen Helm hätte mein Iditarod-Abenteuer möglicherweise jäh in jenem Bach, dem Dalzell Creek, geendet. Der Helm war meine Rettung. Ohne Zeit zu verlieren, sprang ich auf, richtete den Schlitten und gab den Hunden das Startkommando. Sie zogen den Schlitten zurück auf den Weg, wo ich den Vorfall kurz Revue passieren ließ. Abgesehen von der Nässe an Kopf und Schultern war mir nichts passiert. Der Bach war nur wenige Zentimeter tief gewesen. Lediglich an der Hand hatte ich mir eine Verletzung zugezogen. Sie war bei meiner wilden Rutschpartie in den Bach zwischen Haltebügel und einen Stein geraten – bei einer solchen Aktion hatte Jacques sich die Hand gebrochen. Ich hatte hingegen Glück gehabt: Obwohl es furchtbar schmerzte, war nichts gebrochen.

Nach diesem Zwischenfall konzentrierte ich mich noch mehr, weil ich einen erneuten Sturz unbedingt verhindern wollte. Mir war klar, dass ich mich nicht permanent auf mein Glück verlassen konnte. Der Trail schlängelte sich durch bewaldetes, felsiges Gelände. Um zu verhindern, dass ein Wheel dog verletzt wurde oder der Schlitten sich an einem Baum verkeilte, zog ich ihn in engen Kurven ganz nach außen. Das war zwar mühsam, doch zugleich überwältigend. Immerhin bot dieser Trail die härtesten Bedingungen, die überhaupt vorstellbar waren, und ich war ihm tatsächlich gewachsen.

Mehrmals überquerten wir Eisbrücken über Seitenarme des Baches. Das rasch fließende Wasser zischte und gurgelte unter dem Schlitten, und kurz darauf war die Gefahr vorüber, und wir verschwanden wieder in der stillen, dunklen Nacht.

Auf unserem Weg durch die Dalzell Gorge war die Angst vor Elchen und Bisons mein ständiger Begleiter. Ich wusste, dass sich die meisten derartigen Zwischenfälle in dieser engen Schlucht ereigneten. Ich tastete nach meinem Beil, um mich zu versichern, dass es noch da war.

Duchess und Brick waren ausgezeichnete Leithunde. Sie führten das Gespann fehlerlos durch enge Serpentinen und tiefe Bodenwellen, bis einer der Hunde in einer besonders extremen Senke abrupt stehen blieb, wodurch sich die Hauptzugleine um Bricks Hinterbein wickelte. Ich stoppte das Gespann unverzüglich, setzte den

Schneeanker, zog meine Handschuhe aus und ging nach vorn, um das Problem zu beheben. Vielleicht war ich zu müde oder meine Reflexe einen Tick zu langsam, oder ich hatte einfach Pech. Nachdem es mir gelungen war, die Hauptzugleine zu lockern und Brick daraus zu befreien, zogen die Hunde plötzlich an, und eine Schlinge in der Leine schlang sich um drei meiner Finger. Blitzschnell zog ich meine Hand heraus – bis auf die Kuppe meines Mittelfingers. Wie mit einem scharfen Messer wurde sie durch die Leine abgetrennt. Blut spritzte aus der Wunde, und es tat entsetzlich weh. Ich steckte meinen Finger in den Schnee, was den Schmerz noch verstärkte. Als die Kälte das Blut endlich stillte, verband ich die Verletzung mit Sporttape, das ich für solche Notfälle immer in der Hosentasche trug.

Martin Buser hatte sich wenige Tage vor dem Iditarod-Start mit der Kreissäge drei Finger teilweise abgetrennt, nahm jedoch trotzdem am Rennen teil und fuhr sogar in der Spitzengruppe mit. Ich fuhr unter Schmerzen weiter und fragte mich ernsthaft, wie er das wohl aushalten mochte. Ich hatte schon zuvor großen Respekt vor ihm gehabt, nun umso mehr, da er das Rennen mit einer solch schmerzhaften Verletzung bestritt.

Die Strecke wurde allmählich etwas einfacher, und wir fuhren mit hohem Tempo, als die dunkle Nacht plötzlich durch einen grell beleuchteten Torbogen erhellt wurde. Das kam so unerwartet, als kämen wir gerade aus der Wüste Nevada nach Las Vegas. Als wir durch den Bogen hindurchfuhren, rief uns jemand zu: »Willkommen in Rohn!«

Man wies uns eine Stelle zu, wo Paul und ich nebeneinanderparkten. Etliche Musher hatten sich an der Raststation bereits häuslich eingerichtet. Ich schaute auf die Uhr. Wir hatten Rainy Pass und Dalzell Gorge in respektablen sechs Stunden hinter uns gebracht. Das war trotz der Müdigkeit ein herrliches Gefühl. Vor uns lagen zwar noch die Buffalo Tunnels, Farewell Burn und unzählige andere Gefahren, aber ich mochte jetzt nur an meinen Triumph denken, die gefürchtete Dalzell-Schlucht überlebt zu haben.

Nachdem die ausgehungerten Hunde ihr Futter hinuntergeschlungen hatten, rollten sie sich auf ihrem Strohlager zusammen und schliefen ein. Ich war sehr besorgt wegen Duchess und Karelan. Ihr Durchfall hatte nicht nachgelassen, und ich sah ihnen an, dass sie weniger gesund waren als zu Beginn des Rennens. Obwohl sie nicht weniger tranken als die anderen Hunde, waren erste Anzeichen von Dehydrierung erkennbar. Wenn die Arznei nicht bald Wirkung zeigte, würden sie an Gewicht verlieren und die Anstrengung nicht so leicht verkraften. Ich war so besorgt, dass ich den Tierarzt konsultierte. Er gab mir erneut Medikamente. Anschließend zeigte ich ihm meinen verletzten Finger. Er reinigte die Wunde, betupfte sie mit Alkohol, trug Salbe auf und legte einen neuen Verband an.

Das OLN-Team kam vorbei und bat um ein kurzes Interview. Ich leuchtete auf ihre Kamera, die jetzt allerdings ziemlich schief und lose an meinem Schlitten hing, und sagte: »Sorry, Jungs, aber eure Kamera ist wohl hinüber.«

Ich berichtete ihnen von meinem Sturz in den Bach und meinem verletzten Finger. Sie fragten nach der Fahrt durch die Schlucht, und ich antwortete: »Es war ganz ohne Frage die verrückteste Fahrt meines Lebens. Beschreiben würde ich sie als steil, eng, furchterregend, geradezu unheimlich und total aufregend. Wir waren so schnell, dass ich mich gar nicht mehr an alle Einzelheiten erinnern kann.«

Nach dem Interview lief ich den Hügel hinauf zu einer Blockhütte. Hier konnte man sich aufwärmen, etwas essen und seine nassen Sachen trocknen. Zum Schlafen war der Raum allerdings zu klein. In dem kleinen Kanonenofen prasselte ein wärmendes Feuer, und darüber war kreuz und quer eine Wäscheleine gespannt, wo Kleidungsstücke zum Trocknen hingen. Ich entdeckte ein paar in die Balken geschlagene Nägel und legte meinen »Panzer« sowie etliche Lagen nasser Kleidung ab und hängte sie auf. Meine Schuheinlagen legte ich neben die anderen vor den Ofen.

Am anderen Ende des Raumes standen etliche Töpfe mit heißem Wasser auf einer Herdplatte bereit. Daneben befand sich ein Campingtisch mit ein paar Stühlen. Ich erwärmte einen Beutel Enchiladas mit Jalapeños und schlang das Essen hinunter wie meine Hunde. Es wärmte wunderbar von innen, und ich ertappte mich dabei, wie ich am Tisch einschlief. Ich trat hinaus in die kühle Nacht, rollte auf dem Stroh meinen Schlafsack aus und legte mich zu meinen Hunden. Drei Stunden später kehrte ich in die Hütte zurück, nahm meine Sachen ab und stellte fest, dass die meisten anderen Musher bereits aufgebrochen waren. Es war himmlisch, warme, trockene Kleidung anzuziehen. Vor allem meine Füße waren von diesem Luxus sehr angetan.

Von Rohn nach Nikolai – 80 Meilen

Nach einer achtstündigen Rast in Rohn legte ich meine Schutzkleidung wieder an, und wir machten uns kurz nach Sonnenaufgang auf den langen Weg nach Nikolai. Ich war auf Rang 72 abgerutscht, doch wichtig war jetzt nur, dass es weiterging.

Hinter Rohn durchquerte der Trail einen Fichtenwald und führte dann bergab auf die Eisfläche der südlichen Gabelung des Kuskokwim River. Dort kam mein Schlitten immer wieder ins Rutschen und war nur schwer auf Kurs zu halten. Meine Hand schmerzte, und mir tat noch immer alles weh von der anstrengenden Durchquerung der Dalzell Gorge in der vergangenen Nacht. Ich war müde und wünschte mir ein leichteres Vorankommen als derzeit möglich. Als wir den Fluss verließen, wurde es noch schlimmer. Wir bogen auf einen schmalen Pfad durch den Wald ein, wo der Schlitten scheinbar haltlos von einem Baum zum nächsten schlingerte. Permanent prallten wir gegen unbewegliche Gegenstände, und Zweige schlugen uns ins Gesicht. Wir kämpften uns tapfer durch dieses unangenehme Wegstück und erreichten einen weiteren anspruchsvollen Streckenabschnitt, der unter Iditarod-Mushern als Wasserfall bekannt ist: einen steilen, mit einer Eisschicht bedeckten Abhang. Ich hatte schon unzählige Berichte darüber gehört. Sie handelten von dramatischen Stürzen, umgekippten Schlitten sowie den vereisten Berg hinuntergerutschten Beilen und sonstigen wichtigen Gegenständen. Vorsichtig nahmen wir diese gefährliche Teilstrecke in Angriff. Ich stand gebeugt auf der oberen Kufe und übte einen ständigen Druck auf die Kante aus, damit sie in das Eis einschnitt wie ein Schlittschuh. Nachdem wir den Wasserfall zentimeterweise hinter uns gelassen hatten, führte der Weg mit einem sanften Gefälle aus den Bergen heraus.

Obwohl mir meine Augen keine klare Sicht ermöglichen, wusste ich, dass ein Sehender aus dieser Höhe einen herrlichen Panoramablick auf die ursprüngliche Landschaft Alaskas mit endlosen Wäldern, Tundra, gefrorenen Seen, Sümpfen, Flüssen und Bächen haben musste. Hinter uns ragten die zerklüfteten weißen Gipfel der Alaska Range in den wolkenlosen Himmel. Ich war sehr dankbar, dass wir diese Berge bereits hinter uns hatten.

Der Weg vor uns war ein ständiger Wechsel zwischen sanften Hügeln, Lichtungen und dichten Fichtenwäldern. Wir schlugen ein hohes Tempo an, damit die Hunde ihre überschüssige Energie abarbeiteten, bevor wir die Buffalo Tunnels erreichten. Im Verlauf der Strecke begann der Charakter des Waldes sich allmählich zu ändern und bestand nun vorwiegend aus dürren Erlen und Weiden, die ein nahezu undurchdringliches Dickicht bildeten. Ich setzte meinen Helm mit dem Gesichtsschutz auf.

Durch dieses Dickicht hatten sich die Bisons – riesige Tiere, die ein Gewicht von fast 500 Kilo und eine Größe von bis zu 1,50 Meter erreichen konnten – einen schmalen Pfad gebahnt, der in Musherkreisen unter dem Namen Buffalo Tunnels bekannt war. Jenseits einer Höhe von 1,50 Meter war der Pfad von überhängenden Ästen überwuchert, die eine Art Gewölbe bildeten. Ich war froh über meine Schutzkleidung mit den Protektoren, da ich von den Bäumen andauernd Schläge gegen den Kopf und ins Gesicht versetzt bekam. Manchmal konnte ich mich ducken oder zumindest den Kopf zur Seite drehen, um nicht direkt getroffen zu werden. Oftmals gelang mir dies jedoch nicht, so dass ich fast vom Schlitten gefegt wurde. Paul hatte keine Möglichkeit, mich rechtzeitig vor Gefahren zu warnen, weil es schlichtweg zu viele waren. So war ich ganz auf mich allein gestellt.

Da ich nicht wusste, wie weit Paul vor mir fuhr, und stets befürchtete, er könnte einen Bison oder Elch aufgescheucht haben, rechnete ich permanent damit, auf dem schmalen Pfad einem dieser Tiere zu begegnen. Ich weiß nicht, was ich in einem solchen Fall getan hätte. Es war kaum Platz für den Schlitten, geschweige denn, um im Ernstfall ein Beil zu schwingen.

Ich versuchte, mich zu beruhigen, und rief mir in Erinnerung, was ich über Bisons gehört hatte. Ich wusste, dass sie 1965 in dieser Gegend wieder angesiedelt worden waren. Sie waren recht neugierig, und obwohl Musher schon auf Bisons getroffen waren, hatte es während des Iditarod diesbezüglich noch nie ernsthafte Probleme gegeben. Es gab sogar Berichte von Mushern, die draußen am Farewell Burn ein Nickerchen gemacht hatten und aufwachten, weil ihnen ein Bison das Gesicht ableckte. Bei der Vorstellung, von einem Bison geküsst zu werden, musste ich lachen.

Elche hingegen verteilten keineswegs Küsse, sondern waren gefährlich und aggressiv. Einem Elch wollte ich auf gar keinen Fall begegnen. Die Angst davor hockte mir ständig im Nacken, während wir tiefe Senken durchfuhren, scharfe Kurven passierten und Schläge von diesen bösartig überhängenden Ästen einsteckten. Ich wurde dadurch so oft von den Kufen gefegt und hinter meinem umgekippten Schlitten hergezerrt, dass ich befürchtete, mein ganzer Körper sei ein einziger riesiger blauer Fleck.

Als wir wieder einmal einen Hügel hinab in eine Senke preschten, stieß der Schlitten dabei vermutlich gegen einen großen Stein, wodurch sich mein Schneeanker, den ich an der Querstrebe unter meinem Haltebügel aufbewahrte, löste. Er fiel zu Boden und verfing sich in der Astgabel eines umgestürzten Baumes. Bei einem flotten Tempo von 15 Meilen pro Stunde (24 Stundenkilometer) kam der Schlitten abrupt zum Stehen. Dadurch wurde ich vom Schlitten geworfen, durch die Luft gewirbelt und gegen einen Baum geschleudert. Dabei schlug ich mit der linken Seite zwischen Rippen und Hüftknochen auf, wo ich nicht durch Protektoren geschützt war. Nach diesem brutalen Aufprall bekam ich zunächst keine Luft mehr. Die Schmerzen waren derart heftig, dass ich eine schwerwiegende Verletzung befürchtete. Ich versuchte, mir vorzustellen, welche inneren Organe sich in diesem Bereich befanden – Niere, Leber, Milz … Es tat so weh, dass ich einen Organriss vermutete.

Endlich konnte ich wieder Luft holen. Ich sah mich um. Hilfe war meilenweit entfernt. Ich musste also wohl oder übel die Zähne zusammenbeißen und es mit meinem Schlitten bis nach Nikolai schaffen. In Richtung Rohn umzukehren schloss ich kategorisch aus. Ich zwang mich zum Aufsetzen. Nachdem mir das gelungen war, versuchte ich aufzustehen, hielt jedoch vor Schmerzen einen Moment auf Knien inne und richtete mich nur ganz langsam auf. Ich schaute nicht unter meine Kleidung. Wozu auch? Sicher waren Unmengen von Blutgefäßen geplatzt, das konnte ich spüren.

Was hatte ich hier fernab der Zivilisation verloren? Warum war ich nur so versessen auf die Teilnahme an diesem verfluchten Rennen gewesen? Ich musste wohl verrückt geworden sein, mich solchen Gefahren auszusetzen. Was hatte ich mir bloß dabei gedacht? Ich fand keine einzige Antwort. Tränen liefen mir über die Wangen – weniger vor Schmerzen als vielmehr vor schierer Überforderung.

Meine Hunde schauten mich fragend an. Da fiel mir das Rennen ein. Ich musste weiter. Die Schmerzen würde ich schon irgendwie aushalten. Ich fragte meine Hunde: »Alles in Ordnung mit euch? Kann es weitergehen?« Ich zog den Schneeanker aus dem Bruchholz und rief: »Also los, auf geht's!«

Sobald wir wieder unterwegs waren, ließen die Schmerzen in der Seite ein wenig nach. Die Buffalo Tunnels wollten gar nicht enden, doch nach ungefähr zehn Meilen wurde das Dickicht allmählich durchlässiger und verwandelte sich wieder in einen Wald mit vereinzelten Lichtungen.

Die Sonne stand jetzt hoch am Himmel und erwärmte die Luft, und der Weg führte durch hügeliges Gelände mit Anstiegen über eine Meile oder mehr. Ich trug noch immer meine Schutzkleidung. Ich fühlte mich wie eine Schildkröte, die im Backofen schmort, denn bergauf rannte ich zur Schonung meiner Hunde. Ich legte den Panzer trotzdem nicht ab, da ich Dad versprochen hatte, ihn bis Farewell Burn anzubehalten. Dort konnte ich ihn auszíehen und von Nikolai aus zusammen mit dem unhandlichen Helm nach Hause schicken.

Wir erreichten einen Hügel oberhalb eines zugefrorenen Sees, fuhren hinunter und überquerten die glatte Spiegeleisfläche. Durch eine meterdicke Eisschicht hindurch konnte ich Wasser erkennen. Es war tiefblau – zumindest glaube ich, dass es blau war. Paul fuhr in langsamem Tempo voran, und wir holten ihn an einem in den See mündenden Bächlein ein. Wir durchquerten das etliche Zentimeter tiefe Wasser, aus dem ich die Hunde trinken ließ, bevor es weiterging.

»Die Hälfte der Strecke ist fast geschafft«, bemerkte Paul.

Ich antwortete nicht, da mich Pauls Hinweis aus irgendeinem Grund verärgerte. Meinem Gefühl nach lag Rohn schon unendlich weit hinter uns, und er behauptete allen Ernstes, dass wir uns erst auf halbem Weg nach Nikolai befanden? Ich wusste, dass diese Gedanken kindisch waren, aber das war mir egal. Meine Seite tat weh, mein Finger ebenso, und obendrein bekam ich noch derart starke Kopfschmerzen, die sich anfühlten, als würde mir die Kopfhaut abgezogen.

Nur wenige Meilen weiter entdeckte Paul einen hervorragenden Lagerplatz, und ich war zutiefst dankbar für die Rast. Zu beiden Seiten standen Bäume, wir hatten den Trail gut im Blick und konnten somit sehen, wenn andere Gespanne vorbeikamen. Da es reichlich Tiefschnee gab, warf ich meinen Kocher an und begann, Schnee zu schmelzen. Ich ließ die Booties an den Füßen der Hunde. Wir hatten vor, nur eine kurze Pause von drei bis vier Stunden einzulegen und uns dann wieder auf den Weg zu machen. Ich fütterte meine Hunde, doch Duchess und Karelan hatten keinen rechten Appetit. Da Kitty ebenfalls starken Durchfall bekommen hatte, kümmerte ich mich um sie besonders intensiv. Athens war erschöpft und kurz davor aufzugeben. Ich gab mir alle Mühe, sie aufzuheitern, doch sie kam nicht aus ihrem Tief heraus.

Ich legte meinen Schutzpanzer und ein paar Lagen Kleidung ab und ließ sie in der Sonne trocknen. Mein Frust war wie weggeblasen. Paul und ich machten es uns auf unseren Schlitten gemütlich und ließen das Erreichte noch einmal Revue passieren: die Überquerung der Alaska Range, die Fahrt durch die Dalzell-Schlucht und die Durchquerung der Buffalo Tunnels. Obgleich noch viele Meilen und schwierige Abschnitte vor uns lagen, hatten wir uns bereits durch die härtesten Passagen gekämpft, die der Iditarod-Trail zu bieten hatte. Davon zeugten meine zahllosen Beulen, blauen Flecken, Schürf- und Schnittwunden sowie heftiger Muskelkater. Doch wir hatten uns behaupten können, was mein Selbstvertrauen ungemein beflügelte und mir Kraft gab für die nächsten 45 Meilen bis Nikolai. Das Iditarod ist für jeden Musher eine ausgezeichnete Schule. Meine Lektionen hießen gerade Geduld, Beharrlichkeit und Durchhaltevermögen. Mit solch tiefschürfenden Gedanken und der Sorge um meine kranken Hunde im Kopf schlief ich ein.

Als wir wieder auf die Piste gingen, hatte die Wärme des Tages bereits nachgelassen. Nach wenigen Meilen führte der Weg einen langgezogenen Hang hinab und zu einem großen Lagerplatz mit mehreren Trapperzelten, etlichen geparkten Schneemobilen und einem prasselnden Feuer. Einige »Eingeborene«, ihre Kinder und ein paar Weiße begrüßten uns. Sie teilten uns mit, dass wir soeben das »Buffalo Camp« erreicht hätten. Sie kämen jedes Jahr hierher, um Elche zu jagen und einen Lagerplatz für die Musher herzurichten. An den verstreuten Strohhaufen war zu erkennen, dass eine Reihe von Mushern die Gastfreundschaft angenommen hatte. Wir bekamen heiße Suppe, erklärten jedoch, dass wir gerade erst gegessen hatten und gleich weiterwollten.

Zwei Jungen packten ihre Notizbücher aus und einer bat: »Rachael, können Sie sich hier bitte eintragen?« Auch Paul kannten sie und erkundigten sich, wie es ihm als Profiringer ergangen war. Wir unterhielten uns noch ein wenig, verabschiedeten uns jedoch bereits nach zehn Minuten.

»Der Trail bis Nikolai ist ganz eben. Das wird euch gefallen«, rief uns einer der Männer nach. Ich winkte ihnen noch einmal zu, und schon waren wir in einer Kurve verschwunden.

Wie der Mann gesagt hatte, war die Strecke bis nach Nikolai eben und unkompliziert, doch es kam mir vor, als würde sie immer länger. Während wir die baumlosen Weiten von Farewell Burn passierten, sah es ringsum immerzu gleich aus. Der Wind hatte den Schnee größtenteils weggeweht, wodurch Erde und Gestein zum Vorschein kamen, was den dünnen Plastiküberzügen der Kufen gar nicht guttat. 1977 hatte ein Waldbrand die Fläche von rund 160.000 Hektar vernichtet. Dieser Abschnitt war in den frühen Jahren des Iditarod für die Teilnehmer ein wahrer Albtraum gewesen, da sie sich über Bruchholz und bloße Erde kämpfen mussten. 1984 ließ das Amt für Landverwaltung dann jedoch einen 7,50 Meter breiten Weg durch die verbrannte Fläche anlegen.

Wir fuhren der Sonne direkt entgegen, bis sie endlich unterging und der Horizont im Westen golden, orange und rot glühte. In meinem ganzen Leben hatte ich noch nie einen solch eindrucksvoll gefärbten Himmel gesehen. Obwohl mein Kopf, meine Seite und mein Kreuz noch immer schmerzten, beglückte mich der Abend so sehr, dass ich meinen Hunden Lieder vorsang. Sie freuten sich über die Ablenkung und zogen das Tempo an.

Als die Nacht hereinbrach, weitete sich der Himmel, und die Sterne der Milchstraße leuchteten so hell, dass ich meine Stirnlampe ausschaltete. Ab und zu sah ich Pauls Stirnlampe schwach aufleuchten. Er fuhr ziemlich weit vor mir, was jedoch in Ordnung war. In dieser traumhaft schönen Nacht wollte ich mit meinen Hunden allein sein auf dem Iditarod-Trail. Die Träume meiner Kindheit waren endlich Wirklichkeit geworden. Doch selbst in meinen Träumen hätte ich mir eine solche Nacht nicht ausmalen können. Der Schnee glitzerte im Sternenlicht, und das Firmament umfing mich sanft. Würde dieser Augenblick ewig währen, wäre das Jenseits ein herrlicher Ort. Einer so grandiosen Nacht könnte ich niemals überdrüssig werden.

Kurz darauf kündigte ein winziges Funkeln in der bläulichen Schwärze eine Veränderung am Nachthimmel an. Dieser kleine Lichtfleck breitete sich aus zu einem schimmernden Lichthauch. Alsbald wogten die Nordlichter hin und her wie schwere Vorhänge. Lichter blitzten auf, breiteten sich aus, bewegten sich, verharrten, verloschen und kehrten noch strahlender zurück. Der Himmel war lebendig geworden.

Diese Erscheinung erinnerte mich an die Augenuntersuchung, bei der ich als Sechsjährige in Dr. Welebers riesigem Ledersessel saß und ein fantastisches Lichtspektakel vorgeführt bekam. Doch das war gar nichts im Vergleich zu dem, was Gott mir in dieser Nacht bescherte. Ich hatte keinen Zweifel, dass Er dieses herrliche Leuchten nur für mich allein bewirkt hatte und ich möglicherweise die Einzige im ganzen Universum war, die es sehen konnte. Hier draußen, in dieser baumlosen Wüste aus Schnee und Eis war ich ganz allein mit Gott und fühlte mich Ihm so nah wie noch nie zuvor.

Schließlich ging das wundervolle Lichterspiel zu Ende, und wir fuhren weiter in die dunkle Nacht hinein. Dabei kamen wir scheinbar kein Stück voran, so dass mir allmählich der Mut sank. Ich war dehydriert und begann wie meine Hunde im Vorüberfahren Schnee aufzunehmen und zu essen. Mein Kreuz schmerzte, mein Magen krampfte sich zusammen, und meine Kopfschmerzen ließen nicht nach. Anfangs dachte ich, die Symptome hingen mit den Schmerzen in der Seite zusammen. Doch allmählich wurde mir klar, dass ich es mit dem monatlichen Albtraum jeder Frau zu tun hatte – inmitten der Wildnis Alaskas bekam ich meine Periode. Kurz vor Nikolai wurden meine Rückenschmerzen und die Bauchkrämpfe so heftig, dass ich manchmal nicht anders konnte, als auf den Kufen meines Schlittens zu knien.

Als wir den langen Abhang nach Nikolai hinunterkamen, war der ganze Ort hell erleuchtet. Es war die erste bewohnte Ortschaft, die wir seit dem Aufbruch aus

Willow vor vier Tagen erreichten. Obwohl es schon nach Mitternacht war, begrüßte uns eine Delegation mit den Worten: »Willkommen in Nikolai.« Es war ein schönes Gefühl, dort anzukommen, da wir nach der nächsten Raststation in McGrath bereits Takotna erreichen würden. Dort konnte ich 24 Stunden Rast machen, unter eine warme Dusche steigen und eine ganze Nacht lang schlafen. Von Nikolai nach McGrath waren es nur 48 Meilen und von dort aus noch einmal 23 Meilen bis Takotna. Das war zu schaffen.

Ehrenamtliche Helfer wiesen uns einen Parkplatz vor der Schule zu. Während ich die Hunde fütterte, wurden sie von den Tierärzten untersucht. Duchess, Karelan und Kitty litten noch immer an Durchfall, während etliche andere Beschwerden in den Fußgelenken hatten. Ich massierte sie, behandelte die Stellen und verband sie anschließend, damit sie nicht anschwollen. Außerdem flößte ich den erkrankten Hunden Arznei gegen Durchfall ein. Mehr konnte ich nicht tun.

Nachdem wir das raue Gelände von Farewell Burn passiert hatten, mussten unbedingt die Plastiküberzüge an den Kufen meines Schlittens erneuert werden, doch ich fühlte mich derart krank und schwindelig, dass ich kaum meine Augen offen halten konnte. Deshalb verschob ich diese Arbeit auf den nächsten Morgen. Ich nahm mir fest vor, eine Stunde früher aufzustehen. Ich ging hinein und erwärmte mein Abendessen. Während ich aß, kam der Musher Perry Solomonson zu mir herüber und stellte sich vor. »In den letzten Tagen haben wir einen Trail passiert, wie ich ihn anspruchsvoller noch nicht erlebt habe. Ich bin enorm beeindruckt von Ihrer Leistung. Viele Leute haben Ihnen das nicht zugetraut. Ich gehörte auch dazu. Sie haben allen das Gegenteil bewiesen und damit meinen Respekt verdient.«

Ich fand es sehr mutig von ihm, auf mich zuzugehen und mir so etwas zu sagen. Ich bedankte mich, brachte aber nicht viel mehr heraus, weil ich vor Müdigkeit förmlich neben mir stand. Als ich fertig gegessen hatte, hängte ich noch schnell ein paar Sachen zum Trocknen auf und sank dann in der Turnhalle auf eine Matte, wo ich vier Stunden tief und fest schlief. Nach dem Aufwachen ging es mir noch miserabler als vorher. Ich ging in den Waschraum und warf endlich doch einmal einen Blick auf meine Seite, wo ich eine bösartig verfärbte Quetschung vorfand, die größer war als meine Faust. Mir war schwindelig, übel, und alles tat weh. Körperlich war ich ziemlich am Ende, und seelisch sah es nicht viel besser aus.

Meine erste Amtshandlung am nächsten Morgen war die Erneuerung der Kufenüberzüge. Ich musste sie mit dem Messer zurechtschneiden und zunächst die alten entfernen, bevor ich die neuen aufzog. Ich fand das Postamt nicht, von dem aus ich meine Schutzkleidung samt Helm und anderen Utensilien nach Hause schicken wollte. Ein Einheimischer erbot sich, meine Sachen für mich zu versenden. Ich bedankte mich überschwänglich. Das alles kostete wertvolle Zeit.

Während ich meine Hunde startklar machte, wollte sich eine Fotografin partout nicht davon abbringen lassen, mir zu helfen. Sie erklärte mir, was ich zu tun hätte, und als ich nicht darauf reagierte, ergriff sie die Initiative und wollte es selbst erledigen.

»Vielen Dank, aber ich habe alles im Griff«, erklärte ich ihr betont freundlich.

Wenn ich Halt mache, löse ich generell die Zugleinen, nicht jedoch die Halsleinen. Dadurch können sich die Hunde relativ frei bewegen und bequem schlafen. Die Fotografin unternahm den Versuch, die Zugleinen einzuhaken. Ich stellte unmissverständlich klar: »Die Regeln verbieten es mir, Hilfe von außen anzunehmen.« Als auch das nichts fruchtete, musste ich unhöflich werden: »Hören Sie auf. Sie können mir nicht helfen. Sie können nichts für mich tun.« Daraufhin ließ sie eine lange Tirade über freie Meinungsäußerung vom Stapel. Die Verfassung garantiere ihr das Recht, alles zu sagen und zu tun, was ihr in den Sinn kam. Für so etwas hatte ich jedoch keine Zeit. Ich schenkte ihr keine weitere Beachtung und widmete mich meiner Arbeit.

Von Nikolai nach McGrath – 48 Meilen

Als wir aus Nikolai aufbrachen, hatte die Morgensonne den Trail in feuchten Schneematsch verwandelt. Ein Einheimischer rief uns zu: »Leichtes Spiel von hier aus. Bis McGrath geht alles glatt und zügig.«

Der Trail führte nun hinunter auf den Kuskokwim River. An Stellen, wo der Fluss weitläufige Biegungen macht, kürzte der Weg durch Weidensümpfe und über kleine Hügel ab. Meinen Hunden machte allmählich die Wärme zu schaffen. Ich legte in meinen CD-Player das *Phantom der Oper* mit Emmy Rossum ein und sang lautstark mit.

Ich liebe jedes einzelne Stück des Albums, ganz besonders jedoch »The Point of No Return«. Mein Gesang gab einigen meiner Hunde neuen Schwung, doch Athens und Kitty waren zu erschöpft und konnten nur noch müde dahintraben und ließen ihre Zugleinen durchhängen.

Der Hubschrauber von *Outdoor Life Network* folgte mir am blauen Himmel, und das laute Dröhnen der Rotoren war weithin zu hören. Schließlich drehte er ab, und die Stille kehrte zurück. Ich dachte an zu Hause und überlegte, was ich im März in der Hochwüste versäumte: das Tirilieren des Rotschulterstärlings, den schwungvollen Gesang des Wiesenstärlings, das Gurren der Carolinatauben, das Geschnatter der Kanadagänse und das Pfeifen der Schwäne auf ihrem Flug gen Norden. Daheim blühte gerade der Salbei, und die Gräser grünten. Außerdem sorgten gelbe Butterblumen und kleine violette Blüten für Farbtupfer im schwarzen Lavagestein. Ich verglich meine Erinnerungen mit der überwältigend stillen Einsamkeit des hohen Nordens.

Meine Gedanken wurden jäh durch einen Funkspruch Pauls unterbrochen: »Elch auf dem Weg, sofort anhalten!«

Ich trat auf die Bremse und setzte den Schneeanker. Nach fünf Minuten angespannter Wartezeit funkte Paul, dass die Luft wieder rein sei und es weitergehen könne.

Als wir die geräumte Straße nach McGrath erreichten, sahen wir ein großes, dunkles Etwas auf der Fahrbahn liegen. Aus der Nähe erkannten wir, dass es ein toter Elch war, der höchstwahrscheinlich von einem Auto erfasst worden war. Ich rief meinen Hunden zu: »Weiter geht's!«, und sie liefen ohne Seitenblick daran vorbei.

Ich war sehr erschrocken über die riesigen Ausmaße des Tieres, was meine Furcht vor einer leibhaftigen Begegnung neu entfachte.

McGrath ist ein kleines Dorf, dessen Häuser verstreut auf einem Hang oberhalb des Kuskokwim River liegen. Ich fuhr hinter Paul, als ein Auto neben uns auftauchte. Die Fahrerin rief uns aus dem offenen Fenster zu: »Ihr seid hier falsch. Ihr müsst umkehren. Folgt mir.« Die Fahrerin geleitete uns zur Raststation, wo wir unsere Schlitten parkten.

Da McGrath über einen Flugplatz verfügt, ist es von außerhalb gut zu erreichen. Während ich meinen Pflichten nachging, stürzte sich eine Schar von Medienvertretern mit Videokameras, Fotoapparaten und vielen Fragen auf mich. Sie wollten wissen, wie es bei mir liefe, ob mir unterwegs Unvorhergesehenes passiert war, ob ich einen Elch gesehen hatte, wie mein Gespann sich schlug oder ob es Probleme gab.

Dad hatte meinen Schlitten für das Finish nach McGrath geschickt. Er war leichter und besser zu steuern als der Schlitten, den Dave Sims für mich gebaut hatte. Meine Freundin und Musher-Kollegin Melanie Shirilla, die ihre 24-stündige Pflichtpause in McGrath machte, begleitete mich, um ihn in Empfang zu nehmen. Der Schlitten war von Jack Backstrum aus Holz gefertigt worden und wog nur zwölf Kilo. Ich schob ihn zu meinem Lagerplatz und löste den Packsack von meinem alten Schlitten. Als ich ihn jedoch am neuen Schlitten befestigen wollte, stellte sich zu meinem großen Verdruss heraus, dass er nicht passte. Ich hätte mich ohrfeigen können, dass ich es versäumt hatte, diese Kleinigkeit vor der Abfahrt daheim zu kontrollieren. Hinzu kam, dass ich meinen Leatherman, ein unverzichtbares Universalwerkzeug, nicht fand. Zu allem Überfluss bemerkte ich auch noch, dass der Riemen, der die Bremse halten sollte, gerissen war. Dad hatte den Schlitten erst ein paar Tage zuvor beim feierlichen Eröffnungslauf benutzt und keinerlei Probleme damit gehabt. Doch jetzt war er defekt.

»Kein Problem«, beruhigte mich Mel. »Am Ende der Straße gibt es einen Heimwerkerladen. Dort bekommst du alles, was du brauchst.«

Wir mussten anderthalb Kilometer laufen. Ich kaufte einen neuen Leatherman und zwei Riemen, die jedoch zu klein waren. Da mir die Zeit davonlief, warf ich entnervt alles zurück in meinen alten Schlitten. Ich wollte kein Risiko eingehen mit einem leichteren Schlitten, dessen Bremse nicht richtig funktionierte.

Die Tierärztin zeigte sich besorgt über die Virusinfektion, die in meinem Gespann grassierte. Sie sagte, dass ich Duchess und Karelan im Auge behalten sollte. Da sie jedoch nach wie vor gut fraßen, nahm sie an, dass die Krankheit bei ihnen in ein bis zwei Tagen ausgestanden war. Der Zustand von Athens und Kitty war hingegen wesentlich kritischer. Kitty war dehydriert, verlor an Gewicht und hatte wenig Kraft. Athens hatte weder Energie noch Interesse für das Rennen übrig. Sie war erschöpft und hatte kapituliert. Daher musterte ich beide Hunde aus und hatte jetzt nur noch 13 Hunde zur Verfügung. Paul hatte an den vier letzten Raststationen jeweils einen Hund zurückgelassen, so dass sein Gespann nunmehr aus zwölf Hunden bestand. Doch das war immer noch ausreichend.

Wir wollten uns eigentlich nur drei Stunden in McGrath aufhalten, doch als ich gerade mein Gespann startklar machte für die kurze Fahrt nach Takotna, kam ein Kamerateam des überregionalen Fernsehsenders ABC News auf mich zu. Sie eröffneten mir, dass Peter Jennings mich als »Persönlichkeit der Woche« auserkoren hatte und fragten an, ob ich fünf Minuten Zeit für ein paar Fragen und kurze Videoaufnahmen von mir und meinem Gespann hätte. Natürlich erklärte ich mich dazu bereit. Eine solche Ehre wird einem schließlich nicht alle Tage zuteil.

Auf die Frage »Ist es als Blinde besonders schwierig, sich unterwegs zurechtzufinden?« erwiderte ich lächelnd: »Es kommt schon vor, dass ich mir draußen wünsche, sehen zu können, was um mich herum vor sich geht. Aber ich kenne es nicht anders und habe mich damit arrangiert.«

Die eher überraschende Frage »Halten Sie das, was Sie tun, für mutig?« beantwortete ich mit: »Eigentlich bin ich nicht besonders mutig, sondern oftmals ein ziemlicher Angsthase. Aber ich bin damit aufgewachsen.«

»Welche anderen Sinne setzen Sie ein, um Ihr mangelndes Sehvermögen zu kompensieren?«

»Der wichtigste Sinn neben dem Sehen ist sicherlich das Gespür. Wenn wir plötzlich an Tempo zulegen, dann weiß ich genau, dass es bergab geht. Wenn am Schlitten eine gewisse Spannung zu spüren ist, dann ist mir klar, dass einer im Gespann nicht richtig mitzieht.«

Und dann unterlief mir ein trivialer Fehler. Wenngleich nicht annähernd so peinlich wie die Szene, als Forrest Gump seine Hosen herunterließ, um US-Präsident Lyndon B. Johnson die aus dem Vietnamkrieg stammende

Narbe an seinem Hintern zu zeigen. Ich zeigte lediglich die Prellung an meiner Seite mit dem Kommentar: »Ich hatte eine nette kleine Auseinandersetzung mit einem Baum. Der Baum hat gewonnen.«

Die Filmaufnahmen dauerten weitaus länger als fünf Minuten und fanden erst bei Dämmerung ein Ende. Darüber war ich so froh, denn ich war ein wenig durcheinander und stand irgendwie neben mir. Die Bilder meiner Prellung wurden landesweit ausgestrahlt. Es war ein äußerst eindrucksvoller blauer Fleck.

Von McGrath nach Takotna – 18 Meilen

Takotna war für mich aus mehreren Gründen erste Wahl für die 24-stündige Pflichtpause. Entscheidend war vor allem der Umstand, dass die Presse in McGrath stationiert war, weil es in Takotna für sie keine Unterkünfte gab. Somit konnte ich meinen Pflichten nachgehen, mich ausruhen und schlafen, ohne dabei permanent gestört zu werden. Außerdem war es für mehrere 100 Meilen die letzte Raststation, wo ich meine Ausrüstung in einem geheizten Gebäude trocknen konnte. Doch der wichtigste Grund für meine Entscheidung war die Tatsache, dass es in Takotna eine Dusche gab.

Auf dem kurzen Weg von McGrath nach Takotna konnte ich an nichts anderes denken als an diese Dusche. Es war förmlich zu einer fixen Idee geworden. Der Luxus von fließend warmem Wasser samt Seife auf meiner bloßen Haut war eine geradezu paradiesische Aussicht.

Bei unserer Ankunft in Takotna kam mir der Werbeslogan einer Motelkette in den Sinn: »We'll leave the lights on for you.« Es kam mir vor, als hätte in Takotna tatsächlich jedermann das Licht für uns angelassen. Die gesamte Stadt war strahlend hell erleuchtet, und die Bewohner – um die 50 Leute – begrüßten uns, als wir Punkt Mitternacht eintrafen. Etliche andere Gespanne waren bereits geparkt, doch wir umfuhren sie weiträumig, um sie nicht zu stören. Im Gegenzug würden auch sie uns nicht stören, wenn sie sich wieder auf den Weg machten.

Takotna wirkte erstaunlich ruhig angesichts der 100 bis 150 fremden Hunde, die vorübergehend hier einfielen. Musher trainieren ihre Hunde darauf, dass sie Stille respektieren und nur dann bellen, wenn es Futter gibt, sie angeschirrt werden oder zur Warnung vor wilden Tieren oder ungebetenen menschlichen Besuchern. Nichts ist ärgerlicher als ein Hund, der nur um des Bellens willen kläfft. In Takotna gab es keine solchen Hunde.

Ich bereitete den Hunden eine warme Mahlzeit. Nachdem sie gefressen hatten, suchten sie sich im Stroh einen Schlafplatz und ließen sich nieder. Ich zog ihnen die Booties aus und rieb ihre strapazierten Muskeln. Sie leckten ihre Pfoten trocken und sauber und knabberten an den vereisten Spitzen ihrer Deckhaare. Schließlich nahm ich meine nassen Sachen und machte mich auf den Weg zum Hauptquartier. Mir schlugen beim Eintreten Wärme und der verlockende Geruch von Essen derart heftig entgegen, dass es mich beinahe umwarf. Ganz benommen und mit gerötetem Gesicht durchquerte ich den Raum.

Der Koch trat an die Theke und sagte: »Ich bereite dir

alles zu, was dein Herz begehrt, falls ich die Zutaten dahabe.«

Mein Kopf hatte die Konsistenz von Brei. Ich konnte keinen klaren Gedanken fassen. Und selbst wenn mir etwas eingefallen wäre, hätte ich es vermutlich nicht in Worte fassen können.

»Wie wäre es mit Steak und Ei?«

»Prima«, stammelte ich.

»Wie magst du das Ei?«

»Spiegelei, von beiden Seiten gebraten«, antwortete ich, dachte jedoch eher an Rührei, denn genau so fühlte sich mein Hirn an – wie durchgerührt.

Der Koch stellte den Teller vor mich hin, und ich nahm den leckeren Duft war, den das Essen verströmte. Ich hatte Hunger. Ich wollte etwas essen. Nachdem ich auch tatsächlich ein paar Bissen zu mir genommen hatte, übermannte mich schlagartig der Schlaf. Mit der Gabel in der Hand nickte ich über meinen Teller gebeugt ein.

Erschrocken fuhr ich wieder auf und war froh, nicht mit dem Gesicht mitten auf dem Teller gelandet zu sein. Ich murmelte ein paar anerkennende Worte über das Essen, die jedoch sicher völlig verworren und unverständlich waren.

Ein ehrenamtlicher Helfer begleitete mich über die Straße zu einer alten, im Blockhausstil gebauten Holzkirche. Drinnen war es angenehm warm, aber nicht überheizt. Ich legte etliche Lagen Kleidung ab, setzte mich auf den Boden und zog meine Stiefel aus. Meine Ausrüstung breitete ich auf Stühlen zum Trocknen aus, fand in einer Ecke des Raumes eine Bank, rollte meinen Schlafsack darauf aus und schlief umgehend ein.

Um sechs Uhr morgens wachte ich erschrocken auf und dachte, ich müsse mich zum Aufbruch rüsten. Doch dann fiel mir ein, dass ich ja gerade 24 Stunden Rast machte und somit ausschlafen konnte. Ich sank zurück auf die Bank und schlief weitere drei Stunden. Als ich aufwachte, war mein Kopf wieder klar, ich verspürte Hunger und Tatendrang. Als Erstes sah ich nach meinen Hunden.

Bei unserer Ankunft war es dunkel gewesen, während jetzt die Sonne am Himmel stand. Ich hatte nicht daran gedacht, meine Sonnenbrille mitzunehmen, und irrte nun orientierungslos herum. Nichts kam mir bekannt vor. Es gelang mir nicht, mein Gespann ausfindig zu machen. Schließlich musste ich einen der ehrenamtlichen Helfer konsultieren.

»Können Sie mir sagen, wo ich mein Gespann finde?«

»Sie haben also tatsächlich Ihr Gespann verloren?«, kicherte der Helfer amüsiert.

»Nicht direkt verloren«, konterte ich, »nur vorübergehend verlegt.«

Wir mussten beide herzhaft lachen. Meine Hunde freuten sich, mich zu sehen, und ich gab ihnen reichlich Zuwendung. Ich stellte fest, dass noch weitere Hunde – Possum, Bernard und Ned – leichten Durchfall bekommen hatten. Sie wirkten allesamt magerer als erwartet. Ich zog allen Hunden Jacken an, damit sie keine unnötigen Kalorien verbrauchten, um warm zu bleiben. Nachdem ich das Hundefutter – Lamm, Hühnerfleisch und Atta Boy – mit Fett versetzt und die Durchfallmedizin verabreicht hatte, ging ich ins Hauptgebäude. Dort wollte ich etwas essen und endlich unter die langersehnte Dusche steigen.

Ich aß ein Stück Apfelkuchen und marschierte anschließend mit meinem Handtuch zu dem Gebäude hinüber, das Waschsalon und Dusche beherbergte. Während ich einige meiner Sachen in einen Wäschetrockner stopfte, kam ein Mann aus dem Duschraum und riet mir, die erste der beiden Duschen zu benutzen, da diese sauberer sei und man für einen Vierteldollar länger duschen konnte als in der zweiten.

Ich zog meine Stiefel aus. Der Fußboden war beheizt. Ich wackelte wohlig mit den Zehen. Eine Handvoll Vierteldollar-Münzen ließ das heiße Wasser über meine Haut fließen. Ich schrubbte mich gründlich und wusch meine Haare, so gut es ging. Becki hatte mir vor dem Rennen einen Franzosenzopf geflochten, den ich nicht lösen wollte. Also verteilte ich ein wenig Haarwaschmittel auf meinem Kopf und am Ende des Zopfes, was mir schon reichte, um mich wieder sauber und frisch zu fühlen.

Ich betrachtete meine Hände, Arme und Beine sowie die Prellung an der Seite, die sich an den Rändern rund um den dunkelvioletten Fleck allmählich widerlich gelb verfärbte. Überall hatte ich Abschürfungen und Schnittwunden von diversen Kollisionen mit Erdboden, Eis, Steinen und Bäumen davongetragen. Auf meiner verletzten Fingerkuppe hatte sich Schorf gebildet. Jede Schramme zeugte von einer abenteuerlichen, interessanten oder lustigen Begebenheit. Zusammengenommen erzählten sie die Geschichte von meiner ersten Iditarod-Teilnahme. Bei diesem Gedanken musste ich lachen, hatte ich doch viel zu erzählen, nach der Menge der Schrammen zu urteilen.

Nach dem Waschen blieb ich einfach unter der Dusche stehen und ließ genüsslich das heiße Wasser über mich fließen, bis das Geld aufgebraucht war. Viele Amerikaner nehmen den Komfort, der ihnen zur Verfügung steht, als selbstverständlich hin. Daheim leben wir hingegen ohne Anschluss an das Stromnetz. Ich gehöre zu den Menschen, die so manches im Leben zu schätzen wissen: ein warmes Zimmer, Strom und eben eine warme Dusche. Doch in Takotna ging ich verschwenderisch mit dem Wasser um und genoss es so lange, bis mir schließlich die Münzen ausgingen.

Derart ausgiebig gereinigt und erfrischt merkte ich plötzlich meinen Bärenhunger. Diesmal verdrückte ich einen großen Stapel Pfannkuchen. Dallas Seavey leistete mir Gesellschaft und brachte mich auf den aktuellen Stand der Dinge. Robert Sorlie lag in Führung, dicht gefolgt von Mitch Seavey. Tyrell hatte nur wenige Ränge Rückstand auf die Spitze.

»Ach übrigens, Gratulation«, fügte Dallas hinzu. »Du hast es weiter geschafft als Rick Swenson.«

»Was ist denn los mit Swenson?«

»Er hat in McGrath aufgegeben.«

Dallas zählte noch die anderen ausgeschiedenen Teilnehmer auf; es waren insgesamt sechs. Außer Swenson gehörten noch dazu: Gary McKellar, Sonny Lindner, Jacques Philip, Judy Merritt und G. B. Jones. Ich lag auf Rang 71 und hatte gute Chancen, an den nächsten Raststationen noch ein paar Gespanne zu überholen und einige Plätze vorzurücken.

Es tat mir sehr leid für Rick Swenson und die anderen ausgeschiedenen Teilnehmer. Ungeachtet dessen gab mir diese Nachricht Auftrieb, da ich noch immer gut im

Rennen lag. Freilich waren einige meiner Hunde krank, aber das würde sich schon noch geben – daran hatte ich gar keinen Zweifel. Ich würde es bis ins Ziel schaffen. Ich würde zu der kleinen Elitegruppe gehören und mit meinem Hundegespann unter dem berühmten Iditarod-Bogen von Nome stehen.

Während ich mit Dallas plauderte, sah ich plötzlich einen kurzen, blonden Haarschopf an mir vorbeirauschen. Ich blinzelte und versuchte, die Person zu erkennen. »Becki, bist du das?«, rief ich.

»Ja, ich bin's«, antwortete sie, kam herübergeeilt und umarmte mich.

»Was machst du denn hier? Wie bist du hergekommen?«

»Ich wollte dich gern sehen. Deshalb bin ich nach McGrath geflogen, dann in ein Buschflugzeug gestiegen, und jetzt bin ich hier.«

Es war herrlich, Becki zu treffen. Sie brachte mir eine Nachricht von Dad mit, in der er schrieb, dass er sehr stolz auf mich sei. Außerdem bekam ich noch eine Notiz von Libby Riddles. »Weiter so, Mädchen«, schrieb sie. Darüber hinaus hatte Becki einen Stapel Zeitungsartikel über das Rennen dabei. In einem davon entdeckte ich ein Bild von Tyrell sowie einen längeren Abschnitt, in dem er sagte, wie beeindruckt er von meiner erfolgreichen Durchquerung der Dalzell-Schlucht sei. Weiter berichtete er: »Ich habe fünf Stunden damit zugebracht, meinen Schlitten unter Aufbietung aller Kräfte hindurchzubefördern. An einigen Stellen konnte ich wirklich von Glück sagen, noch am Leben zu sein.« Schließlich fügte er hinzu, dass der Rest des Rennens sicher leichter für mich sein werde.

Dallas' 24-stündige Pause ging zu Ende, und er kehrte ins Rennen zurück. Ich ging nach meinen Hunden schauen. Ihr Zustand war unverändert. Aber wenigstens hatten sich keine weiteren Hunde angesteckt, und die betroffenen Tiere fraßen gut und ruhten sich aus. Ich suchte erneut meine bequeme Kirchenbank auf und gönnte mir noch ein paar Stunden Schlaf.

Von Takotna nach Ophir – 38 Meilen

Ich verabschiedete mich von Becki, bevor Paul und ich um zwei Uhr morgens das vergleichsweise luxuriöse Takotna hinter uns ließen. Der Trail führte von Beginn an gleichmäßig bergauf. Ich war ausgeruht und guter Dinge. Mein Gespann zeigte sich allerdings nicht halb so enthusiastisch wie ich, weshalb ich mit gutem Beispiel voranging und den langen Anstieg hinaufrannte.

Bei Tagesanbruch erreichten wir den Gipfel, wo Paul auf uns wartete und mit seinen Hunden rastete. Er sagte, dass er von dieser Stelle aus das Tal des Kuskokwim River bis Farewell Burn und weiter zur Alaska Range überblicken konnte. Er erspähte sogar den kleinen Einschnitt, wo wir den Rainy Pass überquert hatten. In diesem Moment wünschte ich, all das auch sehen zu können, was er sah.

Wir brachen wieder auf und fuhren den Berg hinab. Dabei wurden mir die enormen Ausmaße der noch vor uns liegenden Strecke bewusst – mehr als 700 Meilen. Dennoch versuchte ich, nicht in solchen Kategorien zu denken. John Patten hatte mir beigebracht, sich gedanklich ein Rennen von einer Raststation zur nächsten einzuteilen. Seiner Erfahrung nach waren kleinere Happen leichter zu verdauen als die Strecke im Ganzen.

Die nächste Raststation war Ophir, und darauf folgte Iditarod – die Siedlung, nach der das Rennen benannt wurde. Es war eine Goldgräber-Gegend. Auf Fotos hatte ich gesehen, wie früher die Goldsucher zu den Minen zogen. Manche spannten sich vor einen mit ihren Gerätschaften beladenen Schlitten. Andere kamen mit Schneeschuhen und trugen ihre Ausrüstung auf dem Rücken. Diese Goldsucher waren entweder unvorstellbar hart im Nehmen oder, wie Robert W. Service in seinen Gedichten über den Norden schrieb, »clean mad for the muck called gold« (total verrückt nach einem Dreck namens Gold).

Ich versuchte, nicht an meinen Muskelkater und die empfindliche Stelle an meiner Seite zu denken. Letztere schimmerte inzwischen apart in Blau, Gelb und Grün. Immer, wenn ich meine Hüften drehte – also bei fast jeder Bewegung auf den Kufen – tat es weh. Aber allmählich gewöhnte ich mich daran. Der Schmerz und ich – wir hatten einen Kompromiss geschlossen. Wenn er mich nicht gar zu heftig malträtierte, würde ich nicht jammern. So begleitete er mich wie ein unerwünschter Passagier.

Ich hatte mir diesen neuen Tag weitaus vielversprechender vorgestellt, als er sich jetzt herausstellte. Meine Hunde hatten längst nicht mehr so viel Kraft wie zu Beginn. Das Magenvirus raubte ihnen die Energie und führte zu einem fortschreitenden Gewichtsverlust. Karelan hätte ich in Takotna beinahe zurückgelassen, weil er so dünn geworden war. Doch aufgrund seines ungezügelten Appetites hoffte ich, er würde sich erholen und bis zum Ziel im Rennen bleiben.

Mein Gespann war kurz gesagt nicht in Bestform. Die Hunde trotteten müde dahin, und ich musste sie immer wieder mit Leckereien bei Laune halten. Das langsame Tempo entmutigte mich, und erstmals keimten in mir leise Zweifel auf, ob die Tiere noch genügend Kraft hatten, um bis Nome durchzuhalten.

Von Ophir nach Iditarod – 90 Meilen

Ophir war einstmals das Zentrum des Abbaus von Seifen- oder Waschgold gewesen. Heute arbeiteten jedoch nur noch eine Handvoll Bergarbeiter in den alten Goldminen. Abgesehen von ein paar Gebäuden deutete nichts mehr darauf hin, dass dieses Dorf je von Bedeutung war. Wir hielten uns nicht länger als drei Stunden in Ophir auf und nahmen anschließend eine der längsten und einsamsten Etappen des gesamten Rennens in Angriff. Die Sonne stand am Himmel, und die Temperatur lag bereits über dem Gefrierpunkt.

Ein paar Meilen westlich von Ophir teilt sich der Trail in eine nördliche und eine südliche Route. In ungeraden Jahren wird die Südstrecke gefahren und in geraden Jahren die Nordstrecke. Diese Regelung dient dazu, alle Dörfer entlang des Yukon einzubeziehen, die einen Anschluss an den Iditarod Trail wünschten. Wir schwenkten also gen Süden ein und machten uns auf den langen Weg nach Iditarod, der durch einen Wald aus Fichten und Birken führte. Es war ziemlich warm; Schneemobile und andere Gespanne hatten die Piste in einen üblen Morast verwandelt, durch den man nur mühsam vorankam. Nach zehn Meilen öffnete sich die Landschaft zu einer weiten Tundra-Ebene, wo der Wind auffrischte und uns heftig ins Gesicht blies.

Bei Wettkämpfen lässt man die Hunde üblicherweise sechs bis acht Stunden am Stück laufen und legt dann sechs bis acht Stunden Pause ein. Nach der langen Rast in Takotna gingen wir davon aus, dass die Hunde erholt und frisch waren, doch die Mischung aus schlechtem Streckenzustand, zu warmem Wetter und Durchfall hatte sie all ihrer Kräfte beraubt. Zu allem Überfluss begann der feuchte Schnee an den Schlittenkufen zu haften, was die Last für die Hunde noch zusätzlich erhöhte. Wenn man nur derart schleppend vorankommt, macht ein Rennen wirklich keinen Spaß mehr. Monotonie und Langeweile hielten Einzug und drückten die Stimmung. Meine Energie schwand dahin, und ich fühlte mich alsbald deprimiert und entmutigt. Hunde haben ein ausgesprochen feines Gespür für menschliche Befindlichkeiten. Würde ich meine Frustration vor den Hunden zeigen, bekämen sie das augenblicklich mit. Jeder Hundebesitzer weiß, wie sein Haustier auf seine schlechte Laune oder ein strenges Wort von ihm reagiert.

»Ihr seid wunderbare Hunde«, log ich. »Ihr lauft ganz toll«, schwindelte ich weiter. »Bleibt dran. Prima, Jovi. Weiter so, Mandy. Angel, du siehst klasse aus.«

Meine Hunde sind speziell zum Laufen gezüchtet; sie laufen, um mich zu erfreuen und weil es ihnen Spaß macht. Wenn es allerdings zu beschwerlich wird, verlieren sie das Interesse daran. Zur Motivation hielt ich immer wieder an, bedachte sie mit reichlich Zuwendung und versuchte, in ihnen wieder ein wenig Enthusiasmus zu entfachen. Ich erklärte ihnen, dass sie die Durststrecke wie ein Langstreckenläufer einfach überstehen mussten. Irgendwann würde es schon wieder besser werden. Mit eindringlichen Worten und Gesten versuchte ich, sie anzuspornen. Ich wechselte die Leithunde häufig aus, damit nicht ein oder zwei Hunde über Gebühr strapaziert wurden. Wir waren schließlich ein Team und würden diesen mühseligen Streckenabschnitt gemeinsam meistern. Als Anreiz teilte ich Lachshäppchen, Würstchen und Rindertalg aus.

Tyrell hatte mich vor der langen Etappe von Ophir nach Iditarod gewarnt und meinte, sie könne sich durchaus als unangenehm für meine Hunde erweisen. War sie jedoch einmal bewältigt, dann fassten sie neuen Mut und begannen, wieder an sich zu glauben. Er prophezeite zudem, dass auch in mir Zweifel aufsteigen könnten, ob mein Gespann physisch und psychisch in der Lage sei, die Ziellinie zu erreichen.

Wir hatten gehofft, die Raststation namens Don's Cabin zu erreichen, waren jedoch infolge der Wärme gezwungen, bereits vorher eine ausgedehnte Pause einzulegen. Nachdem wir fünf Stunden gerastet hatten, ging die Sonne unter und die Luft kühlte merklich ab, so dass wir uns wieder auf den Weg machen konnten. Ab Don's Cabin krochen die Meilen nur noch äußerst zäh dahin. Aber ich sagte mir, dass wir – wenn auch langsam – doch zumindest vorankamen.

Paul rief in die Dunkelheit hinein: »Eisbrücke! Offenes Gewässer voraus!«

Er hatte Schwierigkeiten, sein Gespann über die Eisbrücke zu locken, die einen Bach nur zum Teil überspannte. Nach kurzem Zögern setzten seine Leithunde doch zum Sprung über den Zwischenraum an, woraufhin den anderen Hunden gar nichts anderes übrig blieb, als ihnen zu folgen und den Schlitten samt Paul auf die andere Seite zu befördern. Danach war ich dran.

Mein Instinkt riet mir, die Leithunde auszutauschen und Eyes nach vorn zu nehmen, da sie keine Furcht vor offenen Gewässern hatte. Doch der Weg hierher hatte uns schon so viel Zeit gekostet, dass ich keine Veränderung im Gespann vornahm. Jovi zeigte in der Tat Angst vor dem Wasser und weigerte sich, den Zwischenraum zu überspringen. So ging ich voran, nahm Jovi auf und wollte ihn gerade hinüberwerfen, als die Eisbrücke unter mir zu sinken begann.

»Wirf mir eine Leine herüber«, rief Paul.

Ich watete zurück zu meinem Schlitten, holte eine Leine heraus, befestigte sie an Jovis Halsleine und warf Paul das andere Ende zu. Danach ging ich wieder zurück zu meinem Schlitten, stellte mich auf die Kufen, zog den Schneeanker und gab meinen Hunden das Startkommando. Paul zog an der Leine, und die Hunde schafften den Sprung auf die andere Seite. Als der Schlitten jedoch die Eisbrücke erreichte, brach sie zusammen, meine Füße rutschten von den Kufen, und ich versank im eiskalten Wasser. Lediglich mein Kopf tauchte nicht vollständig unter.

In einem normalen Winter mit Temperaturen von minus 30 bis minus 35 Grad wäre dieser Vorfall sehr kritisch gewesen. Wir hätten umgehend eine Pause einlegen und ein Feuer entfachen müssen, damit ich mich wieder aufwärmen und meine Sachen trocknen konnte. Andererseits hätte die Eisbrücke in einem normalen Winter gewiss gehalten.

Ich legte mehrere Kleidungslagen ab, nahm die Einlagen aus meinen Stiefeln, drückte das Wasser heraus und legte neue Einlagen hinein, die ebenfalls binnen Minuten völlig durchnässt waren. Dann brachen wir wieder auf. Zunächst befürchtete ich zwar eine Unterkühlung, was sich jedoch als unbegründet erwies. Dank milder Winde, Polypropylen, Polarfleece und Goretex wurde die Feuchtigkeit von meinem Körper abgeleitet, so dass ich nicht fror. Einzig meine Füße blieben unangenehm nass und gaben bei jeder Bewegung schmatzende Geräusche von sich.

Der gleichmäßige Laufrhythmus der Hunde hypnotisierte mich. Vielleicht war auch das eisige Wasser oder meine Erschöpfung schuld, dass mich eine bleierne Müdigkeit überkam. Immer wieder nickte ich einen Moment lang mit offenen Augen ein; gelegentlich fielen mir sogar die Augen zu. Wenn ich aufwachte, fand ich mich über den Haltebügel gebeugt wieder.

Der Mond verschwand immer wieder hinter den Wolken. Selbst in der Dunkelheit, im dürftigen Schein der Stirnlampen nahm ich wahr, wie sich die Landschaft veränderte und der Trail jetzt zu beiden Seiten von Weiden und Gestrüpp begrenzt war. Wieder einmal begann ich zu halluzinieren. Ich sah Leute am Wegesrand stehen, die ich jedoch nie erkannte. Sie unterhielten sich und lachten miteinander, so als würden sie meine Ankunft an einer nicht existenten Raststation erwarten. Wenn ich mich zur Seite drehte und das Licht meiner Stirnlampe auf sie fiel, unterbrachen sie ihre Gespräche und schauten mich an, während wir vorbeifuhren. Manchmal waren sie auch gar nicht zu sehen. Dann hörte ich lediglich Stimmen und schnappte Gesprächsfetzen auf. Die Worte waren zwar unverständlich, doch ich vermutete, dass sie über mich oder mein Gespann sprachen.

Obgleich mein Verstand mir sagte, dass es diese Menschen in Wirklichkeit nicht gab, war es doch ein seltsames, befremdliches und recht gespenstisches Geschehen. Ich trank etwas Wasser und würgte mühsam einen Erdnussbutterriegel und eine Handvoll Studentenfutter hinunter. Ich hatte starke Schluckbeschwerden.

Wir erreichten eine kleine Hügelkette. Als Vorbild für meine Hunde rannte ich jeden Anstieg hinauf. Bergab stieg ich auf die Kufen. Im Osten dämmerte inzwischen der Morgen, und ich wollte nur noch schlafen. Schließlich bekam ich meinen Willen, und als ich auf dem Schlitten zusammengesunken aufwachte, hatten sich meine Hunde im Schnee ebenfalls eingerollt. Ich hatte keinerlei Vorstellung, wie viel Zeit vergangen war. Paul war umgekehrt, um nachzuschauen, wo ich blieb. Da meine Hunde es sich bequem gemacht hatten und nicht beabsichtigten, gleich wieder aufzubrechen, beschlossen wir, Rast zu machen. Ich verspeiste mit Paul ein paar Gummibärchen, bevor wir uns zu einem Nickerchen niederließen.

Nur wenige Meilen von unserem Rastplatz entfernt erkannten wir die Siedlung Iditarod. Alles, was ich von Iditarod sah, waren zwei alte Hütten, eine neue Hütte für die Musher und ein Toilettenhäuschen. In der Musher-Hütte stand ein bollernder Dieselofen. Die stickig-warme Luft traf mich wie ein Faustschlag in die Magengegend. Über dem Ofen hing ein Gitter, wo die Musher ihre Sachen zum Trocknen ausgebreitet hatten. Ich entledigte mich meiner Kleidung, zog trockene lange Unterwäsche an und hängte alle nassen Sachen am Ofen auf.

Musher, ehrenamtliche Helfer und Organisatoren liefen umher und unterhielten sich. Von diesem ganzen Hin und Her wurde mir ganz schwindelig. Die Wärme tat ein Übriges. Alle waren sehr nett und erkundigten sich, wie es mir im Rennen erginge. Ich versuchte, Antworten zu formulieren, konnte jedoch keinen klaren Gedanken fassen. Es war, als sei mein Hirn noch draußen unterwegs und habe mich noch nicht ganz eingeholt. Nachdem ich meinen Hunden eine warme Mahlzeit gefüttert und mich um persönliche Belange gekümmert hatte, kletterte ich auf den Dachboden der Hütte und schlief geschlagene sechs Stunden.

Vor dem Aufbruch musterte ich Karelan aus, der im Gespann keine gute Arbeit geleistet hatte. Zumeist strengte er sich kein bisschen an, lief mit durchhängender Zugleine und ließ die anderen Hunde an seiner Stelle schuften. Dadurch fiel er dem Gespann zur Last.

Wir hatten die Hälfte der Strecke geschafft. Mir fiel ein, wie jemand gesagt hatte, dass man nach den ersten drei Iditarod-Tagen leichter vorankam, weil Hunde und Musher dann bereits abgehärtet waren. Andere meinten, dass es ab der Streckenmitte einfacher wurde, weil man wusste, dass man das Schlimmste hinter sich hatte und in ungefähr sechs Tagen alles vorbei sein würde. Ich war mir da nicht so sicher.

Von Iditarod nach Shageluk – 65 Meilen

Einige Meilen ging es am Iditarod River entlang und anschließend in hügeliges Gelände hinein. Logisch wäre gewesen, dass der Weg von einem Kamm zum anderen führt, aber häufig mussten wir die Gipfel der recht stattlichen Hügel erklimmen, um auf der anderen Seite gleich wieder ins Tal hinabzurauschen. Es war zum Verrücktwerden. Der Wind blies uns permanent ins Gesicht, und die Piste war in üblem Zustand. Die Anstiege waren durch Schneemobile zerfurcht und die abschüssigen Strecken durch die Bremsen der Hundeschlitten.

Bergauf rannte ich stets oder stieß mich mit einem Bein ab. Ich kam mir vor wie ein Hamster im Laufrad. Oben angekommen, konnte ich ein oder zwei Minuten Atem schöpfen und trat auf die Bremse, um meine Hunde nicht zu überrollen. Es war eine enorme körperliche Anstrengung. Ich trank reichlich Wasser und suchte permanent in meinen Taschen nach etwas Essbarem in Form von Gummibärchen, Schokolade und gewürztem Trockenfleisch.

Ich glaubte, die Hügel würden nie ein Ende nehmen. Doch allmählich führte glücklicherweise ein langgezogenes, sanftes Gefälle in ein durch die Flüsse Innoko und Yukon geformtes Tal hinein. Beim Erreichen des zugefrorenen Flusses hörte ich in der Ferne Hunde bellen und nahm wenige Meilen weiter den Geruch von Holzfeuer wahr. Beides waren sichere Anzeichen dafür, dass die Zivilisation – oder zumindest das Dorf Shageluk – nicht mehr weit sein konnte.

An der Raststation Shageluk suchte ich panisch nach meinem Beutel mit den Hunde-Booties, in dem sich auch die Jacken für die Hunde befanden. Er hing nicht an der üblichen Stelle am Schlitten. Ich musste ihn irgendwo unterwegs verloren haben und versuchte, mich zu erinnern, wo ich ihn zuletzt gesehen hatte. Ich kam zu dem Schluss, dass er am Ende der Hügellandschaft abhandengekommen war, wo die Abfahrt ins Tal hinunter begann.

»Ich fahre zurück und suche die Strecke ab«, erbot sich einer der freiwilligen Helfer. »Keine Sorge, ich finde ihn schon.« Er sprang auf sein Schneemobil und raste mit heulendem Motor davon, wobei er Unmengen von Schnee aufwirbelte.

Aber ich machte mir natürlich Sorgen. Falls der Beutel tatsächlich verschwunden war, hatte ich keine Booties mehr zum Schutz für die Füße meiner Hunde. Auch die Jacken waren vonnöten, falls es kälter wurde – und das war in Richtung Yukon so gut wie sicher –, damit die Hunde nicht froren und wertvolle Kalorien dabei verbrauchten. Sie benötigten sämtliche Energie für das Rennen. Ich war ganz krank vor Sorge und machte mir heftige Vorwürfe. Hätte ich doch besser darauf aufgepasst, ich Schussel. So ein Ärger.

Nachdem ich meine Hunde gefüttert hatte, suchte ich das Haus – ein rundes Gebäude – auf, in dem sich unser Schlafplatz befand. Aus irgendeinem Grund störte mich die runde Form dermaßen, dass ich lieber zum Hauptgebäude lief und mich dort auf dem Fußboden niederließ. Doch ich konnte auch dort nicht einschlafen, weil ich wegen des verlorenen Bootie-Beutels viel zu aufgeregt war. Eine Eingeborene sagte, dass sie gerade Elchgulasch und Lachs zubereite und mir Bescheid geben würde, sobald das Essen fertig war.

Wahrscheinlich döste ich irgendwann doch ein, denn ein paar Kinder rüttelten an mir herum und riefen: »Wach auf, Rachael. Aufwachen! Das Essen ist fertig.«

Müde, wie ich war, wäre ich am liebsten liegen geblieben, aber schließlich hatte sich die Frau viel Mühe beim Kochen gegeben. Also zwang ich mich, aufzustehen und etwas zu essen. Es schmeckte ausgezeichnet. Anschließend gelang es mir, mit Mom zu telefonieren, und danach versuchte ich, wieder zu schlafen. Doch anstatt einzuschlafen, brach ich in Tränen aus, weil meine Hunde krank und ausgemergelt waren und ich den Beutel mit den Booties verloren hatte. Ich konnte gar nicht wieder aufhören und weinte mich wie ein kleines Kind in den Schlaf.

»Rachael, ich habe deinen Bootie-Beutel gefunden.« Der Mann, der sich per Schneemobil auf den Weg gemacht hatte, stand plötzlich vor mir. »Sandy McKee hat ihn gefunden und mir gegeben. Hier ist er.«

Ich war so unendlich dankbar, dass ich beglückt aufsprang, mich überschwänglich bedankte und ihm einen Kuss auf die Wange drückte. Ein zentnerschwerer Stein fiel mir vom Herzen. Nun sank ich in einen wunderbar erholsamen Schlaf. Er dauerte zwar nur eine halbe Stunde, doch mehr brauchte ich gar nicht.

Von Shageluk nach Anvik – 43 Meilen

Vor dem Start ging ich zu jedem einzelnen Hund und sprach ihm Mut zu. Dann stieg ich auf den Schlitten, zog den Schneeanker, und los ging es. So ausgemergelt die Hunde auch aussahen, sie zogen doch kräftig an, und wir ließen Shageluk mit seinen 100 Einwohnern hinter uns. Über eine steile Uferböschung gelangten wir auf den vereisten Innoko River und vollzogen eine scharfe Biegung nordwärts in Richtung Yukon River. Vor uns lagen 150 recht anspruchsvolle Meilen. Auf diesem Streckenabschnitt sind Windgeschwindigkeiten von 100 Stundenkilometern und Temperaturen von bis zu minus 50 Grad Celsius keine Seltenheit. Sollte das warme Wetter jedoch anhalten, war mit Wasser auf der Eisfläche zu rechnen. Das konnte zur Folge haben, dass die Hunde sich weigerten weiterzulaufen. Was auch immer uns erwartete, die Strecke auf dem Yukon River war ganz gewiss eine Herausforderung.

Vorübergehend wirkten die Hunde nach ihrer Rast in Shageluk ein wenig ausgeruhter. Doch das war leider nicht von langer Dauer. Alsbald ließ ihre Energie wieder nach, und sie begannen, wieder träge dahinzutrotten. Mein Optimismus verflog, und wieder tauchten Zweifel auf, ob wir das Ziel je erreichen würden.

Wir verließen den Innoko River in Richtung Yukon auf einem engen, gewundenen Pfad durch sumpfiges Dickicht aus Weiden und Schwarzfichten. Überhängende Zweige schlugen mir wiederholt ins Gesicht. Trotz meiner bleiernen Müdigkeit war aufgrund des beschwerlichen Weges an Schlaf nicht zu denken.

Und die Halluzinationen meldeten sich wieder. Diesmal allerdings nicht in Form von harmlosen Leuten am Wegesrand, sondern als wilde Tiere. Ein Felsbrocken verwandelte sich in einen Bison oder ein Baumstumpf in einen Elch. Jedes Mal griff ich nach meinem Beil, doch kaum hatte ich es herausgezogen, glitten wir an der unbeweglichen Erscheinung vorbei. Sobald wir das Eis des Yukon River erreichten, waren meine Sinnestäuschungen verschwunden.

Von Anvik nach Grayling – 18 Meilen

Anvik ist ein freundliches Örtchen. Nachdem ich mich an der Raststation eingetragen und meine Hunde versorgt hatte, stürzte ich einen Becher Kaffee hinunter und aß mit den Einheimischen eine Rentier-Wurst. Sie schmeckte süßlich und würzig zugleich – eine Neuentdeckung für mich. Ich lag jetzt auf Rang 67 und war noch immer im Rennen. Nach nur 20 Minuten kehrten wir Anvik wieder den Rücken.

Die Strecke auf dem Yukon war in einem guten Zustand, der Charakter hatte sich völlig verändert. Vorbei waren die aufregenden gewundenen Pfade durch die Wälder, die kräftezehrenden Anstiege und die wilden Abfahrten. Der Yukon hingegen war dröge und monoton. Streckenweise gab es kaum Abwechslung. Dies konnte für ein krankes Hundegespann schnell das Aus bedeuten. Nun war es an mir, den Hunden die Langeweile zu vertreiben und sie bei Laune zu halten. Trotz der eintönigen Landschaft versuchte ich, Frohsinn zu verbreiten, indem ich ihnen Lieder vorsang und Würstchen spendierte. Ich schmeichelte ihnen mit Lobeshymnen und spornte sie an, nicht nachzulassen.

Pia, ansonsten mein Fels in der Brandung, war kaum wiederzuerkennen. Normalerweise achtete sie sehr darauf, dass der Hund neben ihr ordentlich mitzog. Wenn nicht, kläffte sie ihn an und schnappte auch gelegentlich nach dem Faulpelz. Sie sorgte für Ordnung im Gespann. Doch jetzt litt sie unter Schulterschmerzen und Durchfall. Sie lief mit gesenktem Kopf und hatte genug mit sich selbst zu tun.

Auch um Dugan machte ich mir große Sorgen. Er war der magerste Hund im Gespann. Bei einem plötzlichen Kälteeinbruch hatte er nicht genügend Reserven, so dass ich ihn im Schlitten bis zur nächsten Raststation würde befördern müssen.

Mein oberstes Prinzip ist es, niemals verletzte oder demotivierte Hunde vor den Schlitten zu spannen. Daher erwog ich, sowohl Pia als auch Dugan auszumustern. Wir bogen vom Fluss ab, erklommen einen Hügel und erreichten die Front Street und kurz darauf das Dorf Grayling. Aus den grauen Wolken begann es zu regnen. Die Dorfhunde heulten und machten einen Aufstand, als wären wir das erste fremde Gespann, das je hier aufgetaucht war. Wir fuhren an Bäumen und bewohnten Blockhäusern vorbei und trafen schließlich an der Raststation ein.

Ohne mich um den Regen zu kümmern, breitete ich frisches Stroh für die Hunde aus und flößte ihnen so viel Fett ein wie möglich. Dann ging ich nach drinnen, wo ich meine Sachen zum Trocknen ausbreitete, Pfannkuchen verspeiste und mir ein Stündchen Schlaf gönnte.

Sandy McKee, die einzige Starterin hinter mir, kam herein und verkündete mir ihr Ausscheiden. Das bedeutete, dass ich jetzt allein das Schlusslicht bildete. Ich ging wieder hinaus. Die Temperatur war um etliche Grad gefallen, der Niederschlag in Schneeregen übergegangen, und der Wind frischte auf. Ich schirrte Pia und Dugan aus, wodurch mein Gespann auf zehn Hunde zusammenschrumpfte.

Von Grayling nach Eagle Island – 60 Meilen

Zehn kräftige Hunde waren vollkommen ausreichend, um ins Ziel zu kommen. Meine zehn Hunde allerdings waren krank. Bei unserem nächtlichen Aufbruch aus Grayling wieder zurück auf das Eis des Yukon River beobachtete ich sie daher aufmerksam im Licht der Stirnlampe und hielt Ausschau nach ernsten Erschöpfungszeichen. Manche Hunde verraten dies durch ihren gesenkten Kopf, ihren Gang, die Schwanzhaltung oder die Stellung der Ohren. Wenn ein Hund seine Ohren hängen lässt, ist er unglücklich oder hat resigniert. Jeder Hund ist anders. Spricht man ihnen Mut zu, dann gelingt es manchen Tieren, verborgene Kraftreserven zu mobilisieren, anderen hingegen nicht. Die wichtigste Aufgabe eines jeden Mushers ist es, zu spüren, zu welchen Leistungen jeder Hund noch in der Lage ist und was die Kräfte übersteigt.

Das Einzugsgebiet des Yukon umfasst das gesamte Landesinnere Alaskas, von der Brooks Range bis zur Alaska Range – eine enorme Fläche. Kalte Luft, deren physikalisches Verhalten dem von Wasser gleicht, strömt über das Eis hinweg, und der Wind simuliert die Kälte. So wehte uns gleich zur Begrüßung ein eisiger Wind entgegen. Ich wusste, dass er unser Vorankommen noch zusätzlich erschweren würde, und war froh, allen Hunden Jacken angezogen zu haben.

Vor unserer Abfahrt aus Grayling hatte mir Paul einen seiner Skistöcke überlassen, den ich unterwegs zum Abstoßen benutzte, um den Hunden die Arbeit zu erleichtern. Immer wieder übermannte mich vor Erschöpfung der Schlaf. Doch selbst schlafend betätigte ich noch den Skistock. Einmal jedoch wachte ich auf und stellte bestürzt fest, dass der Stock verschwunden war. Er war mir einfach aus der Hand gefallen. Da ich an letzter Stelle fuhr, kam hinter mir niemand mehr, der ihn hätte aufheben können. Wenn ich es bis ins Ziel schaffte, bekäme ich die rote Laterne überreicht, die traditionell dem zuletzt in Nome einfahrenden Gespann verliehen wird.

Wir durchfuhren die lange Nacht. Ich stieß mich abwechselnd mit einem Bein ab, um einerseits die Hunde zu unterstützen und andererseits wach zu bleiben. Als der Morgen graute, verschwammen meine Sorge um die Hunde, meine Erschöpfung, der nicht nachlassende scharfe Wind und das monotone Weiß der Landschaft zu einem einzigen weißen Schleier. Nur ab und zu nahm ich in Ufernähe oder auf Inseln das Dunkelgrün der Fichten oder die hellen Birken wahr. Meine Hunde interessierte das nicht. Müde, krank und mutlos, wie sie waren, behielten sie ihr schleppendes Tempo bei. Ich fühlte es ihnen nach, hatte ich doch selbst mit Schmerzen und Blessuren zu kämpfen. Mein Gesicht war vom Wind angegriffen, und meine Lippen waren aufgesprungen. Meine Hüfte und mein Finger machten mir noch immer zu schaffen. In den Unterarmen hatte ich Muskelkater vom Festklammern am Haltebügel. Ich hatte allerlei Schrammen und Kratzer am Körper. Wenn ich die Handschuhe abstreifte, sahen meine Hände aus wie die eines Bauarbeiters. Meine Füße waren geschunden, nass und kalt, und ich fühlte mich erschlagen, geistesabwesend und ausgezehrt. Doch mit meinen eigenen Problemen kam ich schon zurecht. Was mir keine Ruhe ließ, war der sich stetig verschlechternde Gesundheitszustand meiner Hunde. Ich machte immer wieder Halt, verteilte Belohnungen und versuchte, sie aufzumuntern.

Schließlich beschlossen die Hunde, dass es reichte. Sie machten Halt, ließen sich auf dem Eis nieder und rollten sich umgehend mit dem Rücken zum Wind ein. Mir blieb nichts anderes übrig, als ihnen die Pause zu gönnen, die sie so vehement einforderten, und ich ließ mich auf meinen Schlitten sinken. Dort schlief ich auf der Stelle ein. Törichterweise hatte ich keine Handschuhe angezogen oder meine Hände anderweitig geschützt. Als ich nach einer halben Stunde wieder aufwachte, waren meine Finger eiskalt und vollkommen taub. Wäre es richtig kalt gewesen, hätte mich eine solche Unachtsamkeit durchaus meine Finger kosten können.

Ich schob meine Hände in die Achselhöhlen, um sie wieder benutzbar zu machen. Meine Hunde rührten sich nicht von der Stelle, so dass ich nicht wusste, ob wir überhaupt noch weiterkamen. Ich war deprimiert und verzweifelt und wünschte mir nichts sehnlicher, als dass ich endlich wieder Oberwasser bekam.

In dieser Situation sprach Jay Rowan, ein bei einem tragischen Badeunfall gestorbener Freund, zu mir. Diesmal halluzinierte ich nicht. Als er redete, spürte ich seine Anwesenheit ganz deutlich. Es war jedoch anders als ein normales Gespräch; seine Worte formten sich vielmehr in meinem Bewusstsein.

»Rachael, die Spitzengruppe hat nicht mehr als dreihundert Meilen Vorsprung. Du schaffst das. Ich weiß, dass dir alles wehtut und du verzagt bist. Aber du wirst wieder auf deinen Schlitten steigen und die Vorausfahrenden einen nach dem anderen überholen. Du wirst das Ziel erreichen. Halte durch, Mädchen.«

Jays Worte gaben mir Auftrieb. Ich stand auf, zog meine Arbeitshandschuhe an und brachte meine Hunde auf Trab. Jeder erhielt eine kurze Massage und ein wenig Zuwendung. Paul kam zurück und erkundigte sich nach der Lage. Ich berichtete, dass wir eine kurze Rast eingelegt hatten und jetzt wieder einsatzbereit waren. Als ich meinen Hunden das Startkommando gab, setzten sie sich in Bewegung.

Unterwegs beobachtete ich meine Hunde mit kritischem Blick. Angel war der einzige Hund im gesamten Gespann, der auch nur ansatzweise Interesse an der Führung des Gespanns zeigte, doch sie war am stärksten abgemagert. Sie besaß zwar die psychische, doch nicht die physische Ausdauer zum Weiterlaufen. Bernard, Ned und Duchess waren fast ebenso dürr wie sie. Wenn ich alle vier in Eagle Island zurückließ, hätte ich nur noch ein Sechsergespann ohne Leithunde. Mindestens ein starker Leithund ist für ein Team absolut unverzichtbar. Von den übrigen Hunden – Eyes, Possum, Jovi, Mandy, Brick und Seth – war keiner in der Lage, das Gespann anzuführen.

Ich ging ernsthaft in mich und überlegte, ob ich seelisch und körperlich stark genug war, sechs Hunde zusammenzuhalten. Cim Smyth war das gelungen, und er hatte die letzten 500 Meilen bis Nome mit nur fünf Hunden zurückgelegt. Dabei hatte er von Safety nach Nome obendrein noch einen Geschwindigkeitsrekord aufgestellt. Aber ich war natürlich nicht Cim Smyth, sondern eine blutige Iditarod-Anfängerin und völlig geschafft noch dazu. Immerhin hielt ich mein Gespann schon seit Takotna zusammen und wusste nicht, wie lange mir dieses Wunder noch gelingen würde.

Ich half weiter kräftig mit, indem ich mich zehn- bis zwanzigmal mit dem rechten Bein abstieß und dann auf das linke wechselte. In Eagle Island stand mir eine äußerst schwierige Entscheidung bevor. Erfahrene Musher haben mir immer wieder eingeschärft, niemals bei der Ankunft an einer Raststation über eine Kapitulation nachzudenken, sondern immer zuerst die Hunde zu versorgen, selbst zu essen und zu schlafen und dann frisch gestärkt noch einmal in Ruhe eine Entscheidung zu treffen. Möglicherweise könnten wir es bis Kaltag schaffen. Wenn wir erst einmal in Kaltag waren, würden wir uns vielleicht bis nach Unalakleet schleppen können, von dort aus weiter nach Shaktoolik, Koyuk und Elim. Von Elim aus waren es nur noch rund 100 Meilen bis nach Nome. 100 Meilen – das war auf jeden Fall zu schaffen.

Ein Rennen derart aufzugliedern ist eine bewährte Methode von Langstreckenläufern. Inmitten eines 3.000-Meter-Laufes sagt man sich: »*Nur noch fünf Runden*«, und zählt dann rückwärts: 4, 3, 2, 1, geschafft. Diesen Trick wandte ich nun auf das Iditarod an; immer rundenweise denken oder, wie John Patten mir beigebracht hatte: »Kleine Happen sind leichter zu verdauen.«

Wir erreichten die Raststation Eagle Island. Sie bestand aus einem einzigen Zelt, das extra für dieses Rennen in den endlosen Weiten der Wildnis aufgebaut worden war. Ich servierte den Hunden ein wahres Festmahl aus Lamm, Hühnerfleisch, Lachs, Würstchen und Rindertalg, über das sie jedoch nur die Nase rümpften. Das Einzige, wovon sie wenigstens ein paar Bissen nahmen, war das Trockenfutter. Das war ein sehr schlechtes Zeichen.

Obwohl die abgemagerten Hunde eine deutliche Sprache sprachen, suchte der Tierarzt das Gespräch mit mir und erkundigte sich, ob das Durchfallmittel geholfen habe. Ich schenkte ihm sogleich reinen Wein ein. Es wäre unsinnig gewesen, ihm etwas vorzumachen, denn meinem Gespann ging es beileibe nicht gut.

»Es ist mir nicht gelungen, ihr Gewicht zu halten. Das geht schon seit Takotna so. Dort wurde der Durchfall richtig schlimm, so dass sie an Gewicht verloren. Bis jetzt haben sie recht gut gefressen, doch egal, wie viel Futter sie bekommen oder wie viel Fett ich ihnen einflöße, es bleibt nichts hängen. Und nun haben sie gar keinen Appetit mehr, nicht einmal auf Belohnungen.«

Ich brauchte etwas Zeit zum Nachdenken. Eagle Island hatte unter Mushern den Ruf, dass es dort immer windig war und die Raststation aus einem kärglichen, nur unzureichend beheizten Zelt bestand. Doch das gehörte der Vergangenheit an. Dieses Zelt war ein wahrer Palast – ein Raum mit vier Wänden aus Sperrholz und einem Heizgerät, das die Polareiskappe zum Schmelzen hätte bringen können. Ich hatte den Heizer ganz für mich allein, hängte meine Sachen zum Trocknen auf und legte einen Gefrierbeutel mit Beckis Taco-Suppe in einen Topf mit kochendem Wasser. Es war eine der besten Mahlzeiten, die ich je zu mir genommen habe. Als Paul hereinkam, prophezeite ich ihm, dass er sein Essen lieben werde, was er auch prompt bestätigte. Er habe Taco-Suppe nie sonderlich gemocht, sich hiermit aber eines Besseren belehren lassen.

Mit gefülltem Magen warf ich mich auf eine der Bettstellen in dem angenehm warmen Raum und schlief mehrere Stunden. Der Musher Jim Gallea, den ich vom Atta Boy 300 kannte, weckte mich. Er hatte dreimal am Iditarod teilgenommen, studierte inzwischen jedoch Medizin an der University of Washington und war daher in diesem Jahr nicht gestartet. Einen Moment lang konnte ich mir nicht erklären, weshalb er hier war, bis mir einfiel, dass er zu den Organisatoren gehörte.

»Kann ich dich kurz sprechen?«, fragte Jim. Er eröffnete mir, dass der Tierarzt der Ansicht war, ich solle vier meiner Hunde ausmustern.

»Aber dann sind ja nur noch sechs übrig.«

»Ich weiß«, erwiderte Jim, der mein Dilemma nachempfinden konnte.

»Sechs Hunde«, wiederholte ich. Das war einfach nicht fair. Ich hatte Paul sechs meiner besten Hunde gegeben, von denen fünf nach wie vor in seinem Zehnergespann liefen. Wenn ich diese Hunde zur Verfügung gehabt hätte ... Ich verbot mir solche Gedanken und versuchte, der Tatsache ins Auge zu blicken, dass mein Team auf sechs Hunde zusammengeschrumpft war. Ich hatte keine Leithunde mehr, und etliche der sechs Tiere waren krank. Falls ich weitermachte, würde ich die verbliebenen sechs Hunde einem immensen Druck aussetzen. Mit gutem Gewissen konnte ich meinen geliebten Hunden so etwas nicht antun. Ich hatte sie als Welpen aufgezogen, trainiert und ihre Ausbildung zu Schlittenhunden begleitet. Ich hatte nicht das Recht, sie so weit zu strapazieren, dass ein Rennen keinen Spaß mehr machte.

Per Satellitentelefon sprach ich mit dem »Race Marshal« des Iditarod Mark Nordman, der die Entscheidung, aufzugeben oder weiterzumachen, allein mir überließ. Verlangte ich von meinen Hunden zu viel, würde ich die Konsequenzen tragen müssen. Gab ich auf, müsste ich auch damit fertig werden.

Ich ging hinaus, redete mit meinen Hunden und haderte mit mir und der Entscheidung. Als ich meine ausgelaugten und durch den Durchfall abgemagerten Tiere zusammengerollt im Stroh liegen sah, war mein Entschluss klar. Es gab keine Alternative.

Ich blickte aufwärts in den verregneten Himmel. »Ich habe sie zusammengehalten, solange ich konnte. Meine Hunde sind krank. Wenn es irgendeine Möglichkeit gäbe weiterzumachen, dann würde ich es tun. Das weißt du. Mir bleibt nichts anderes übrig als aufzugeben. Es tut mir leid, Jay.«

Nachdem ich meinen Frieden mit Jay gemacht hatte,

ging ich zurück ins Zelt, setzte mich auf ein Bett und brach in Tränen aus. Paul kam herüber und legte seinen muskulösen Arm um mich. Ohne dass ich etwas sagen musste, wusste er Bescheid und fühlte mit mir. Ich sagte zu ihm: »Mach dich ruhig auf den Weg. Du kannst bestimmt noch ein paar Gespanne überholen. Wenn du noch länger bleibst, bekommst du am Ende die rote Laterne.« Ich versuchte zu lächeln.

»Das halte ich für keine gute Idee«, entgegnete er. »Ohne dich würde etwas fehlen. Außerdem gehöre ich zu denen, die das Mädchen, das sie zum Tanz führen, auch nach Hause bringen.«

Mir fiel ein, was Dave Sims vor meiner Abfahrt aus Zentral-Oregon zu mir gesagt hatte. Wir saßen auf dem Sofa und unterhielten uns über das Iditarod, als er anmerkte: »Wenn man hinauffährt und nicht das Ziel erreicht, dann *muss* man noch einmal starten. Wenn man es bis ins Ziel schafft, dann *kann* man es noch einmal tun, wenn man will.«

Ich sagte: »Ich will nur nicht, dass es jemand auf meine Augen schiebt und behauptet, ich hätte wegen meiner Blindheit aufgegeben. Schließlich liegt es einzig und allein an den Hunden.«

»Mach dir deswegen keine Gedanken«, beruhigte mich Jim Gallea. »Niemand zweifelt an deinen Fähigkeiten. Du hast bewiesen, was du kannst. Immerhin hast du sämtliche Schwierigkeiten mit Bravour gemeistert. Es kann jedem passieren, dass er wegen Erkrankung seiner Hunde aufgeben muss. Denk nur an Rick Swenson und Charlie Boulding, zwei der profiliertesten Vertreter unseres Sports. Sie mussten aufgrund erkrankter Hunde ausscheiden. Davor ist niemand gefeit. Du kannst doch nächstes Jahr wieder antreten. Dann wirst du bestimmt in Nome ankommen.«

Alles, was mir als Teilnehmerin des Iditarod 2005 jetzt noch zu tun blieb, war die offizielle Mitteilung meiner Aufgabe. Jim holte Zettel und Stift. Er notierte meinen Namen und die Worte »Aufgabe in Eagle Island«. Ich setzte meine Unterschrift darunter.

Als Nächstes rief ich Dad per Satellitentelefon an und überbrachte ihm die schlechte Nachricht. Er antwortete: »Ich bin mir sicher, dass du die richtige Entscheidung getroffen hast. Ich bin sehr stolz auf dich.«

Das Ausscheiden beim Iditarod war ein herber Rückschlag, aber ich musste mein ganzes Leben mit Widrigkeiten zurechtkommen. Ich werde wiederkommen. So habe ich es immer gehalten. Ich werde das Iditarod zu Ende bringen. Nächstes Jahr, übernächstes oder später. Mir geht es dabei vor allem um eines: das zu Ende zu bringen, was ich begonnen habe. Ich werde dieses selbst gesetzte Ziel eines Tages erreichen.

Mitch Seavey sagte bei seinem Iditarod-Sieg 2004, dass es bei diesem Rennen einzig und allein um die Überwindung von Grenzen gehe. Jeder Starter wird garantiert mit einer ganzen Reihe von Härten, Missgeschicken und handfesten Katastrophen konfrontiert: Schlafmangel, Verletzungen, Schäden am Schlitten, einstürzende Eisbrücken, extreme Kälte, kranke Hunde. Von den Handicaps, die man selbst mitbringt, gar nicht zu reden. Martin Buser etwa ging an den Start, nachdem er drei Finger teilweise eingebüßt hatte. Im Jahr zuvor nahm DeeDee

Jonrowe am Iditarod teil, obwohl sie sich aufgrund einer Krebserkrankung noch immer einer Chemotherapie unterzog. Guy Blankenship, ein Diabetiker, der sich Insulin spritzen muss, bestritt das Rennen ganze neun Mal. Gary Paulsen arbeitet nach lebensbedrohlichen Herzproblemen an seinem Comeback. Wir alle müssen unsere eigenen Grenzen überwinden, wenn wir in Nome ankommen wollen.

Wenn meine Teilnahme am Iditarod dazu beiträgt, dass andere toleranter werden, oder wenn ich jemandem Mut machen konnte, etwas Sinnvolles in seinem oder ihrem Leben zu erreichen, dann bin ich dafür sehr dankbar. Ich betreibe Hundeschlittensport, weil es meine große Leidenschaft ist. Ich will es darin so weit bringen wie möglich. Und jedes Mal, wenn ich meine eigenen Ängste überwunden und mir etwas bewiesen habe, lege ich die Latte ein Stückchen höher. Ich suche die Herausforderung. In meinem Leben und im Leben aller sollte es keine Einschränkungen geben, sondern ausschließlich Chancen und Möglichkeiten.

Der Traum wird wahr

Meine Teilnahme am Iditarod Sled Dog Race 2006 war ein wundervolles und bereicherndes Abenteuer. Ich überstand alle gefährlichen Passagen unbeschadet und hielt Temperaturen von bis zu minus 50 Grad Celsius sowie Windgeschwindigkeiten von knapp 100 Stundenkilometern aus. Ich erlitt zwar leichte Erfrierungen im Gesicht, an Fingerspitzen und Zehen, aber das ist inzwischen alles verheilt.

Dennoch gab es ein paar Momente, die etwas haarig waren. Der erste ereignete sich an den Happy River Steps. Mein schwer beladener Schlitten krachte gegen einen Baum und verkeilte sich dort. Die Hauptzugleine riss, und meine Hunde preschten auf und davon. Tim Osmar, ein erfahrener Musher und 21-facher erfolgreicher Iditarod-Teilnehmer, der als mein sehender Begleiter fungierte, schaffte es schließlich, mein Gespann zu stoppen. Nachdem ich meinen Schlitten zu ihm hinaufgeschoben hatte, schirrte ich die Hunde wieder an und setzte meinen Weg fort.

Die zweite kritische Situation gab es auf dem zugefrorenen Norton Sound. Es war Nacht, ein kräftiger Wind wehte uns entgegen, und mich überkam die Müdigkeit. Tim bemerkte, dass der Schein meiner Stirnlampe nach unten zeigte – ein sicheres Zeichen dafür, dass ich während der Fahrt auf dem Schlitten eingenickt war. Vier Meilen vor der Raststation Koyuk hielt er deshalb an, um auf mich zu warten. Dan Seavey holte ihn ein und sagte, ich sei nicht mehr auf dem Weg gewesen. Tim war in großer Sorge, da es außerordentlich gefährlich ist, wenn man in einer solchen Gegend mit dünnen Eisstellen und offenen Wasserflächen vom Weg abkommt. Eilends machte er sich auf den Weg nach Koyuk, wo er ein Schneemobil aufzutreiben hoffte, mit dem er sich auf die Suche nach mir machen konnte.

Irgendwann bemerkte ich, dass ich mich verfahren hatte. Tim war nirgends zu sehen. Ich sah mich um und meinte, in der Ferne Lichter zu erspähen. Also spannte ich Tarzan, ein sehr erfahrenes Tier, als Leithund ein und steuerte das Gespann in Richtung der Lichter. Ich traf 16 Minuten vor Tim ein, der mehr als erleichtert war, mich zu sehen.

In Safety, der letzten Raststation am Iditarod Trail, kamen wir um 23 Uhr an. Wir trugen uns ein und hatten vor, eine Pause einzulegen. Doch die Hunde benahmen sich wie kurz vor dem Start des Rennens: Sie bellten und drehten vor Aufregung fast durch. Sie waren kaum zu bremsen und wollten unbedingt laufen. Die Organisatoren zeigten sich angesichts eines solch ungezügelten Enthusiasmus verblüfft. Einer sagte: »Ich betreue diese Raststation jetzt seit vier Jahren und habe bisher bei keinem Gespann so etwas erlebt.« Ein anderer Organisator meinte: »Also, ich bin jetzt seit vierunddreißig Jahren dabei und habe noch nie derart enthusiastische Hunde gesehen.«

Das gab mir ein gutes Gefühl, da es bedeutete, dass ich meine Hunde auf der schwierigen Strecke gut betreut hatte und sie noch über erhebliche Reserven verfügten. Wir banden sie los und preschten in einen aufkommenden Sturm hinein. Der Wind heulte, der Schnee wirbelte um uns herum, und die Temperaturen fielen weit unter den Gefrierpunkt.

Ich hatte gehört, dass man die Lichter von Nome bereits aus zwölf Meilen Entfernung sah. Und tatsächlich – wir erklommen einen kleinen Hügel, und in der Ferne leuchtete etwas. Noch mehr zogen mich am dunklen Nachthimmel die Nordlichter in ihren Bann. Sie schienen schwach, aber sehr dynamisch. Ich nahm lediglich Bewegung wahr, keine erkennbaren Farben. Ich wertete das flimmernde Lichterspiel als Willkommensgruß und rief gen Himmel: »Danke, Gott!« Ich dankte Ihm, dass Er mich auf dem langen Iditarod-Trail vor allen Gefahren bewahrt hatte. Ich bedankte mich auch bei meinen Hunden und sang ihnen Lieder vor. Ich konnte vor lauter Freude gar nicht aufhören zu grinsen. Dann frischte der Wind auf, so dass der Schnee schräg über den Weg wehte.

Es kam mir vor, als seien wir Ewigkeiten unterwegs und kämen Nome kein bisschen näher. Doch plötzlich verließen wir das vereiste Meer, überquerten eine Böschung und befanden uns im Handumdrehen auf der Front Street. Ich war froh, dass wir nachts ankamen, so erkannte ich ab und zu Gesichter von Menschen, die aus den Kneipen auf die Straße strömten, um uns in Nome willkommen zu heißen. Ihr Jubel trug uns voran. Durch den starken Wind verursachten die über die Straße gespannten Lichter zickzackförmige Muster vor meinen Augen. Ich spürte mein Herz bis zum Hals schlagen, und das Adrenalin in meinem Blut sorgte für einen Glücksrausch. Es war kaum zu glauben, aber ich stand tatsächlich kurz davor, etwas zu vollenden, wovon ich jeden Tag geträumt hatte. Um dieses Ziel zu erreichen, hatte ich hart gearbeitet und auf so manches verzichtet. Mein großer Traum sollte nun Wirklichkeit werden. Ich schaffte es, ja ich schaffte es und war überglücklich und ganz außer mir vor Freude über diesen überwältigenden Moment.

Tim lag vor mir. Mit einem Schlag erwachte mein Kampfgeist, und ich versuchte, meine Hunde anzuspornen. Ich wollte Tim unbedingt noch überholen. Wir bretterten die Straße hinauf und hatten ihn schon beinahe erreicht, als unvermittelt der berühmte »Burled Arch«

auftauchte, der Iditarod-Bogen, der die Ziellinie überspannte. Helfende Hände griffen zu, um mein wunderbares Hundegespann zum Stehen zu bringen.

Wir durchquerten den Bogen am 18. März 2006 um 1.40 Uhr morgens. Mit einem Ergebnis von 12 Tagen, 11 Stunden und 42 Minuten landete ich im Mittelfeld auf Rang 57 von insgesamt 83 Startern. Dad hieß mich willkommen, und wir umarmten uns lange. »Ich bin so unendlich stolz auf dich. Du bist großartig, mein Schatz«, flüsterte er.

Ich antwortete: »Ich danke dir, dass du mit mir meinen Traum verwirklicht hast.«

Seit meiner erfolgreichen Teilnahme am Iditarod Sled Dog Race platzt mein Terminkalender aus allen Nähten: Zusammenkünfte mit Medienvertretern, Interviews, Sponsorentermine, Teilnahme an der südafrikanischen Schlittenhundemeisterschaft, Entgegennahme zahlreicher Auszeichnungen ... Ich bin sehr stolz, dass es uns in Zusammenarbeit mit meinem Hauptsponsor, der Standard Insurance Company, gelungen ist, mehr als 100.000 Dollar zugunsten des Blindensportverbandes der USA (USABA) zu sammeln, die anderen sehgeschädigten Sportlern zugutekommen werden. Aufgrund all dieser Verpflichtungen entschloss ich mich zu einer gewissen Auszeit vom aktiven Wettkampfgeschehen. Ich schaffe es im Moment nicht, drei Jahre in Folge am Iditarod teilzunehmen.

Doch ich werde wieder antreten. Ich bereite Tim bereits darauf vor, dass es beim nächsten Mal nicht nur allein darum gehen wird, das Ziel zu erreichen, sondern ein wirkliches Rennen zu fahren. Damit will ich nicht sagen, dass ich das Iditarod gewinnen werde, aber so ganz aufgeben mag ich diese Vorstellung nicht.

Mein Lebensmotto hat sich jedenfalls nicht verändert: »Always shoot for the moon and even if you miss you will land among the stars.« Wörtlich übersetzt: Schieß immer auf den Mond und selbst wenn du nicht triffst, landest du zwischen den Sternen. Das heißt so viel wie: Steck dir hohe Ziele, selbst wenn du nur die Hälfte davon erreichst, hast du eine Menge geschafft.

Fachausdrücke im Hundeschlittensport

Basket: Korb. Ladefläche des Schlittens.

Booties: Füßlinge für die Hunde zum Schutz der Füße unter extremen Streckenbedingungen, die verhindern sollen, dass sich Eisklumpen zwischen den Zehen bilden. Hergestellt aus Fleece, Denim oder Goretex.

Bremse: Scharfes, am Schlitten befestigtes Metallteil beziehungsweise einfache Bremsmatte, die der Musher betätigen kann, um das Tempo seines Gespanns zu verringern.

Brushbow: Vorderbogen. Gebogenes Teil vor dem eigentlichen Schlitten, das zum Schutz des Schlittens vor Unterholz (engl. brush) dient.

Burled Arch: Ziellinie des Iditarod-Trails in Nome.

Checkpoint: Raststation an der Rennstrecke, wo sich alle Musher melden müssen und sämtliche Hunde von einem Tierarzt untersucht werden. Wird festgestellt, dass ein Hund aufgrund seines Gesundheitszustandes das Rennen nicht fortsetzen kann, wird er dort aus dem Gespann genommen.

Dog bag: Mit Reißverschluss versehene Hundetasche aus Stoff auf einem Rennschlitten. Dient dazu, einen kranken oder verletzten Hund zu transportieren.

Dog box: Hundebox. In kleinere Abteile gegliederte Holzkonstruktion als Aufsatz für einen Lastwagen oder Anhänger zum Transport von Hunden. In jedes Abteil passen ein bis zwei Hunde.

Double lead: Zwei nebeneinander angeschirrte Hunde, die das Gespann anführen.

Drop bag: Vorratsrationen, die an den Raststationen wieder aufgenommen werden.

Dropped dog: Ein Hund, den der Musher an einem Checkpoint aus dem Gespann genommen hat. Der Hund wird an der Raststation versorgt und nach dem Rennen wieder an den Musher übergeben.

Easy! Kommando an die Hunde, das Tempo zu verringern.

Gangline: Hauptzugleine, die die Hunde mit dem Schlitten verbindet.

Gee! Kommando an die Hunde, rechts abzubiegen.

Handlebar: Haltebügel. Teil des Schlittens, an dem sich der Musher während der Fahrt festhält.

Handler: Hundeführer. Assistent(in) des Mushers.

Harness: Zuggeschirr. Gepolstertes Gurtwerk, meist aus Nylon, das einem Hund angelegt wird, um die Zugleine daran zu befestigen.

Haw! Kommando an die Hunde, links abzubiegen.

Husky: Jeder Mischlingshund aus dem hohen Norden. Bezeichnet üblicherweise spezielle Züchtungen für den Hundeschlittensport.

Iditarod: Das härteste Hundeschlittenrennen der Welt. Es führt über rund 1.100 Meilen (ca. 1.800 Kilometer) durch die unberührte Natur Alaskas.

Lead dog(s): Leithund(e) an der Spitze eines Gespanns mit besonderen Eigenschaften wie: Intelligenz, Stärke, Fähigkeit, zu führen und Kommandos des Mushers zu befolgen. Kann männlich oder weiblich sein.

Line out! Kommando an den Leithund, das Gespann in eine Linie zu bringen. Wird meist beim An- oder Ausschirren der Hunde verwendet.

Musher: Gespannführer. Person, die einen Hundeschlitten lenkt.

Neck line: Kurze Halsleine, die das Halsband des Hundes mit der Hauptzugleine verbindet.

No-man's-land: Letzte Meile eines Rennens, auf der ein langsameres Gespann einen schnelleren Musher nicht mehr vorbeilassen muss.

On by! Kommando an die Hunde, ein anderes Gespann oder Hindernis zu passieren.

Overflow: Gefährliche Erscheinung. Tritt auf, wenn Wasser über eine dicke Eisdecke fließt und dort zu einer dünnen Schicht gefriert.

Runners: Kufen. Schmale Skier unterhalb des Schlittens, die auf dem Schnee gleiten und auf denen der Musher steht. Gewöhnlich aus Holz gefertigt und mit einem Überzug aus Plastik oder Teflon versehen, der während eines Rennens unkompliziert ausgetauscht werden kann.

Safety line: Sicherheitsleine. Zusätzliche Leine zwischen Hauptzugleine und Schlitten für den Fall, dass etwas reißt.

Single lead: Einzelner Hund an der Spitze des Gespanns.

Snow hook: Schneeanker. Große, mit einem Seil an Schlitten und Hauptzugleine befestigte Metallkralle, die in kompakten Schnee getrieben werden kann, um ein Gespann vorübergehend zu fixieren.

Snub (line): Hinten am Schlitten befestigtes Seil, das dazu dient, den Schlitten an einem unbeweglichen Gegenstand zu befestigen. Diese Leine ist meist mit einem Schnellverschluss ausgerüstet.

Stakeout: Starke Zentralkette aus Stahl mit einzelnen, kürzeren Ketten zum Anbinden der Hunde.

Swing dogs bzw. Point dogs: Hunde direkt hinter den Leithunden und verantwortlich dafür, das Gespann in eine Kurve zu schwenken.

Team dogs: Alle Hunde eines Gespanns zwischen den Swing dogs und den Wheel dogs.

Toboggan: Schlitten mit einer flachen Unterseite anstelle von Kufen. Wird eingesetzt, wenn man mit weichem Tiefschnee rechnet statt mit einer glatten Piste.

Trail: Präparierte Piste, Rennstrecke.

Trail! Ruf eines Mushers, mit dem er ein langsameres Gespann auffordert, ihm Platz zu machen. Ein schnellerer Musher hat das Recht zum Überholen.

Tugline: Zugleine. Leine, die das Zuggeschirr eines Hundes mit der Hauptzugleine verbindet.

Wheel dogs: Hunde direkt vor dem Schlitten und verantwortlich dafür, den Schlitten bei Kurven sicher in der Spur zu und von Hindernissen fernzuhalten.

Whoa! Stoppkommando an die Hunde, meist in Verbindung mit starkem Druck auf die Bremse.

Bildtexte sowie Nachweis für Grafiken und Fotos

257 Rachael und Mark Stamm. *Quelle: Becki Lee Timson*

271 Rachael nach dem Verladen von Hunden und Ausrüstung kurz vor der Abfahrt aus dem heimatlichen Alfalfa, Oregon, nach Alaska, zum Iditarod 2005. *Quelle: Rick Steber*

285 Libby Riddles (rechts) im Gespräch mit Rachael über Hunde und das Rennen vor dem Start zum Iditarod 2005. *Quelle: Rick Steber*

291 Rachael und Jerry auf der Fahrt nach Alaska bei einer ihrer vielen Pausen zum Füttern und Tränken der Hunde. *Quelle: Rick Steber*

303 Rachael und Tyrell Seavey im Gespräch vor dem feierlichen Eröffnungslauf zum Iditarod 2005. *Quelle: Rick Steber*

325 Weg zur Startlinie des Iditarod 2005. Von links nach rechts: Libby Riddles, Jerry Scdoris und Rachael. *Quelle: Rick Steber*

405 Hundegespann direkt nach dem Start zum Atta Boy 300, 2004. *Quelle: Becki Lee Timson*

413 Rick Steber und Rachael Scdoris, 2005. *Quelle: Dana Martin*

Rick Steber

Rick Steber ist mit dem Hundeschlittensport aufgewachsen. Seine Eltern lernten sich in Alaska kennen, wo sie auch heirateten. Sie zogen aus Alaska weg und nahmen einen Alaskan Husky namens Kobuk mit, dessen Stammbaum auf die Hunde des berühmten Polarforschers Roald Amundsen zurückging. Kobuk brachte eine Reihe von talentierten Schlittenhunden hervor, unter anderem Toku, Sitka, North Star, Chena, Yukon und Juneau.

Rick Steber wurde für seine Bücher und Veröffentlichungen mit zahlreichen Preisen und Auszeichnungen geehrt. Er ist Mitglied der US-Autorenvereinigungen *Western Writers of America* sowie *Outdoor Writers of America*. In Zusammenarbeit mit dem US-Bildungsministerium erarbeitete er einen landesweit geltenden Rahmenplan mit Lernzielen für den Geschichtsunterricht.

Über seine Tätigkeit als Autor hinaus ist Rick Steber ein gefragter Redner auf nationalen und internationalen Kongressen und Festveranstaltungen. Ein besonderes Anliegen sind ihm Besuche an Schulen, wo er Schülern die Wichtigkeit von Bildung nahebringt, ihre Fähigkeiten im Lesen und Schreiben schult und ihnen die Weitergabe von Geschichtswissen an künftige Generationen ans Herz legt.

Rick Steber ist seit drei Jahrzehnten ein enger Freund der Familie Scdoris. Er lebt mit seiner Frau Kristi und den Söhnen Seneca und Dusty in der Nähe von Prineville im Bundesstaat Oregon. Zum Schreiben zieht er sich in eine abgeschiedene Hütte in den Ochoco Mountains zurück.